基督教共助会
九十年記念誌 編集委員会［編］

基督教共助会九十年

―資料編―

基督教共助会

基督教共助会出版部

はしがき

川田　殖

『基督教共助会九十年―資料編―』成る。

その意図は前書『基督教共助会九十年―その歩みに想う―』あとがきに記した通りであるが、その内容は「聖書箇所索引」「通巻号と発行年月号対応表」を加えて、いっそう充実したものになった。

こういう形で刊行できたのはひとえに前書あとがきに記した諸兄姉（加えて大石のり子姉）のご協力による。編集経過その他の委細は実質的編集者ともいうべき石川光顕兄のあとがきに譲るが、ここにあらためて皆さんに深甚の謝意を表したい。小生も妻・綾子もこの仕事の一端に与り、雑誌『共助』のそこかしこで筆者の学びと祈りと覚悟に接し、「心、内に燃ゆる」思いであった。

願わくは本書を栞として『共助』を心読される方がたに、そのいちいちの記事が、単なる過去の記録〈ドキュメント〉の域を超えて、永遠の言葉を指さす記念〈モニュメント〉とならんことを。

二〇一五年三月

基督教共助会九十年

――資料編――

目次

はしがき …… 川田　殖　3
共助会五十年史 …… 清水二郎　9
共助会年表
一八八八年から一九五九年まで …… 清水二郎　41
一九六〇年から二〇〇九年まで …… 橋本洽二　表　弘弥　58
『共助』九十年間 総目次 …… 83

あとがき……石川光顕　243

索引

聖書箇所索引……xxviii

著者索引……xi

通巻号と発行年月号対応表……i

共助会五十年史

「小さな群れよ、恐れるな。あなたがたの父は喜んで神の国をくださる。」
（ルカ一二・三二）

清水 二郎

〔その一〕

序言

先に一九六四年十二月号の『共助』に、共助会四十五年史の簡略な筋書きを載せた。ここにはあえて、五十年史としての我観共助会精神史を述べることを許して頂きたい。共助会に列して約五十年、この群の中に居てささやかながら、日本歴史の半世紀に参加し、共助会五十年の歴史の歩みを省察し、「人間の意志の歴史」(Collingwood)とよばれる歴史の意味を考えさせられるからである。げに歴史は、人間の混乱と神の摂理とをあらわしている。この五十年間は、人間の混乱と、その混乱を越えて人間を通して働く神の摂理とを、まざまざと示されてきた。そして共助会の五十年は、神の摂理を仰ぎ求める人間の生きざまを、神が用いておられることの、小さいけれども確実な証しに満ちていると思う。

人の意識は不透明で、意志する人の意のままにならず、近代人の誇る人の理性は、ヴォルテールの理性崇拝と文化史理想を裏切って矛盾・破壊・目的喪失を曝露し、その上、攻撃的自己主張と他者否定・自己防衛と競争欲・権力欲と殺人の罪状と罪性を証示している。ラテンの格言に言う通り、「人こそ人に対して狼」(Homo homini lupus)である。

ところが、森明先生が十六才から三十六才に至る二十年間の勉学と体験と敬虔によって信じまた確実に知ったところによれば、狼性の荒れすさんだ人生に、「十字架のキリスト」（一九二四年七月二十八日、大磯講演）が贖罪者として立入り、歴史の中に愛を原理とする「新しい歴史」を出発させていた。神の善を意志するその意志自体が、真理に背いて悪の楽しさに身を委ねる（ロマ七・一八）という、罪に染みきった人間の悲惨な不可能性（同七・二四、八・三）を、キリストは、キリストの「相互人間性」（Mitmenschlichkeit――Barth の説明）をもってご自身に引きうけ、これと引きかえに、人間にキリストによる「新しい人」の可能性を得させて下さった（二コリント八・九）。この驚くべき歴史の中の出来事（エペソ一・一〇）を今の時点において心にうけ、キリストに従ってその新歴史を生きる人を、森明先生は「贖罪的自由人」（一九二四年九月二十一日、「時局に関する吾人の見解及び態度の表明決議」）とよんだ。またその同志の人々の共自存の交わりを、「何れの教派にも属せず、『基督』のほか全く自由独立の団体」（一九二一年、「学生基督教共助会」原規約）と表現した。また森先生が、一般には共助会と呼称しながら、内部の親愛なる同志に「小さい群」の大きな使命を打ちあける場合、「ニュー・エージ・ムーヴメント」とも言われたことは、未来の別個の運動を意味するものでなく、小さい群に賜わる歴史の中の新歴史の生き方の問題であったと理解される。それは、賀川豊彦先生の「神の国運動」や「イエスの友」と同じく、神が人間社会を通し人を用いて、歴史の中から収穫し給う真の秩序（ロマ八・二八）のために、「神の同労者」（一コリント三・九、二コリント六・一）として参加する人間の交わりの在り方（方法論）であった。それは、東洋の福音による平和や、日本社会の福音による共産的生活（行伝二章を参考）の実現をも含む将来性を予想しながら、それを政治力的社会理論的革命によらず、神の前に人格的責任を正し、実生活をかけて成熟する信仰的革新によって祈り努めようとした。人が時局に「対する」「方策理論」を求める時もあるであろうが、その前提として、時局に「関する」「見解と態度」を正して、神の摂理を祈り待つことが先生の使命であった（一九二四

年末、森先生執筆の東京市内外学生大連合礼拝趣意書)。

シュヴァイツァー博士が、政治的抵抗運動や社会革命イデオロギーの嵐の中で、それらとは別に、自分の使命として堅持した「生命への畏敬」の実践活動は、世俗の中なる「愛によって働く信仰」という点で、森先生の信仰活動と同一精神であったと思う。その生命への畏敬の鍵となった「ヨハネ一〇・一〇」によって、前記のラテンの格言を補うとすれば、しかし「キリストこそは人に対して善き羊飼」(Christus homini pastor bonus)となろう。キリストだけが豊かに与える歴史の可能性に向って日本的忠誠を喜び捧げ、流失する歴史を救うため「改造途上の十字架」を刻苦完遂された主キリストに感激服従するところに、個々人が歴史に参与し、一人の祈が社会に、世界に、関連していく道があり、生き方がある。森明先生を先頭として、それぞれの道に岐れ立つ共助会員が主にあって生死の工夫をこらし、主にある友情をもって互いに励まし助け進む五十年を積んだ。混乱のこの五十年、世俗の歴史の中のどこかで、共助会員の誰かが、人として生き難い事情に出会いつつ神によって生きのびたり、人として是非生きのびたい事情を帯びつつ神に霊を委ねて死に赴いたりしてきた。それは信仰と友情の支えなくしてはあり得ない個人の純粋必死の歴史浸透の働きであり、それがキリストの為めに実行されて神の選び給う歴史の転機に役立ちつつあるという手答えが示されている。共助会が、運動としての成功や合理化を求めず、予言的見張りや社会理論による自己主張に走らず、質実な信仰者の社会生活を通して友と共に聖書の真理性を証しして五十年をけみしたところに、歴史の根幹を養う深い意味が与えられていたと認めないわけにいかない。

第一期　共助の交わりの成立　一九一九（大正八）年―一九三四（昭和九）年

共助会は、京都の糺《ただす》会から始まる「キリストのため、主にある友情を尽す交わり」の団体である。糺会は大正四年十月二十七日設立であるが、その前年、神は森先生を用いてその基礎を据えた。大正三年春、植村先生に従って上海伝道の旅をした森先生は、伝道の志と日本及び東洋に対するキリスト者の責任とに目ざめ、中渋谷教会（当初講話所）設立の準備を進めると共に、京都帝国大学に二人の学生を訪問した。キリスト教に深く触れながら信仰を決定せぬまま京大に遊学した友人上田 操氏のために憂いたのと、未知の人長崎太郎氏が一高生のとき入信しながら煩悶を感じ教会退会を届けて京大に進学したことを聞き深く感じたのとに由来した。先生に招かれて糺の森の桧茶屋に会同した両氏は、生涯の信仰の友情を結ぶことになった。また京大同学の求道の友小泉嘉章・金谷重義その他の諸氏を誘って森先生を中心に糺会をおこし、幾たびか森先生を迎えて講演を聞き、また常に例会を開いて信仰の交わりを深めた。長崎・小泉の両氏は諸大学での教育者として青年の為の大きい働きに進み、上田・金谷の両氏はそれぞれ異る社会貢献をなしつつ中渋谷教会の長老としても良い奉仕を残した。先生は同時に中渋谷教会の老若男女の会員と個々にまた全体に深い交わりを結び、ことに病弱孤独の馬場久四郎氏（慶大生）と多病の久松礼治氏と苦学力行中の少年坂庭吉雄氏の三名のために、一九一六（大正五）年、教友会をおこして信仰と学問の講義に全力を傾けた。これは病友たちの悲しい死を踏台として、一九一九（大正八）年夏、「伝道講習会」に発展し、この交わりから、日本の伝道者や信徒伝道奉仕者として心熱き男女の人々が立ち出でた。後年、小塩 力氏が共助会員となった契機もこの会であった。先生はかねて東京帝国大学の門前でビラ配りを行い、中渋谷教会に大学・高校・女子大・女高師の若い友を迎えたが、伝道講習会発会と同年のクリスマスに、山本茂男・今泉源吉両氏を中心とする本郷の学生と本間誠氏を中心とする駒場（農学部）の学生と約二十人を招いて、学生基督教共助会の発会式を行った。森先生の大患と山本・今泉両氏の転地療養のため、会の活動はおくれたが、コイノーニヤとしての意識は深く、一足早く健康の安定を得た先生は、小川隆氏を伴って浅野順一氏の友上遠章氏のいた八高に共助会訪問を行い、上遠氏の友石井重雄氏とも交わりを得た。一九二二（大正十一）年、この両友の東大進学とともに、山本・今泉両氏も健康恢復して、大学・高校に対する共助会活動は進展を始めた。その時に先生の原案によって作られた共助会規約の前文（主旨と称した）は、次の通りである。

本会は基督の為めに、基督の恩寵に浴したる者が、基督の精神を奉じ、基督を吾ら帝国大学高等学校の諸友に紹介せんとする目的をもって組織せられたる基督者の団体である。
基督の教訓と人格とに対して質実なる態度をもって接近せんとせらるる友の助力者ともなり、かつ吾らの日常寂漠たる精神生活を相互に慰め清き友情を結び、共に助け進まんこともまた本会の目的とするところである。
会は何れの教派にも属せず、「基督」のほか全く自由独立の団体である。

森先生は、教会が伝えた聖書と聖書の読み方を重んじ、それによってすべての人に知られ得るキリストの福音に命と真理と喜びを確認していたので、オルソドキシーの名において教会を尊重し、キリスト者という規準も聖礼典に置いた。しかし先生が歴史を越えて見つめていたものは、神がこの世を通して人と共に建設し主宰し給う神の国であり、従って人は己のために生きず相助けてキリストの新生に生きるという生き方であった。主による共助の民主的な自由な新歴史の運営は、キリストを頭として兄弟姉妹を肢体とするコイノーニヤの一体活動よりほかにはなく、それを教会の正統信仰からうけつつ、教会の宗派的形骸を越えて活かすために、教会の壁を越える共助の活動が、今の時点の日本では必要であった。森先生のキリストの恵みに答えるための神学約決断は、新しい教会論をたてることでなく、古くからの教会論にキリストの愛の灯をともすことであった。近来、ことに日本基督教団の教派合同成立後、教会と共助会の関係を問う声が時折聞かれる。しかし共助会は、教会と区別され得るから存在の理由があるのでなく、教会活動にとって今も必要だから存在の理由があるのであろう。その必要とは、教会に属しつつ人の制度を越えるキリストの交わりの実証という歴史的使命であると思う。森先生にあっては、組織神学的な教会論を新に立てる必要がなく、ただマグダラのマリヤによびかけ、エマオ途上の二人の弟子とともに留った復活のイエスに直接して、日本の中に主にあって生死する新歴史過程をうち立てることが必要であり、中渋谷教会も共助会も同じコイノーニヤ使命をもって教会の壁の内に外に仕えることが、急務であつた。そして共助会規約前文は、日本の学徒が人生の虚無性に目ざめ、キリストのために、キリストに与えられる愛をもって、共助の前進を始めることを求めている。

共助会と政治活動との関係をめぐる論議は、現在においては大切なことであるが、それとともに、「主にある友情」またコイノーニヤとしての歴史的意義を踏まえていくことも忘れてはならないであろう。糺会の標語は、「恐れるな、小さい群れよ。御国を下さることは、あなたがたの父のみこころなのである」（ルカ一二・三二）であった。共助会も、ことあるごとに、森先生からこの聖句の講義と励ましを承った。そして当時、たしかに共助会は質量ともに小さい群と思われた。しかしこの聖句の意味するところは、イエスの十二使徒だけでなく、すべて歴史の中に神の御旨をうけとめる人々はあるに甲斐なき小さい者、権力なき者、世の知恵なき者で、只ひたすらに神にのみより頼む神の同労者であったという事実であろう。東京の共助会が、紀会の金谷重義氏をも幹事の一人に選んで編成された時、そしてやがて森先生の逝去に会ったとき、旧紀会の小泉氏から、紀会資料の一つとして、森先生から贈られたダイス筆の荒野の誘惑のキリストの画の写真版を送りかえして下さった。ロバートソン著の「キリストの孤独」の口絵から取られたものであった。世にあって孤独な神の子が、荒野のほか見えるもののない断絶の中で見えざる神への忠誠をもって、パン第一の生活と、自己中心の信仰と、権力による繁栄とを打ち退けたことを思い、青年学徒も、人生沙漠の中でひたすらに歴史の主なる神の力を望み、「不法がはびこるので、多くの人の愛が冷える」時と場所で、キリストの愛を堅持して、生死の工夫(ロマ一四・八、九)を励むという志のしるしであった。これは森先生をはじめ、政治的達見を学習しつつ、その知識を力の政治の勝負にはかけず、人格的な納得と決断による歴史的な革新の根を養い、成熟して神の収穫に備えるという、共助会の使命の道標だと思う。キリスト者が良心的市民として、政治的責任を守り、そのために命をかけることは当然であるが、それにはことに謙抑の愛を心がけ、競争的宣言を避ける必要があろう。このことは森先生の牧会配慮に常にともなった事実である。

森先生が共助会にキリストの土台を正しく据えた五年余りの活動については、中渋谷教会五十年史、北白川教会三十年史に譲る。山本茂男・今泉源吉・本間 誠・浅野順一・奥田成孝・櫛田 孝・樋田けい・山田松苗その他の各個人が、先生を通してキリストの体なるコイノーニヤに触れ理解し起立し、それがまた次々に友の目ざめと起立をよび起していった。その銘銘伝を熟視すれば、その何れにも世界の真理なるキリストの愛が、人の生き甲斐として光を放っている。ことに京都支部の成立に一と言触れたい。先生はミス・ミリケンを通して奥田氏を知り、その信仰と精神に深く信頼するとともに、京都における神の摂理を感得されたと思われる。先に信州講演で鈴木淳平氏を知り、関東震災直前の御殿場講演で岩淵止氏を知り、一九二三（大正十二）年十一月、病中をおして京大伝道講演を敢行、この三学生を相互に紹介し、翌年六月、京都共助会支部発会式を挙げさせた。その準備に山本氏を派遣し、式には先の紀会々員金谷氏を本間氏と共に派遣した。震災後の交わりと宣教の大活動のため甚だしく健康を害した先生は、この年大磯に転地して漸く危機を脱しながら、東京・京都合同の共助会夏期特別集会の開催を指導し、その一部として大磯の「贖罪論講演」を行い、青年に東京市内外学生大連合礼拝挙行を提案し信仰精神を鼓舞した。これと前後して早大信友会・女子協愛会も先生の病床の祈によって結成せられ連合礼拝に協心協力することになった。この秋、一方では中渋谷教会の協心協力を求めて「時局に関する吾人の見解及び態度の表明決議」を行い、神なき日本文化を憂い、国力に誇り天恵を私する米国の反キリスト行動を指摘し、日本のキリスト者が社会と東洋に対して負うべき責任を解明し、永遠の見通しで行わるべき信仰と生活の決意を表明した。そして大連合礼拝は、この要請に答える提案で、その目的は、誠実な出席予約による純粋な礼拝により、青年学生がまず神の前に国家と文化に負う責任を正すことにあった。その運動は主にある友情の運動であった。先生自身、再び大患に倒れつつ、同時に京都の同志との約を強烈に重んじ、第二回の訪問伝道に命がけの計画を立て、祈り尽しつつ遂に立ち得なかった。

　今や小生も非常の決心を以て難に当るの啓導を感じ居り候。人を恐れず神を仰ぎ友を信じ、決死の一途を辿り申すべく候。

奥田氏宛のこの手紙は、京都の青年の胸に生き、奥田氏は全てを捨てて京都の使命に身を献げ、鈴木氏らもこれに殉じた。未見の福井二郎氏に共助会を感銘させた伊藤栄一氏も、またこの友情に人生の秘訣を学んだ同志である。森先生の主にある友情は、ひとり京都のためだけでなく、病弱の中にただ神に従って生きようとして中渋谷教会でも共助会でも先生に従って働いた山本茂男氏、中学以来の宿痾とともに家門への重責を担っていた今泉源吉氏、目白の伝道所を中心として早大信友会に重きを担いつつある本間誠氏などと、病床にあって筆に尽せぬ深い心の交わりを重ね、常にこれが最後という思いをこめた。

一九二五（大正十四）年三月六日、多年喘息性の心臓疾患に悩んだ森先生が、俄かに天に召された。先生を頼る者一同にとり、まさに一大事であった。その悲痛困惑の中で、生ける日の先生の志望は明らかで、心をこめた葬送とともに、「先生の弔い合戦」の熱意をもって、すべての宣教活動が、一つの中だるみもなく継承進展せられた。すべてが民主々義的に、一同の協心一致で決定し、今泉氏は固辞を棄てて中渋谷教会主担者となり、山本氏は東大共助会委員長となり、本間氏は連合礼拝の会計・庶務を引きうけ、奥田氏は京都の自費伝道を毅然として守った。かくして三年間の大礼拝と説教パンフレットの頒布により主に仕えて心から行う祈の労働が敢行された。その体験を生かし、森先生の夏期講習会・伝道講習会の精神を学んで、共助会例会と夏期信仰修養会を、学習と総会の意味をこめて行いつつ創立十周年へ向う。キリストにより、森先生の祈により、共助会は「孤子」でないことを立証し、十周年記念として『森 明選集』の出版・月刊『共助』の発行（タブロイド版・一九三三―一九四四）・訪問伝道の拡大深化・共助寮開設を順次実現して、一九三四（昭和九）年に及ぶ。この年高倉徳太郎先生が天に召された。

高倉先生は、「濤声《とうせい》に和して」にある如く、晩年の森先生と交わり深く、その病中と死後の中渋谷教会と共助会を助け、伝道講習会と大連合礼拝に大きな役割と感化を残された。信仰修養会にもまた大きな感銘を与えられた。教会革新運動と神学校問題とに苦悩が生じ、先生を強く推す人々の間に「われらの会」、次いで「福音同志会」とよぶ団体が結成された。共助会は森先生亡き後、高倉先生の学問指導を仰ぐ場合が多く、また「福音的キリスト教」について志をひとしくするものであったから、福音同志会への加入が強く求められ、今泉・浅野両氏は始めから同志会と行をともにする立場にあった。しかし共助会にはすでに、キリストのほか自由独立のコイノーニヤとしての意識が明らかであり、石原 謙・斎藤 勇両先生もこれを認めて顧問として助けられたほどであり、山本・本間・奥田の諸氏は、高倉先生への恩義にいたく苦しみながら、共助会の主旨を固守して譲ることができなかった。この苦悩により一層に会の精神は純粋であり、創立以来十五年の信仰と生活と勉学を積んで、主に召されている共助会自体の質実なコイノーニヤの成立を確守するに至った。

第二期　太平洋戦争期を生きる　一九三四（昭和九）年―一九四九（昭和二十四）年

共助会史の第二の約十五年間は、昭和六年からの満洲事変・翌七年からの上海事変の戦争行為を拡大して、昭和十六年から二十年に至る太平洋戦争を行った日本の、未曾有の混乱期と敗戦収拾期に当る。日本基督教団議長の名で、一九六七（昭和四十二）年復活節に発表された「第二次大戦下における日本基督教団の責任についての告白」は、「まことにわたくしどもの祖国が罪を犯したとき、わたくしどもの教会もまたその罪におちいりました」との心の痛みと懺悔を告白し、神・世界・アジア諸国とその教会・わが国の同胞にゆるしを請い、教団が再びあやまちを繰返さぬ祈と努力の決意を表明したものとして、信仰的に意義深い大切なものだと思う。これを内部分裂の戦争責任のなすりあいと見たり、これを教団の政治革命運動への体質改造宣言と見なしたりしないことを希望したい。戦時下の共助会は、超教派ながら深く教会に服する団体として、全く教団と責任をひとしくし、戦争責任についてこの告白に服する者であると思う。それとともに、「明日の教団」ととも、主と友に許されつつ戦中も戦後も変らぬ隣人愛（レビ一九・一七、一八。マタイ一八・一五―二〇）をもって、人間の罪を互いに忠告して治め、神の国の秩序をこの地上で始めるための愛の努力を続けるのである。パウロがローマの権力濫用に対して「自分で復讐しないで、むしろ神の怒りに任せ」（ロマ一二・一九）、キリスト者は怒りでなく「愛」（同二〇節）を注ぎ、ローマ居住権を得るため働いて「義務」（同一三・一、七）を果し、ローマ市内の信仰活動によってローマを感化しよう（同一五・九）と、ローマ市内の小さい群を励ましたことが思い合せられる。これは戦争責任を回避するために言うのではなく、自己防衛権を法秩序の基礎に置くような人類史の現段階で、自らが血を流して世界同胞の罪の体質を改善すべく、歴史の悔改めの時間を善用するためである。

日本の戦争行為が次第に激化する中で、一九三五（昭和十）年「森先生昇天十年記念大連合礼拝」を挙行しようと計画された。しかし前年来の切望にもかかわらず、会の内外多難で準備活動の働き手も得難く、延期となったのは残念であった。昭和十一年には、委員長で中渋谷教会主担者の山本茂男氏が病のためその任務を休んで二年間転地休養し、十二年には、石原先生に師事して将来を期待された筒井 仁氏と癩者に生涯を捧げようとした医学部の河村 誠氏が病のため誠実な生涯を終え、十四年には山本義子夫人と石井重雄氏が共助会の内助の重責を負いつつ急逝し、十五年には友に敬愛された若き信仰の学徒松本立一氏が急逝した。何れもまことに大きな打撃であったが、これらの友の遺した愛の実は共助会員の支えとなり、苦難に向いつつ会の例会・修養会・クリスマス礼拝は着実に発展していた。山本委員長は病癒され、十三年秋から活動に復し、一九三九（昭和十四）年には、共助会創立二十周年記念講演会（講演者、石原 謙先生と清水）と記念会を行い、記念出版として『森明小選集』（共助叢書第一）を刊行した。十五年には叢書第二として、松村克己著『森明と日本の神学』が出版された。「伝道の神学」としての信仰思想を位置づけたことは達見で、共助会の勉学学習のあり方に自信と喜びを与え、後年癩者の神学校をおこす原田季夫氏のような伝道神学者が刻苦してこの道を進んだことであった。

一九四一（昭和十六）年十二月八日、ついに事態は尖鋭化して、大東亜戦争と称する無理を冒すことになった。その十二月十六日の共助会及び友朋四団体合同のクリスマス礼拝に奥田成孝氏の説教「望の保証」が述べられたが、キリスト者の悲痛な憂いの中の主のみによる希望の時期がおし迫ったのである。この宣戦に先立ち、日本の唯一の海外奉仕と言われた熱河伝道に、中国語による交わりの成果をあげて六年（昭和十年以来）をけみした福井二郎先生が、この年の秋、只一度の中間報告に帰国した。福井氏はかねて山口高商教授の時以来、堀 信一氏とも親しく、ことに伊藤栄一氏の信仰の態度に共鳴して共助会の会友であったが、この短い滞在にもとくに共助会との交わりを求められた。澤崎堅造氏はすでに前年、視察旅行の途次、承徳に福井氏を訪問して感銘をうけたが、十七年始め伝道参加の志を与えられ、五月同地に参着する。日本出発に際し、母教会中渋谷で行った聖日礼拝説教は「われ渇く」と題し、満洲蒙古の草原の失われたる民のため、十字架の主が渇きを訴えられる声に聴従する精神が述べられた。澤崎氏の感化をうけた福富春雄氏も、水戸高校生の時から共助会に接近された友で、一足早く福井氏の伝道に参加していたし、澤崎夫人も、五カ月おくれて四才半の長男望さんをつれて参加した。澤崎・福富両氏は福井氏のもとで準備の祈を深めた上、示しをうけて蒙古伝道に向い、満洲で生れた澤崎 新さんの死を越えて進み、ついに澤崎氏は日本軍敗退の中で主と共に蒙古に留って帰らなくなる。その伝道は、現地の言葉を習得し、説教でなく乏しきを分けあう物と心の共同生活をもって「じっとその中に住む伝道」、それを夫人・息子がともにあって現地の人と思いやりあう生活の工夫の中で立証される伝道であった（山本先生宛の澤崎氏の報告書簡、『共助』一九六八年十二月号）。まさに共助会友情の実現である。

福井先生の中間報告帰国の時の交わりの中で和田 正氏が、共助会精神により主の用命に導かれた。生活安楽の道を捨てて、京大の哲学科で刻苦勉励しながら人生の方向をきめかねていた和田氏は、福井氏に道を問うた。「とにかく就職してごらんなさい」との勧めを得て、京都東寺中学の英語の時間講師を勤めた。そこに集っている日本名の韓国少年たちと、共助会的な心の交わりが生じた。和田氏と親しみ和田氏と聖書の会をも持つようになった当年の少年の一人が今の李仁夏先生である。戦時下の厳しい抑圧の下にあった韓国少年に、キリストによる新しい人の進展の道が開け、それは終戦後韓日両国人の間の真の謝罪と和解の通路となり、世界の人種差別問題を善導する祈の懸橋として神に用いられることとなるのである。山口高校で堀信一氏が親しくなった韓国人学生の李英環・洪彰義両氏も当時京大生として和田氏の聖書会に加わり、同じく郭商洙氏は東大に進学して北森嘉蔵先生と親しみ、本間 誠先生の目白町教会員として働いた。終戦後、和田氏の発案でこの三友に共助誌をはじめ聖書註解書を共助会からお見舞として送り、その奉仕される香隣教会との交わりが与えられたことは、ひとり共助会のためだけではなく韓日両国、ことに両国教会の交わりのために幸をもたらすこととなる。思えば、神が人の交わりを用いて進め給う歴史は意味探いことである。一方、和田氏自身この間に準備を完うして、熱河伝道に召されることとなり、昭和二十年五月、夫人とともに、赤峰に進出していた福井ご夫妻のもとに到着した。和田氏は僅か二カ月で応召のやむなきに至るが、同氏も急速に中国語を習得し、応召出発の間ぎわに中国語説教を献げることが出来た。終戦引揚のとき、澤崎・和田両夫人が、互いに相扶け、幼児を保護しつつ、困難きわまる中に共助会精神を見事に発揮されたことも、感涙にたえないところである。

戦争の苦難の中で昭和十八年、森先生の母堂で共助会の祈の支柱であった森 寛子刀自《とじ》と、バルトを早く紹介した篤学誠実の橋本鑑氏が逝去し、十九年には誠意真実の友天野孝氏が倒れた。その他にも幾多の悲しみがあった中に、この国のため黙して応召従軍した友らの筆に尽せぬ苦労も尊いことである。鈴木正久先生が最期の病床で、戦場に倒れた若い二人の友と霊の語りあいをする文章を拝見し、共助会の私たちも胸深く同感にうたれる。昭和二十年シベリヤのテルマで病死した静かな斗志と深い愛の人小倉正大氏をはじめ、戦死を伝えられる椎名保則氏、戦病死を伝えられる藤田武信氏・氷室 恵氏・井手辰二氏など、国の悔い改めのため身を献げられし友を思う。終戦後に命を致された和田テル子夫人も、戦時海外伝道に忠実を尽された犠牲であり、若くて召された岩崎武雄・正木次夫・公江哲二・薄秀人の諸氏も、皆戦時の抑圧をくぐって誠実を尽した友であった。

一九四三（昭和十八）年夏、戦況悪化の苦渋の中で、共助会は森先生伝統の「贖罪論」を強く取りあげ、「森明先生贖罪論講演二十周年記念」の夏期信仰修養会を行った。その感銘深い研修を胸にして、翌十九年三月五日、森明先生召天二十周年記念連合礼拝（説教者、浅野順一氏）として共助会と友朋四団体、及び中渋谷・目白・美竹・品川・北白川の五教会有志が参集して、戦時下の祈を捧げた。またその五月には記念講演会（講演者、奥田・佐伯 倹・山本の三氏）を集会困難の中で行った。しかしこの九月、物資不足の中で堀合道三氏たちの友情の工夫で続けられて来た月刊誌共助は、第一三九号で休刊のやむなきに至った。この間、空襲頻繁の東京にとどまり、教会を守り、共助会の交わりの中心を確保した山本先生ご夫妻の苦労は、また容易ならぬものがあった。

一九四五（昭和二十）年八月、日本国天皇は、閣僚御前会議に最終決裁の機会を得て、天皇の戦争犯罪裁判による死刑に反対することを理由とした戦争続行論をおさえて、全面降伏の即時断行を決定した。鈴木首相は、かねて戦争反対であった天皇が、事ここに至って裁決の時に誤たずに身を犠牲にして終戦を決定されたことに深く感動し、終戦の詔勅に首相告諭を加え、「日本国民は、降伏の上、今後の数えることのできない艱難を克服して我々の国運を開拓するのだ」という精神を述べた。森 有正氏は、来るべくして来た懲罰と虚脱の闇の中で、この一語から、正直に艱難を一つ一つ克服するところになお未来あることを実感して感動したことを明記している。二十一年の新憲法は、共助会にとってはかねて会の精神としているところを成文化された感が深く、山本委員長の非常の決心のもとに、この際、東京・京都の学生共助会、早大学生信友会、女子協愛会、慶応学生共助会、京都女子共助会を、「キリスト教共助会」として一団体に合同して新編成再出発することをはかり、衆議一決した。学生伝道を重んじながら、職能・地域の伝道にも力をいれ、戦後の精神的欲求にこたえて共助会パンフレットの刊行が行われた。

一九四九（昭和二十四）年には二月に、前年末、神の護りにより帰国された福井先生を迎えて熱河伝道報告と澤崎氏のための祈の会を行い、十一月に、共助会三十周年記念会と記念講演会を行った。その主題は、戦時下の犠牲と伝道の交わりを踏まえて、「日本の現在及び将来におけるキリスト教会の地位、並びにこれとの関連における共助会の在り方」であった。森 有正氏が、前段に記した闇の中の一筋の光明を求めて用意ある講演を行い、「キリストのほか全く自由独立の団体」としての交わりの再認識と、より深い理解が、戦後共助会の希望として述べられ、成瀬治氏をはじめ青年の心に光をともした。

〔以上『共助』一九七〇年二月号、通巻二三二号所収〕

〔その二〕

第三期　共助会第四十年期　一九五〇（昭和二十五）年―一九五九（昭和三十四）年

一九五〇年代は、共助会の第四十年期に当る。その一九五一年十二月九日の共助会クリスマス集会には、石原謙先生の特に心をこめられた講演「歴史を生かす力としてのコイノニヤ」が与えられ、顧問として常に会を助けられる先生の深い理解と、先生の一貫したキリスト教福音史の研究とから来た共助会再認識が、会員の心に大きな励ましを与えた。共助会はまことに小さい群であるが、会が堅持して来た「主にある友情」は、史学的にも信仰的にも真理性に根ざしており、教会が伝えて来たコイノーニヤの精神を謙虚に質実に生かそうとしているものであった。教会が、福音の本質を歴史の中に生かすべきはずでありながら、教会という制度組織のために失いやすい生命的なものを、教会の中に謙虚に存在しながら、教派を超え制度の殻を超えて、身命をかけて生かしていくのが「主にある友情」であった。これにつながる会員同志は、太平洋戦争の責任感の苦悩の下で、また、再出発の超教派の日本基督教団が立ったからには共助会の教会内存在の意味は消失したのではないかとの問いの中で、なおかつ謙虚にしかし質実に守りゆくべき精神的な使命を自覚したのである。

それとともに、五年前の一九四六年十一月廿三日からの、友朋五団体の合同単一化による「キリスト教共助会」

の名称にふさわしく「学生基督教共助会」としての学校・学生の枠をはずすとともに、会の規約の表現を改正したいという希望が会員の間にあり、委員会は年月をかけてこの問題を考慮していた。その際、先にかかげた「基督のため」にはじまる行文が、若い世代に理解が困難であるとの強い意見が一部にあり、その友らへの配慮から、新しい表現で同じ内容を盛りこむための努力が重ねられ、ついに決意的譲歩のもとに一九五七年六月十六日の総会で、新しい文案が採択された。それが現行の規約であるが、当初から、この新規約の末尾に、参考として前規約の前文（主旨）を載せておきたいという意見があったものである。現規約は、前文を、言葉をかえて二条から四条までの間に規約として条文化した。

第一条　本会は基督教共助会と称する。
第二条　本会は、キリストのためにこの時代と世界とに対してキリストを紹介し、キリストにおける交りの成立を希求し、キリストにあって共同の戦いにはげむことをもって目的とする。
第三条　本会は、キリストのほかまったく自由独立な団体である。
第四条　本会は、キリストの教会に属し本会の主旨に同意する兄弟姉妹をもって会員とする。
以下第十三条に及んでいる。前規約と照合して、苦心の存するところをご覧頂きたい。

第三条の条文は、日本基督教団の精神的確立の時代をうけて、「教派」の問題意識の言葉を削ったのであるが、そのために教会と共助会の関係について次第に新しい問題がよびおこされている。一つは前述の如く、共助会の教会内意義終了の意識、二つは、教会は純信仰運動を堅持しなければならないが、共助会は教会に連なる外側団体としてキリスト者の政治的活動に自由を見出すとする意識である。二つとも時代の課題として次第に強く会員たちの意識にのぼり、ことに第五十年期の共助会に強く作用することになる。しかし念のために考えておきたいことは、教派を解消し信仰告白の統一案文を作っても、教会のもつ「制度」が人の心を不自由にし、人間のもつ古い人が、キリストに直結する「喜び」を忘れさせ「競争」による文化運動にまき込ませることである。石原先生が福音史の諸論文で、教派制に抵抗した「無教会」の人々が、公同教会の目標からおちて自ら一つの教派存在となる傾向を指摘しておられることは意味深い。肉の人が「関係」を保持するためには「制度」が必要であり、制度の殻を嫌って制度を否定しても、関係を保持するためには別の殻に捕われ易いのであろう。たとえば戦後の共助会は、前に諸教派キリスト者と手をとりあったように、こんどは無教会派の友を正会員として迎えることを実行しているが、その外面的な超教派的活動が共助会の特色や使命ではない。制度を重んじて制度の内側にとどまりながら，制度に捕われないキリスト者の自由をもって、制度の精神としての「主にある友情」を、与えられた隣人関係に活かし活動させ、この一事を通して主に仕えるところに、共助の使命がつづき、存在意義がある。政治問題と取り組む季節になっても、この本義を活かす忠誠なる努力を忘れてはならない。そして主にある友情はキリストの解放し給える生き方そのものであって、社会的使命・政治的使命の中にも常に活かさるべき生活者の内実である。それは「イエス・キリストを紹介する不断の温かい生活内容」、つまり「いつでも弁明のできる用意」（第一ペテロ三・一五）であるべきで、スローガン化したり運動化したりすると容易に内実のすり変りを起すものであることを、常に注意していきたい。

文字通り「小さい群」に過ぎない共助会は、以上に述べた使命観を内なる希望としては確守しながら、現実としては甚だ謙虚な友情団体の姿であった。教会との関係を問われ、政治運動における決断と行動の在り方を問われる時代に際会して、友情では割り切れない問題意識から、内なるものを「ロゴス化」してほしいという願いが若い会員の声となりつつあった。それは、この小さい群が言うに言われないもどかしさをもちながら、やはり神に用いられており、一九五〇年代の社会に存在意義があると自覚されていたからにほかならないと思う。その自覚は、共助会の会員なる友の生活のありざまと生活をかけた実績とから来ていた。山本委員長と山本先生を囲む委員会は、総会の選挙によって連続の信任をうけつつ、森先生亡き後の三十年間、一貫して協議による会の運営を行ってきた。山本委員長自身と委員会のあり方が第一に共助会的であった。そして共助会第四十年期のこの時期に、委員会に参加して忠実に会の奉仕に奔走された一人に、小塩 力先生があった。先にのべた新規約をまとめるため、配慮と労苦を厭われなかったし、研究部の必要を強調して予算を設けて一歩一歩を積み重ねる指導をした。また夏期信仰修養会に主題を設け、積み重ねの継続発展の方向をとることを発達させたのも先生で、やがてそれを研究部の任務の一つとして安定させた。一九五四年に苦辛の成果の『高倉徳太郎伝』を出版されたが、恩師の学問と信仰との本質及び苦斗を刻みつけて記述した末に、森先生の「霊魂の曲」を引用して、世の褒貶はいかにもあれ、人の全力を捧げ尽して贖罪の主の恵みの光を仰ぐところに、共助会的な人間理解の精神を吐露された。小塩氏は、恩師の厳しい福音の真理追求の神学に忠実に従いながら、人間の一人一人の人格的可能性を温かく受けとめ、弱小な者の真理への成長をその成長過程において大切にする事に自身の道を切りひらいた。そしてこの点で、共助会に深い感謝をよせられたように思う。『近代日本とキリスト教—大正・昭和篇』(一九五六年出版)に、日本のキリスト教活動の意義ある一つとして、共助会を載せる努力をしたのも小塩氏であった。一九五八(昭和三十三)年六月の急逝は、会員一同の傷みであった。

他の会員たちも、皆深く共助会の交わりに拠りつつ各自の献身の生き方をしていた。たとえば石居英一郎氏は、労働者伝道の急務に身を献げて、万難を排して西荒川教会を開拓し(一九五〇年)また進展させた。共助会先輩の本間誠先生は、一九五三年、早稲田大学教授を辞任して専ら目白町教会と共助会に尽された。東京神学大学にも教授として奉仕されたが、目白町教会の会堂竣工をまたず、一九五九年八月逝去されたことは、一同深い悲しみであった。佐古純一郎氏は、森 有正氏との交わりから、一九四八年に入信しまた共助会員となった。一九五一年に『純粋の探求』を出版してから、キリスト教文学の文学批評の分野に清新な進路を開拓し、プロテスタントの側からキリスト教の社会的受容を促進する信仰の文学者の立場を明示した。一九四八年暮、奇蹟的に中国伝道の召命を終えて帰国した福井二郎先生は、更に門司伝道の成果を残して奄美大島の開拓伝道に献身し、夫人とともに一九五六年、喜界島へ渡った。一九五七年共産主義政府治下の中国キリスト教会のため、中国問安基督教使節団の企画が決定したとき、浅野順一先生は団長に就任し、共助会委員長山本茂男先生も共助会を代表して参加し、四月より五月に渡る長途の歴訪交歓に尽力された。原田季夫氏は、多年内に秘められた癩者のための伝道と奉仕の祈願を夫人とともに実現し、一九五八年、調布教会牧師を辞任し、受け入れ態勢の整わぬままに、ただ恩寵と召命にひかれて始めての岡山県虫明に移転し、長島愛生園の癩者のため対岸から自給伝道の奉仕をはじめられた。癩の肉体治療の急速の進歩と、癩者の方々の心理的疎外苦悩の深化との時期に当り、神の召し給う長島聖書学舎の成立の基となるわけである。共助会のホープであった森 有正氏は、デカルト研究のため一九五〇年、フランスのパリーに留学し、共助会の直接活動から離れたが、森氏の信仰と文化の探求は、思うにまさる大きな円周軌道に乗り、短期に成果をまとめて帰国し得ない事情となったことは、共助会の現在には大きな損失であるが、神の大きい計画の帰結を祈り待つことができる。この他、会員たる諸先生・諸兄姉の主にあって誠実に尽される高志熱心こそ、共助会の互いの激励であり喜びである。

またこの期間に行われた諸活動の例をあげれば、第一には文書活動として、一九五〇年から「共助通信」の月刊をつとめ、ついに一九五三年、久しい祈が実行に移されて月刊雑誌『共助』が復刊されることとなった。また若い友の希望に応えて、森先生著作の第二回目の小選集として『改造途上のキリスト』（新仮名遣い）が新教出版社から刊行された。特別集会としては、一九五四年五月十二日、京大法学部を会場として「澤崎堅造氏伝道記念講演会」が催され、エーミル・ブルンナー博士の「学問と宗教」の講演が行われ、蒙古にとどまって帰らない澤崎兄の伝道の意義を深く記念することが許された。同年秋、東京では、本間氏指導のもとに「官公吏実業者懇談会」が農協会館で催された。これは、京橋の斎藤ビルの定例聖書研究会として発展し、やがて「丸ノ内集会」として安定する。一九五五年は森明先生三十周年にあたったので、『共助』誌も三月号（第五十四号）を森明先生記念特集に捧げ、三月六日（命日）には記念講演「聖書における時の問題」（浅野順一氏）を中心に記念会を行った。また三月二十、二十一日の泊りがけで、片瀬の斎藤家を会場として「森明の時代史的背景」を主題に、研究座談会が行われた。この準備をもって、五月二十二日、一ツ橋講堂で「森明先生三十周年記念基督教講演会」を開催して、戦後青年層への伝道の訴えを行った。講演は、「永遠と時代の感覚」（松村克己）、「神・自然・歴史——アレオパゴスの説教」（小塩力）、「恐れるな、小さい群よ——ルカ伝のキリスト理解」（清水二郎）の三つであったが、それに先立って奥田成孝氏から共助会主旨の訴えがなされた。またこの年、「口語訳聖書」が完成出版されたので、その中心にあって研鑽奮斗せられた私たちの先輩手塚儀一郎先生と山谷省吾先生を招待申しあげ、祝賀記念会が催された。一九五七年の総会は、中国問安使節の山本委員長の帰国を待って開催され、席上で委員長の問安報告を具に聴き、隣国の福音保持のためにまた将来の友好交流のために祈った。その後も交流の努力が行われたが、中国政治事情の変動のため、休止を余儀なくされたことは遺憾である。これらの大きな努力の影響ともお察しされることであるが、翌一九五八年の三月末山本先生が俄かに第一回目の眼底出血を患われたことは、会員一同の憂いであった。

一九五九年、世間では勤務評定紛争から安保斗争への激動状況が強まっている中で、プロテスタント宣教百年記念大会が催された。この年、共助会は創立四十年に当り、治療しつつ会務を推進する山本委員長のもとに、十一月二十二、三両日、恵泉女学園で「基督教共助会四十周年大会」を催し、宣教第二世紀への志をあらわした。集る同志百十五名、天に在る先生・先輩四十六名に感謝の記念会を捧げ、記念講演と分団協議、また共助会史資料展示会を行った。講演は、「共助会とその使命」（山本茂男）、「現代教会の分析と将来の展望」（松村克己）、「共助会の歴史」（清水二郎）、「キリスト者の在り方――ロマ五・一―五の研究」（山谷省吾）であり、分団協議・全体協議の主題は、「共助会の使命と今後の方途」であった。そして、協議会で高まった願いの一つは、森明先生に直接に接した人々の間に伝えられ、共助会経験の中にパトス的に活きてきたものを、「ロゴス化」してほしいということであった。

第四期　共助会第五十年期　一九六〇（昭和三十五）年―一九六九（昭和四十四）年

共助会が、信仰の忠誠や、善き師・良き友への感謝をもって進めてきた伝道の精神は、決して情緒というような仮現的なものではなく、キリスト主イエスによって、受肉されたものを、森先生との受け答えの中で具象的に感得し、伝道講習会や連合礼拝や夏期信仰修養会によって知性的に立証する新生活そのものであった。これは、「共助会の神学」として求め、「ロゴス化」の要請で受けとめようとするよりも、森先生の態度をもって聖書に聞き、聖書に生きるところから再現し立証していくべきものであろう。パウロが、外にも内にも危機的状況をもつローマの小教会に対して、「各自はそれぞれの心の中で、確信をもっておるべきである」（ロマ一四・五）、「わたしは知り、且つ主イエスにあって確信する」（同一四、原文直訳）と勧めたことは、時代の嵐の中にいる共助会に、そのままに勧められている心地がする。そして、共助会の歩みがようやく半世紀をけみした第五十年期において、ことにその後半期において、神秘的・情緒的と批評されたものの生活的実質がやや結晶を取って、やはりこれはほんものなのだという、ささやかな、しかし確実な希望の手答えを得させるのを見る。

共助会の第五十年期は、一九六〇年代に当り、一九六〇（昭和三十五）年の安保斗争の大衆大動員から、一九六八、九年の大学紛争のゲバルト的共斗運動に至る激動時期に当るのである。一方には経済力の復興と成長により、繁栄への国民的自信を強める世相が見られ、他方には平和憲法の擁護を中心として、右旋回の国権主義復帰の動きに対する警戒と抵抗が高まりつつある時期である。教会内にも、キリスト者の間にも、この政治的危機に、信仰による良心的決断としての政治活動の要求が強くあらわれ、幾つかの団体運動や宣言活動も見られる。共助会では、戦後早くから佐々田良勝氏が平和運動に誠意をもち、共助誌にも、会としての活動を訴え、佐古氏も「私の政治的発言」を著わすとともに、共助誌上に、政治的社会的の動向に対する信仰者の批判を発表している。山本委員長は、先に東洋平和の念願から中国への親善使節に参加し、続いて共助会の賛助を代表して「日中基督教交流協会」の設立（一九六一年一月）に参加し、政府の憲法改訂動向に反対する「憲法を守るキリスト者の会」の発起人会に加わり、一九六二年五月の共助会総会に訴えて、同会に対する共助会の協力表明を決議した。この年の改憲反対署名運動には、各地の共助会員も信仰良心に基づく自由な熱心な運動を行った。法律家である宮原守男氏の日本国憲法についての学習講演も有益であった。

しかし政治に関する活動とともに、研究部の活動も活発に行われ、新規の伝道講習会として、東京において特別講座（会費制）を開いた。一九六一年春の「新約神学の諸問題」（山谷省吾先生）、秋の「旧約歴史概説」（深津文雄先生）、一九六二年春の「時代の転機を中心としてみたキリスト教」（福田正俊先生）、冬の「時代の転機を中心としてみたキリスト教、その二」（福田正俊先生）、一九六三年春の「バルトのロマ書」（鈴木正久先生）の五講座、すべて名講演で、そのテープはさらに地方在住の会員に聴講の喜びを頒つことができた。また先に岡山へ進出した原田季夫氏は、一九六〇年に伝道神学論ともいうべき「文化と福音」を自費出版されたが、一九六一年、長島の愛生園の曙教会に、癩者の神学校「長島聖書学舎」を開設、一九六七年逝去までに第二期生までを世に送り、先生亡き今、最終学生の第三期生が修業中である。癩者により癩者の心に、闇路を照らす福音の光をともす運動で、不朽の意義をもつと思われる。松村克己氏の講義の援助をはじめ、同志たちの協力も嬉しいことであった。橋爪長三・久子ご夫妻（愛生園）、塩沼英之助氏（光明園）の医師としての同地での働きも、感謝をもって明記したい。

一九六四（昭和三十九）年には、年初の一月に飯能一泊の委員懇談会を開き、共助会の精神的若返りを求め、また共助会の特質、使命の拡充推進を求めて語りあった。山本委員長には、戦後の新しい意識として、平和ことに東洋の平和、社会的革薪ことに憲法の確守に対し、信仰者の政治運動を共助会で進めたい願いがあり、「若い世代の会員」の話し合いを通して、共助会の運動方針の刷新を望んでおられた。しかし次第にご健康の無理が感じられ、山本先生ご夫妻の熟考の結果、四月の総会に対して、山本先生から委員長辞任の申し出があり、会員は熟議の上その意志を理解しておうけし、新委員長奥田成孝氏を選出した。この年のクリスマスをもって、共助会は四十五周年に達するわけで、会員は、森先生亡き後の四十年の長きに渡り、委員長の重責を負い通された山本先生に、心からの敬意と感謝を今さらながら感銘したのである。山本先生の共助会研究所設立の希望を将来のため記念したい気持もあって、せめて「山本茂男先生献呈論文集」を出版して一同の感謝のしるしと致したいという議がおこり、八月の修養会席上で決議として公表された。この年のクリスマス礼拝は、山本先生ご夫妻を招待申しあげ、四十五周年を祝うと共に、前委員長の功労を感謝申しあげ、会からの記念品の贈呈とともに、献呈論文集案を発表した。会員の刻苦精励と、松村克己氏の編集と出版の尊い努力とにより、献呈論文集は、『文化対キリスト教の問題』と題して、一九六六年四月に刊行され、五月の総会において、感謝をこめて山本茂男先生に贈呈された。多彩な論文集そのものが、四十五年に渡る共助会員の、文化の中でキリストの福音の真理性を立証しつづけた心の生活の結晶であった。

一九六四年は共助会四十五年の年でもあり、奥田新委員長のもとに共助会の歴史に根差して前途を展望すべき年であった。雑誌『共助』の七月号には、松村克己氏の「共助会の曲り角」が発表されて多くの示唆を与え、八月の修養会では、山本先生の番外の大講演が与えられ、若い会員の間から聞えている共助会の歴史的なものの文章化の要請に答える資料と解釈が語られた。共助誌十月号に、「印象と経験」（その一）として執筆されたのは、その前半部であった。そして、一九六五年一月には、待望の「若い年代の集い」が行われ、歴史に根差す新しいものが探求された。その時に形をとったものに、佐久聖書塾舎屋建設計画があった。川田　殖氏を中心に、はじめ佐久の寺の部屋を借りて毎夏行われて来た聖書講読会の合宿は、共助会の生き方の体現として感得され、その地域の人々の好意の協力により、甚だ質素ではあるが合宿の舎屋を与えられつつあった。これを土地買収を含めて完結するのがこの計画で、東京の川田氏、京都の飯沼二郎氏その他を促進役として急速に実行に移し完成された。政治意識の高まりとともに、それだけ深く共助の交わりも掘り下げられつつ進むように見える。世上には、文部省の「期待される人間像」発表が論ぜられる中で、この夏の修養会は、「主にある友情」を主題として、共助の交わりの命の源を探求した。この夏七月、山本先生が第二回の眼底出血を病まれ、健康全般にも療養の必要を生ぜられたことは、会員一同の憂いを共にしたところである。

この第五十年期記述の冒頭で述べた通り、第五十年期後半は、半世紀に渡る共助会のコイノーニヤ活動の結果が、少しずつ手触りのできる精神的果実として、結晶を知覚させる時期である。その事実を、二、三の例示により理解していきたい。第一に挙げたいのは和田正先生を中心とする韓日友好の深い歴史事実である。堀信一・和田 正・北森嘉蔵・本間 誠の四先輩の日常の友情から韓国青年たちと、戦前からの心と心の交わりが、主キリストによって成り立っていたことは、第二期の記述に述べておいた。和田 正氏にとっては、その友情が、孤影道遙かに熱河の伝道地へ出発した時の「肉親にもまさる」心の支えであった。また九死に一生を得て戦後の日本に帰り、北森先生の『神の痛みの神学』の出版記念会において、当年の中学生の李仁夏先生が、聖書研究会から人生の進路を見出し、りっぱな信仰者・伝道者になっていたのと出合い、互いに驚き喜び、感激しあった。その李氏は、東京神大とカナダ留学とにより新約神学の学業を卒えて、戦後の祖国に帰ろうとしたが、見えざる御手に導かれて日本に留ることを余儀なくされ、在日大韓教会に奉仕し、やがてNCCまたWCCの要務にも召され、韓日の青年交流のことや人種差別の国際問題に召命をうけ、一九六三年にはトロント大学に聘せられて神学博士の学位に叙せられ、世界教会活動に共助会精神をもって立つ人と目される。一九五九年の共助会四十周年大会の懇話会の席上で、和田氏は共助会の淋しい気持にある友の問安を提言し、無教会派の友、韓国の友、台湾の友（呉振坤氏その他）をあげた。委員会はこれをとりあげ、京城の香隣教会で共助会的精神を戦っておられる李英環・洪彰義、延世大学で健斗しておられる郭商洙の三氏が和田氏と交信を恢復しておられたのをたよりとして、講解書と共助誌を送って志をあらわした。一九六三年の李仁夏氏の学生団引率による訪韓旅行から、香隣教会との信仰共鳴が高まり、一九六五年の共助会総会は、和田氏を代表として訪韓問安を行う決議を行い、香隣教会は和田先生を招聘することを決めた。李仁夏氏の旅の交渉や助力で事は順調に進んだ。澤正彦氏は、東大卒業の上、東京神大に学び、信仰遍歴から目白町教会

（松隈敬三牧師）に拠り所を見出して、一九六四年の修養会で共助会に入会した。東京神大で韓国から留学の兄弟姉妹とも深く交わり、共助会の韓国訪問に共鳴し、和田氏に伴って韓国を訪れることを願い、共助会はこれを認めた。一九六六年四月二十五日から五月五日に渡り、韓国の友の厚い心尽しの中に、祈深く喜びと傷みと交々に胸打つ交歓と理解の旅は全うせられた。

そこから出て来た結果として、深大な二つのことがある。その一つは、日本が合邦の名のもとに行った過った統治政策の深刻な罪の認識であり、もう一つは、澤青年がそれにもかかわらず存する赦しと新しい交わりを体験されたことである。前者については堤岩里（古くは提に作ったのではあるまいか。共助会には始めそう伝えられた）のことだけでなく、朝鮮全土に渡るすさまじい罪の時間と質量が、和田先生の誠実な見聞を通して、涙の懺悔を迫った。一九六六年十月の日本基督教団二十五周年記念大会の式辞で、新議長の鈴木正久先生は、戦時責任告白の心の説明に、雑誌『共助』の韓国問安記事を引用し、同時に行われていた第十四回教団総会を通して「第二次大戦下における日本基督教団の責任についての告白」を公表する件の可決を得られた。この告白公表についていろいろの意見はあり得るが、罪の悔改めによる新展開こそキリスト者にとり、人間の歴史にとり、唯一の希望の道であることを忘れてはならないと思う。第二の問題である澤正彦（韓国語発音、テック・チョンオン）氏は東京神学大学と韓国の延世大学との奨学金を与えられて、一九六七年四月から、延世大学校聯合神学大学院修士課程への留学を実現した。松隈先生を中心に目白町と共助会とが祈の賛助をつとめ、李先生をはじめ、韓国の友の温かい心遣いがこれを支えた。敬服すべき勉励により、澤氏は韓国語をマスターして一層深い赦しあいの友情をキリストにあって確立し、その記念塔として修士論文「韓日両教会における社会主義に関する態度の比較研究」を韓国語で完成した（共助、一九六九年九月号参照）。この事実の蔭に、歴史を動かす人の心と心の深い交わりと発見が、どんなに深くまた濃やかに働いたことであろうか。希望の光を見る。なお和田氏提言にもあった台湾の友に対しては、北白川教会を中心とする活動として、奥田委員長の台湾諸友歴訪(一九六八年十一月)が決行されて、大きな喜びがあった。また、和田・澤訪韓の前後に、共助会員となられた韓国の友は、裵興稷・申英子・朴錫圭・潘秉燮・金允植の諸兄姉で、右の訪問にも種々の援助を致された。

紙面が許さないが、この後半期に実りつつある他の出来事を、摘記する。福井二郎先生ご夫妻は一九六三年、奄美大島の教会活動開拓の使命に一段落をおえ、東京の池袋西教会牧師に着任して新しい要務に用いられ、共助会は十二月二十七日のクリスマス集会を、歓迎会を兼ねて開催した。福井先生には、中央にあってまた心血を注ぐ新しい祈の業が主にありて課せられるが、先生の上京が機運となって熱河・蒙古宣教の歴史がまとまることとなった。一九六五年五月出版の『熱河宣教の記録』は、熱河会の方々の熱海集会の結果を飯沼二郎氏が苦辛編集し、年表を編成したもので、伝道の根底となっている荒野の祈と主にある人間の交わりが、深い理解と洞察をもって扱われており、帰らない澤崎堅造氏のその後も活きている伝道精神の記念ともなった。さらに一九六七年六月には、熱河会編集の『荒野をゆく――熱河・蒙古宣教史』が刊行された。福井先生や和田氏も参加している編集で、一九三五年から四八年の十三年間に渡る伝道の正史で、福井二郎ご夫妻を中心とする約二十名の男女の伝道者が、中国語を用いて隣邦の友とわかちあった信仰の交わりの記録、非常の急迫事態の中でも、主と共にあってなし得た心深い隣人発見の生活記録である。ひとりびとり神に召されたこの伝道者の群の中にあって、共助会の精神はまた豊かに恵みをうけて働くことができた。そしてこのヒストリエットのもつ意義は、世界史と結び、東亜と日本の歴史を生かすものであると信じられる。

一九六四年三月、小笠原亮一氏は新婚の順夫人と相たずさえて京都の未解放部落に家庭を持たれた。前からの地域の人たちとの心の交わりの順調な発展で、京都の共助会同志（北白川教会員）たちが心尽しの援助を捧げ、深刻な苦難の地に生活をかけた新しい交わりが進行している。同氏はまた、一九六七年修養会の訴えの講演「在日朝鮮人の問題」に、同和地域の問題とひたむきに取り組む祈の生活を明示された（共助、十二月号参照）。一九六九年、大嶋功氏は日本聾話学校に生涯を捧げ尽しつつあられるその聾話教育の正しい開発指導の功により、キワニス・クラブの社会公益賞（四月）と、日本国政府の藍綬褒章（六月）とを受けられた。見えざる至誠一貫の愛のわざの顕彰であった。当時まだ地上に居られた病床の今泉源吉氏からも感謝の言葉がよせられ、病身をおして日本聾話学校の新校舎を訪問された山本茂男先生も、「これこそ森先生のニュー・エージ・ムーヴメント」と喜ばれた。そして神は、この善きわざを進める力の支えとして、共助会の友らを適宜に用いられた。

この期の政治問題としては、ベトナム戦争反対・靖国神社国営法案反対・大学改革紛争・大学臨時措置法・一九七〇年度安保問題をはじめ幾多の難問題があり、日本基督教団の問題としては、戦争責任に関する告白についての論争・万博・キリスト教館反対・会議制の問題・イエスかキリストかの神学的論争などにわかに解決し難い状況を示す問題の緊迫を見る。共助会では、次第に高まる見解態度表明の必要の中で、社会問題研究委員会を設けて調査と学習をつとめているが、また会員各自が友情の支えの中で行っている意志決定に、大切な共助会的努力を示され、それが互いの希望のもとになっている。ベトナム戦争反対の市民的良心の表明を、キリスト者の自由をもって辛抱強く続けている飯沼二郎氏、家庭と生活をかけ友の支えを重んじながらベトナム戦災孤児のため尽そうとする尾崎風伍夫妻（共助、一九六九年六月号）、信教自由を身をもって擁護し靖国法案反対に断食祈禱を捧げる石居英一郎氏を始めとして、山本茂男先生の熱意を質実に生かそうとする他の多くの友の心の戦いを見る。大学紛争の渦中で誠意を貫いて良心的苦斗を続けられる神沢惣一郎・飯沼二郎・三谷健次・藪本忠一・成瀬 治・川田 殖・岡野昌雄その他の諸氏の祈と心尽しは、決して無駄になることはない。教団にあって、中央に地方に、いろいろな立場で祈りの誠意を尽しつつある友のことも、何れは明らかにされることであろう。地方在住の友の、各地域での生活を通しての信仰精神堅持の努力と、それを胸にもちつつ修養会や総会で友と相見る喜びを待ち望む謙虚な誠意には、人を越えた力の働きを感じないではいられない。たとえば信州の白沢済氏は、多年国の中央に影響力ある人々に、素朴な信仰の表明を求め、信仰に基く国運指導を頼んで、誠意の手紙を書き激励を続けている。

キリスト教の日本社会における社会的受容は、明治以来百年を経て、ようやく確実になりつつある。共助会にも、その一翼を担う幾つかのしるしが見られている。信仰者の立場で、諸分野の学界にあって優秀な成果を示す友が多く、この期に海外留学の会員、諸分野で博士号をうけた友も多い。事業界・教育界においてもその道の専門の仕事を開発しつつある友も多い。文学の世界にあっても、信仰と文学の併立困難であった芥川・太宰の時代を突き破って、プロテスタントの純信仰を文学に活かす時代がついにりっぱに成立した。その先登を承った人々の中に、椎名麟三氏と助けあいつつ文学界に登場した佐古純一郎先生がある。森　有正・島崎光正・大塚野百合・大岩鉱・関屋綾子・小塩節・久米あつみなどの諸氏の文芸から文学批評・人生論に渡る執筆に、日本のプロテスタント信仰の文学浸透の歩みが見られる。

かくして共助会の第五十年期も終りに近づき、共助会創立五十周年大会（一九六九年九月十四、十五日）を迎える。折柄、前述の政治攻勢対処の時期で、準備研修会と大会を通して、「これからの共助会」の姿勢が厳しく探求された。この問題は、目下月ごとの共助誌上に発表される各会員の報告の記録を通し、信仰と友情をもって読みとりまた考えてゆきたいと願う。

結語として、森明先生の「時局に関する見解及び態度」の一節を載せたい。

「吾人の事業。吾人はいかなる時代、いかなる事情のもとに在る場合といえども、基督の精神にのっとり、主イエス・キリストとその十字架を信ぜしめ、彼における贖罪的自由人を永遠の世界に輩出せしむる事をもって第一目的とす。」

〔以上『共助』一九七〇年三月号、通巻二三三号所収〕

共助会年表

一八八八年から一九五九年まで

清水二郎

一九六〇年から二〇〇九年まで

橋本洽二

表　弘弥

区分	年代		共助会史事項	一般史関係
前史	一八八八	明治二一	五月十二日　森明誕生。	東京電燈会社始めて電気燈を点ず。加藤弘之ら始めて博士となる。
	一八八九	二二		二月十一日　文部大臣森有礼刺される。（翌二十二日夜逝去）帝国憲法発布（信教の自由）。
	一九〇四	三七	十月二十三日　森明受洗（市ヶ谷日本基督教会）。	二月　日露戦争宣戦（翌三八年九月講和）
	一九一四	大正　三	六月　森明、植村正久に従い上海伝道。十二月二十四日　日本基督教中渋谷講話所開設。	八月　対独宣戦（第一次大戦）。
	一九一五	四	三月十日　『苦痛の秘義』訳出、出版（上田操協力）。十一月十四日　中渋谷日本基督伝道教会へ発展。	二月　日支交渉開始、二十一カ条々約。吉野作造デモクラシーを提唱。
	一九一六	五	九月二十九日　「教友会」（伝道講習会前身）発会（中渋谷教会）。九月　山本・今泉、七高より東大に入学、参着。十月十日　紀森の相模屋の会（紀会の出発）。	二月　ヴェルダン攻撃開始。三月　ドイツ無制限潜航艇戦開始。七月　ソンムの戦始まる。石原 謙『宗教哲学』出版。
	一九一七	六	二月　本間（駒場、農大）参着。　八月　山田（女高師）参着。九月二十九日　中渋谷日本基督教会設立	シュペングラー『西洋の没落』第一巻出版。アメリカ参戦。ロシヤ革命。
	一九一八	七	春　森明大患危篤、夏回復。この頃、駒場に「隣友会」、本郷に「森先生の会」、女子高師に「お茶の水の会」、また日本女子大の会行	ウィルソンの十四条平和綱領発表。終戦。内村鑑三、中田重治、木村清松等と再臨運動を始める。

共助会創建の時期（森明の指導）

		わる。 十二月　降誕説礼拝決議宣言（中渋谷教会）。	
一九一九	八	七月「伝道講習会」発会式（中渋谷教会）。 十二月　クリスマス祝会をもって「共助会」発会（青年同盟会館）。	パリ―平和会議開催。 第三インターナショナル結成。 ムッソリニのファッショ開始。
一九二〇	九	共助会休止状態（森明大患、山本・今泉病気静養）。	第八回世界日曜学校大会東京に開催。 国際連盟成立。
一九二一	一〇	秋　森明、小川 隆を伴い大阪の日本基督教大会に出席、その途次、京大青年会、八高青年会に訪問伝道（横山、石井、上遠と知る）。 十二月　森明『宗教に関する科学及哲学』出版。	戦後の経済不況世界をおびやかす。 原首相暗殺。日英同盟廃棄。 倉田百三『愛と認識との出発』出版。
一九二二	一一	四月　森明『霊魂の曲』を発表（雲の柱収載）。 春　共助会再発足（主旨、規約制定。幹事、山本・今泉・金谷・上遠・石井）。 春　森明と吉野作造会談共鳴。吉野、顧問となる。 春　本間 誠、高田講話所開設。 七月二十八、九日　東山荘に夏期特別集会を開く。 秋　賀川豊彦を招聘し、東大学内講演会。	日本共産党結成。賀川豊彦ら日本農民組合結成。 山東還附調印。シベリアから撤兵。 アインシュタイン来朝。
一九二三	一二	四月　奥田、京大入学、京都参着。 五月上旬　東大学内講演「キリスト教の真理性」森明。 五月中旬　森・山本、水戸高訪問。『学問と宗教』森明。 七月　東山荘の日本基督教会信徒修養会に森明、ロ	アメリカ、石井ランシング協定破棄。 関東大震災。甘粕事件。 国民精神作興の詔書。 虎門事件。

共助会創建の時期（森明の指導）

		マ書講演、京大生岩淵聴講。 七月二十九、三十日　東山荘に夏期特別集会、「学徒パウロの信仰」森明。雑誌発行希望。九大の増田入会。 九月一日　関東大震災。森明の活動と病気。 十一月四、五日　森明病中の京大伝道（山本・千矢参加）。 十二月　早大信友会発会式（本間宅）。	ミュンヘンの国民主義暴動にヒトラー擡頭。 浅野順一『聖書と民族』出版。
一九二四	一三	六月十四日　京都共助会支部発会式。 七月～八月　森明「濤声に和して」を福音新報に連載。 七月二十三日　森明の転地先大磯で「協愛会」発会準備。 七月二十八日　東京京都連合共助会、大磯で贖罪論を聴講。同時に学生大連合礼拝の提案をうける。 七月二十八～三十日　東山荘夏期集会、信友会とともに学生大連合礼拝挙行を決定（委員長・小田垣）。 九月二十日　協愛会発会式（中渋谷教会）。 九月二十一日　中渋谷教会で「時局に関する吾人の見解及態度の表明決議」を行う。 九月　早大学内講演「人格主義の意義を論じてそのキリスト教的意義に及ぶ」森明。 十月中旬　山本・神崎の水戸・仙台訪問伝道。 十月二十一日　協愛会「女子協愛会」と改称。 十月二十五日　女子協愛会講演会「聖なる生命への	アメリカ、排日移民法強行。これに対し日本のキリスト教徒結束して抗議する。 吉野作造、国権主義に抗して舌禍を招く。 高倉徳太郎、英国から帰朝、神学社教授として活動。弁証法神学の研究始まる。 タゴール来朝。

連合礼拝の時期（高倉援助指導）			
		飛躍」森明。 森明大患。十一月三日の京都伝道計画中止となる。	
一九二五	一四	三月六日　森明逝去（今泉源吉、中渋谷教会の牧会主担者となる）。 六月六日　第一回東京市内学生大連合礼拝（説教、内村・高倉）。 八月三十一日　学生大連合礼拝説教パンフレット刊行。	一月八日　植村正久逝去。 東京放送局開設。治安維持法、学校軍事教育法、普通選挙法公布。
一九二六	一五	一月二日　女子協愛会講演会（佐藤繁彦）。 四月二十五日『共助』（不定期）森明氏記念号発行（十月再刊）。 五月十五日　第二回大連合礼拝（慶応有志参加）（説教、高倉）。 十月十日　第二回連合礼拝説教パンフレット刊行。 十一月二十三日　女子協愛会講演会（斎藤 勇）。 十二月十八日　九大共助会発会式（少しおくれて本部、脇坂方）。	労働争議調停法公布。全国に青年訓練所をおく。 文相、学生の社会科学研究禁止を内訓。文部省宗教法案を発表。 熊野義孝、福音新報にブルンナー神学を紹介。
一九二七	昭和　二	二月　協愛寮開設。 五月十四日　第三回大連合礼拝（説教・高倉）。 七月十九～二十三日　第一回夏期信仰修養会（軽井沢）。 「基督教要綱」五講（高倉）、「スマートの宗教詩」（斎藤）、共助会集会。 十月一日『共助』第二号発刊	金融恐慌（十五銀行など破産）。田中大将政友会内閣を組織。山東出兵断行。 富士見町教会の脱退者百名、高倉牧会の戸山教会に加入。 宗教法案、上院で廃案となる。 秋　高倉徳太郎『福音的基督教』刊行。

内部の育成につとめる

一九二八	三	二月『共助会報』第一号発行。 五月二十日「東京市内外学生大連合礼拝に関する宣言」発行。 六月二十三日「協同学生伝道」挙行（説教、高倉）。 七月二十六～二十九日 夏期信仰修養会（講演、山本・加藤・清水。慶応共助会発会準備）。 九月二十九日「慶応義塾学生基督教共助会」発会式。 十月二十八日『共助』第三号発刊。	最初の衆議院普通選挙。 済南事変。 特高警察設置。新人会解散命令。河上肇ら左翼教授として大学を追わる。 キリスト教各派合同機運促進委員から参考案を発表。
一九二九	四	四月八日 佐伯倹、新潟教会赴任（正教師） 五月十二日 本間誠、目白日本基督教会建設（正教師） 五月 信友会改称「早大学生基督教共助会」となる。 五月二十五日 共助会創立十周年記念会（YW会館）。 同日『共助会報』第二号発行。 八月二十一～二十五日 夏期信仰修養会（講演、浅野・加藤・清水・高倉）。 十月二十七日 山本茂男、中渋谷教会主担者となる。	第五十六帝国議会に宗教団体法案提出、今泉源吉率先して反対、日基を主流とする反対運動成功。 七月十日、今泉、中渋谷教会牧会を辞任。
一九三〇	五	五月十五日『共助』第四号発刊。 八月二十～二十三日 夏期信仰修養会（講演、聖書研究すべて内部、総会を開き十周年記念事業決議）。 秋『共助会報』第三号発行。 十一月 十周年記念事業三項目（出版・伝道・寮）発表、募金開始。	浜口首相狙撃される。 失業者四十万人、不況深刻。 三木清検挙される。 ライン撤兵完了。 日本神学校設立（校長川添）。福音同志会始まる（七月十八日）。

内部の育成につとめる（一九三一〜一九三三）			
一九三一	六	昭和六年〜八年　十周年記念事業実施。 三月六日　京都女子共助会発会式。 四月　共助寮開設（小木協力、七年七月まで）。 八月二十四〜二十七日　夏期信仰修養会。 六月五日『共助会報』第四号発行。	フーヴァー・モラトリアム。 九月　満洲事変。国連理事会、満洲事変問題を討議。 キリスト教学生社会運動（ＳＣＭ）活発。
一九三二	七	一月『共助会報』第五号発行（『共助』月刊予告）。 四月　原田季夫、代々木初台教会補教師就任。 五月　協愛寮新築移転（杉並区東田町）。 八月二十三〜二十六日　夏期信仰修養会 九月　共助寮再開設（金井協力、八年三月まで）。 十月『共助会報』第六号発行（友朋団体合同一時中止声明）。 十二月二十七日　聯合聖誕節礼拝（ＹＷ会館）、爾後年々開催。 十二月三十一日『森明選集』発刊（五〇八頁）。	上海事変突発。 五・一五事件（犬養首相暗殺）。リットン報告書発表。日本満洲国承認。河上肇共産党に入党。
一九三三	八	三月　月刊雑誌『共助』（新聞型）発行開始――昭一九年九月号（第百三十九号）まで続刊。 七月　浅野順一、青山北町伝道所開設（美竹教会）。 八月二十三〜二十五日　夏期信仰修養会。	二月　福音同志会問題の苦悩。 三月　国際連盟脱退。 吉野作造逝去。新渡戸稲造客死。
一九三四	九	四月三日　高倉徳太郎逝去。福田正俊、信濃町教会牧師となる。 六月十四日　京都共助会創立十周年記念会（『共助』第十六号に京都共助会十年の使命と友情の記事を載	満洲国帝政実施。 ヒンデンブルグ死し、ヒトラー総統となる。 石原 謙『基督教史』出版。

国体主義の嵐の中で

		せる)。 八月十四～十七日　夏期信仰修養会（総会を開き十周年記念事業終了を承認、翌年森召天満十年を記念して大連合礼拝を計画)。 十月『共助』第二十号に十周年記念運動報告を発表。	
一九三五	一〇	三月『共助』第二十五号、森明先生召天満十年記念特集発行。 三月十七日　大連合礼拝延期決定（委員会)。 四月二十一日　京都北白川伝道教会建設。 七月二十五～二十七日　夏期信仰修養会（箱根仙石原)。	美濃部達吉の天皇機関説を問題化する。国体明徴声明。全国に青年学校設置。 十一月　福井二郎満洲伝道に献身、承徳に入る。 石原謙『新約聖書』、浅野順一『旧約聖書』刊行。
一九三六	一一	五月七日　女子協愛会改称、「女子共助会」となる（顧問、山本茂男)。 八月十一～十四日　夏期信仰修養会。 晩秋　山本茂男病気のため平塚に転地（十三年まで)。	ロンドン海軍々縮会議脱退。二・二六事件（斎藤・高橋ら暗殺)。 独伊枢軸成る。防空演習燈火管制しきり。 山谷省吾『パウロの神学』刊行。
一九三七	一二	八月十～十三日　夏期信仰修養会（軽井沢へもどる)。	近衛内閣成立。中日戦争へ発展。南京陥落。 松村克巳『アウグスティヌス』出版。
一九三八	一三	五月『共助』六月号から編集部を京都に移す。 八月九～十二日　夏期信仰修養会。 晩秋　山本茂男療養より復帰、正教師となる。 十二月二十七日　クリスマス連合礼拝（例年五団体連合で行うもの)。翌年の共助会二十周年記念事業発	近衛声明（蒋政権を相手とせず)。国家総動員法成立。張鼓峰事件（日ソ衝突)。河合栄治郎筆禍事件。 世界宣教大会インドに開かれ賀川豊彦・河井道子ら出席。

国体主義の嵐の中で			表。また従軍者のため祈る。従軍者（由井・井上修・秀村欣二・高木・飯野・高山・岡本・島津・木村・天野）	
	一九三九	一四	五月二十九日　共助会二十周年記念講演会及記念会（東大）、講演者、石原 謙・清水。 五月三十日　『森明小選集』（共助叢書第一巻）刊行。 八月七～十日　夏期信仰修養会。 十二月　『共助』第八十二号を二十周年記念特集号として刊行。	ノモンハン事件（日ソ衝突）。国民徴用令公布。 アメリカ、日米通商条約廃棄。野村・グル―日米会談始まる。 第二次世界大戦起る（九月）。宗教団体法成立。 キリスト教連盟、興亜奉公日に各教会の祈祷を要請。
	一九四〇	一五	六月十五日　京都に森明召天十五年記念講演会を開催。「森明先生の生涯とその信仰思想の核心」山本、「森明先生と日本の神学」松村。 八月五～八日　夏期信仰修養会（山中湖ＹＭキャンプにて）。 九月二十五日　「森明と日本の神学」松村（共助叢書第二巻）刊行。	日独伊三国同盟成立。隣組制を実施。皇紀二千六百年祝典。宗教団体法実施。 救世軍スパイ容疑（憲兵隊の捜索）。 プロテスタント各派合同を決議。 山谷省吾『ロマ書』出版。
	一九四一	一六	七月　夏期信仰修養会中止（戦時下交通、宿舎の困難から）。 十二月二十五日　『神の存在』石井（共助叢書第三巻）刊行（続刊予定）。 十二月二十六日　クリスマス連合礼拝（例年の五団体集会、戦時下これが最終となる）。説教「望の保証」奥田（美竹にて）。	日本基督教団発足（統理、富田）。大日本青年団結成。 日ソ中立条約締結。英米大西洋憲章宣言。 十二月八日　真珠湾攻撃、太平洋戦争開始。 浅野順一『旧約神学の諸問題』、福田正俊『恩寵の秩序』刊行。

決戦下苦悩の中で

一九四二	一七	五月七日　澤崎堅造、大陸伝道を志し、熱河の福井へ出発。 八月二十四、五日　夏期信仰修養会（東京、憩いの家にて）。 この頃の従軍者（小倉・橋本敬祐・薄・水津・藤井・藤田等）。在外者（今川・松隈・澤崎家族）。	日本軍マニラ占領、ビルマ進出、シンガポール占領、蘭印奪取。 米空軍日本初空襲。ミッドウェー海戦、ソロモン海戦、ガダルカナル島に米軍上陸。衣料切符制施行。学年短縮決定。 山谷省吾『パウロ』、澤崎堅造『東亜政策と支那宗教問題』出版。
一九四三	一八	一月　紙不足のため『共助』減頁（新聞型六頁）。 春　東大学内聖書講演会、講演者、斎藤勇。 五月　澤崎家族赤峰に至り、更に蒙古奥地を志す。 七月二十六～二十八日　夏期信仰修養会（東京、憩いの家にて）。森明先生贖罪論講演二十周年記念として山本・手塚儀一郎・浅野・小塩の贖罪論関係の講演あり。 十一月二日　森　寛子（森明母堂）逝去。	ガダルカナル島米軍に帰す。山本連合艦隊司令長官戦死。米軍アッツ島上陸。太平洋戦局悪化し、敗色をかくす。学徒戦時動員体制確立され学徒出陣。 日本基督教団、戦時報国会を結成。教団、愛国号軍用機献納を可決。 森　有正『パスカルの方法』『デカルトよりパスカルへ』出版。
一九四四	一九	三月五日　森明先生召天二十年記念連合礼拝（中渋谷・目白・美竹・大崎・北白川の各教会と共助会五団体の共催）、及記念会　（中渋谷教会にて。説教、浅野）。 五月十四日　森明先生記念講演会（美竹教会、宇田川にて）。講演者、奥田・佐伯・山本。 六月　『共助』更に減頁（四頁）。 九月　『共助』第百三十九号発行。この後ついに刊行	防空法による強制疎開、学童集団疎開が行われる。女子挺身隊結成。学校を工場に転用。学徒勤労令施行。 六月　サイパン島失陥。比島沖海戦。米軍レイテ島上陸。米B29東京空襲（十一月二十四日）。 日本基督教団の戦時教化活動強化運動。教団教師戦時勤労動員始まる。 石原　謙『マルティン・ルターと宗教改革の精神』

敗戦の苦悩の中で

		中止となる。	出版。
一九四五	二〇	戦時下特別集会も出版も不自由となり、友の通信と祈あるのみ。 五月　和田夫妻満洲伝道に献身、赤峰着（和田直ちに現地応召）。 八月三日　澤崎夫人、大板上引揚げ。八月十二日、澤崎・和田両夫人赤峰出発引揚げ（幼児帯同）。 十二月三十日　小倉正大シベリアに戦病死（井出辰二、藤田武信も同様と伝えらる）。	硫黄島失陥。三月十日　東京大空襲。米軍沖縄占領。学校教育を一年停止（四月）。鈴木内閣成立（五月）。八月六日　広島に原爆投下。八日ソ連の対日宣戦。九日　長崎に原爆投下。九日夜半ポツダム宣言受諾決裁。十五日　終戦詔勅放送。九月二日　降伏調印。マッカーサー軍政施行。国家神道禁止、宗教団体法廃止。
一九四六	二一	九月　和田・澤崎両家族京都帰着。 十月　和田正、生還帰着。（澤崎堅造ついに帰らず。） 十一月二十三日「キリスト教共助会」再出発。 　従来の五団体の組織を単一化し、広く志ある友を求め、同志の団結を堅くし、戦後の宣教と文化建設に奉仕することを願う。 学生伝道、地方会員の連絡。パンフレット刊行を志す。 十二月　山本・和田、九州共助会訪問。 十二月十九日　クリスマス祈祷会（奨励、山谷。目白町教会で）。	天皇神格否定宣言。総司令部軍国主義の追放、右翼団体の解散指令。極東軍事裁判開廷。公職追放峻厳。 「日本国憲法」を交付（十一月三日）。農地改革法公布。日本労働組合総同盟結成。社会革命の言説と活動著しい。植村 環、海外渡航第一号として渡米。米国からヴァイニング夫人、皇太子の教師として来朝（十月）。 当用漢字・新かなづかい制定。
一九四七	二二	一月二十五日『キリスト教の中心問題』斎藤 勇（共助会キリスト教パンフレット第一冊）刊行。 一月二十八日　文化講演「新憲法について」（目白町教会で）。	公職追放の範囲拡大。 教育基本法、学校教育法公布。六・三・三制実施。 労働基準法公布（九月一日実施）。 独占禁止法公布。日本政府の「帝国」の呼称禁

敗戦の苦悩の中で

		春　松村克巳、教団教師として巡回伝道の任をうける。 六月中旬　九州共助会訪問（小塩）。 七月　和田 正、松本教会牧師となる。 八月十九〜二十二日　夏期信仰修養会（麗翠館で）。 十一月五日『深き淵より』和田 正（共助会キリスト教パンフレット第二冊）刊行。 十二月二十二日　クリスマス礼拝及懇談会（説教、浅野。中渋谷教会で）。	法公布。 日本政府の「帝国」の呼称禁止（総司令部）。 片山哲社会党内閣成立。農業協同組合法公布。 米国ウラニウム輸出を禁止。欧州マーシャル・プラン成立。
一九四八	二三	三月六日　森明先生記念会（中渋谷教会で）。 七月十五日「イエスとパウロ」山谷省吾（共助会キリスト教パンフレット第三冊）刊行。 八月二十五〜二十七日　夏期信仰修養会（麗翠館で）。 十月九日　例会「共産主義とキリスト教との関係」赤岩栄（中渋谷）。	帝銀毒殺事件。総司令部、全逓全国ストに中止を命ずる。日本人の海外旅行許可される。西欧五カ国同盟、同軍事会議。国会、教育勅語の失効を決議。A級戦犯判決と処刑。国連の世界人権宣言行わる。太宰 治自殺。 浅野順一『予言者の研究』『苦難の意義』、森有正『デカルトの人間像』出版。
一九四九	二四	一月七、八日　浅野・本間、藤岡に田中一三訪問応援。 二月六日　例会「熱河伝道について」福井二郎。澤崎堅造のために祈る（目白町教会で） 六月十九日　例会「日本教育の理念」竹内敏夫（信濃町教会で）。 九月一、二日　夏期信仰修養会（憩いの家で）。 十一月二十五〜二十七日　共助会三十周年記念行事。	総司令部、国旗の自由掲揚を許可。単一為替レート一ドル三六〇円と決定。北大西洋条約（NATO）成立。中国、共産軍進出、国府敗退、中華人民共和国成立。カトリック教会、サビエル四百年祭を盛大に挙行。年齢の算え方を満計算に改める（五月）。国鉄スト、人民電車、下山事件、三鷹事件、松川事件相次ぐ。

混乱と希望の時期に

		記念講演会（二十五日学内、二十六日YW会館）。記念大会（二十七日YWで。森有正の発言、感銘を残す）。	ソ連に原子爆弾の所有確認され、欧米恐慌。石原 謙『キリスト教思想史』、北森嘉蔵『神の痛みの神学』出版。
一九五〇	二五	二月五日 例会「アムステルダムの宗教会議」福田正俊（中渋谷で）。 四月 石居英一郎、労働者伝道に献身（西荒川教会牧師）。 八月一、二日 夏期信仰修養会（憩いの家で）。総会を兼ね『共助通信』月刊のことに決まる。 八月末 森 有正フランスに留学。	日本共産党、コミンフォルムの批判を無条件承服す。総司令部、日本共産党徳田書記長以下二四名の公職追放を指令（六・六追放）。朝鮮動乱勃発。警察予備隊をおく。ソ連引揚げ進まず、外務省未帰還三七万と発表。
一九五一	二六	七月二十四～二十六日夏期信仰修養会（浜松、聖隷保養農園で）。 十二月九日 クリスマス講演「歴史を生かす力としてのコイノニヤ」石原 謙。	マッカーサー元帥罷免さる。児童憲章制定。桑港にて対日平和条約と日米安全保障条約調印さる。 佐古純一郎『純粋の探求』出版。
一九五二	二七	八月六～八日 夏期信仰修養会（麗翠館で）。 主題「信仰と職業」 十二月二十六日 総会及びクリスマス祝会。 二八年度の研究部課題を「現代におけるプロテスタンティズム」と定める。	桑港条約発効、日本は主権を回復。皇居前広場にメーデー流血事件おこる。日印平和条約。欧州防衛共同体（欧州軍）成る。羽田空港返還さる。国警と自警の合同行わる。破防法実施。立太子礼行わる。
一九五三	二八	五月 雑誌『共助』（拡大）の復刊。 七月十六、十七日 夏期信仰修養会（麗翠館で）。 主題「信仰と現実」。	スターリン死去。英国戴冠式。ローゼンバーグ夫妻死刑。スト規制法施行。ソ連水爆実験。奄美大島、米国から返還される。

混乱と希望の時期に

		主題「信仰と現実」。	石原 謙『中世キリスト教研究』、森 有正『内村鑑三』（アテネ文庫）出版。
一九五四	二九	五月三日　総会（中渋谷）、特に規約について再検討。 五月十二日「澤崎堅造氏伝道記念講演会」を京大法学部第一教室に開催。ブルンナー博士記念講演に当る。「学問と宗教」 六月　本間 誠東京神学大学に専心し、神沢惣一郎（会友）代って早大共助会学内会長となる。 八月三〜五日　夏期信仰修養会（麗翠館）。 　主題「今日における我らの課題」―今は眠より覚むべき時なり― 十月十五日　官公吏実業者懇談会（丸ノ内の会これより定例化）。 十二月十日『改造途上のキリスト』（森明小選集、温故小文選）出版。	憲法擁護国民連合会発足。第五福龍丸被災（ビキニ水域）。日米ＭＳＡ協定。犬養法相指揮権を発動して佐藤自由党幹事長の逮捕を停止する。京都旭丘中学分裂授業報道する。防衛庁の陸海空三自衛隊発足。原水爆禁止署名運動進む。洞爺丸事件、相模湖事件相次ぐ。フランスの仏印支配おわる（ディエンビエンフー陥落）。国連総会は原子力平和利用決議案を可決。小塩 力『高倉徳太郎伝』を出版。口語訳新約聖書出版。
一九五五	三〇	三月『共助』第五十四号に森明先生記念特集収載。 三月六日　森明先生三十周年記念会（中渋谷教会で）。 　講演「聖書における時の問題」浅野。上田 操。笹森寿子。手塚儀一郎その他の感話。 三月二十〜二十一日「森明の時代史的背景」研究座談会（片瀬斎藤宅で）。 五月二十二日　森明先生三十周年記念基督教講演会（一ツ橋講堂）。講演者、松村・小塩・清水。	政府は、憲法改正・再軍備の線を代表し、これに対して平和論・憲法擁護論の主張が強く打出されている。二月総選挙の結果、保守政党は第一位であるが、憲法改正の勢力に達せず。日ソ国交正常化の交渉、ロンドンで開催、遅々として進まず。共産党第六回全国協議会で、徳田書記長二年前の死を発表。広島で原爆被災十周年記念式典、第一回原水爆禁止世界大会開く。砂

混乱と希望の時期に

		五月二十二日夜　総会を兼ね懇話会（如水会館）。 六月二十六日　口語訳聖書完成にあたり、手塚・山谷両先生祝賀の会（目白町）。 七月十日　例会（目白町教会で）。福井二郎正式に入会。 八月八〜十日　夏期信仰修養会（東山荘で）。 主題「現代プロテスタンティズムの課題」（工藤英一参加）。 九月十一日　フランスより帰国中の森 有正送迎の会（中渋谷教会で）。（十一月再渡仏）。 十月二十九日　福岡にて共助会講演会。講演者、秀村欣二・清水。	川測量、戦場の様相を呈する。米軍基地問題は、内灘・妙義・富士北麓・大高根などに頻発。マレンコフ退陣、ブルガーニン、フルチショフ擡頭。バンドン会議。 浅野順一『イスラエル予言者の神学』、佐古純一郎『倫理への感覚』、『漱石の文学における人間の運命』出版。口語訳旧約聖書出版。
一九五六	三一	四月十日　福井二郎、門司出発、奄美大島伝道に赴任。 五月三日　総会（中渋谷教会で）。規約草案を委員会に附託する。 八月一〜三日　夏期信仰修養会（麗翠館で）。 主題「イエス・キリストと私の現実」	矢内原東大総長ら「新教委・新教科書」両法案に反対声明。売春防止法成立。鳩山首相訪ソ。スエズ紛争の武力行使失敗。ハンガリー弾圧の悲劇。 山谷省吾『基督教の起源』上巻、佐古純一郎『小林秀雄ノート』他出版。
一九五七	三二	一月十三日　中国問安基督教使節団に共助会を代表して山本委員長参加決定。団長浅野順一。 四月十日　壮行祈祷会（中渋谷教会で）。 五月二十三日　右使節団、使命を果して無事帰着。 六月十六日　総会（中渋谷教会で）。新規約決定。山	南極予備観測隊「昭和基地」を設営。岸内閣成立。日ソ漁業交渉年毎に難航する。社会党訪中使節団毛主席と会談。岸首相東南アジヤ諸国と米国訪問。砂川事件（七月）。第三回原水爆禁止大会を東京に開催。憲法調査会第一回総会を開く。

平和攻勢の中で

		本委員長、中国問安報告。 六月二十四～七日　山本委員長、京都・大坂に中国問安報告。 八月六～八日　夏期信仰修養会（芦ノ湖畔）。 主題「日本の精神的風土と福音」。 十一月二十二、三日　京都共助会修養会。 講演、小塩「キリストに接がれるもの」（小塩病む）。	東海村に原子力研究所設立、「原子の火」ともる（八月）。ソ連、モロトフ・マレンコフら粛清。ソ連の平和攻勢活発となる。十月最初の人工衛星打上に成功、十一月第二号成功。 浅野順一『詩篇選釈』、『真実―エレミヤ』、近藤治義『ヘブル書』、森 有正『バビロンの流れのほとりにて』、佐古純一郎編『キリスト教問答』、佐古純一郎『文学はこれでいいのか』、『近代日本文学の悲劇』他出版。
一九五八	三三	三月二十一日　原田季夫調布教会を辞し、癩者伝道に献身されるに当り、送別祈祷会（目白町教会で）。 三月末　山本茂男眼底出血、加療しつつ会務遂行。 五月五日　総会（中渋谷で）。平和問題に対し会として申合せ。 六月十二日　小塩 力逝去。 八月十八～二十日　夏期信仰修養会（芦ノ湖畔）。 主題「神の言と我らの現実」。小塩 力記念会。 十月　松隈敬三、補教師の任命をうける（姫路教会副牧師）。	日本、国連安保理の非常任理事国に就任。日米安全保障条約改定交渉物議をよぶ。ソ連日本に対し、中立政策を守るよう警告。警職法改正案に対し反対運動成功。ブルガーニン失脚、フルチショフ独裁（三月）。エジプト、シリアを合邦。イラク・ヨルダン統合、アラブ連邦となる。イラク王制顛覆。中東緊張。アルジェリア問題悪化し、ドゴール政局に当り、第五共和制発足。ベルリン問題緊張。第十四回世界キリスト教育大会東京に開かる。 佐古純一郎『大いなる邂逅』他、小塩 力『コロサイ書』刊行。 森 有正『内村鑑三評伝』（日本文学全集五〇巻、作家評）。

平和攻勢の中で			
一九五九	三四	五月五日　総会（中渋谷教会で）。入会者四名。 六月七日　森 保子夫人逝去。 七月二十八～三十日　四十周年準備研究会（憩いの家で）。 八月　『共助』誌八月号（百七号）以後四十周年特集連載。 八月二日　本間 誠逝去。 十一月二十二、三日　共助会四十周年大会（恵泉女学園で）。	勤務評定紛争と兇悪殺人事件相次ぐ。マクミラン英首相訪ソ。砂川事件上告審無罪判決。皇太子御成婚。永井荷風死す。ダレス長官引退と死去。劉新国家主席立つ。ニクソン訪ソ。岸首相訪欧、訪南米。松川事件最高裁判決（原判決破棄差戻し）。フルチショフ訪米、訪中国。石橋訪中国。 小塩 力『キリスト讃歌』、浅野順一編『基督論の諸問題』、山谷省吾『基督教の起源』下巻、森 有正『流れのほとりにて』、佐古純一郎『家よりの解放』他、井草教会『小塩力追想文集』刊行。

〔以上『共助』一九五九年一一月号、通巻一一一号所収〕

一九六〇年（昭三五）	八月二日―五日、夏期信仰修養会、於箱根芦ノ湖畔・成蹊学園寮。主題「信徒の福音的責任」―福音に召され実社会に遣わされた者の生活のあり方―。主題講演・松村克己／故本間誠追悼会。参加四七名。 十一月二十二―二十三日、京都支部修養会、於水道局厚生会館（九条山）。主題「キリストの福音と我らの信仰―現実社会の対立抗争の中にあって」主題講演・中沢宣夫、石居英一郎。 十二月、『共助』編集委員長、佐古純一郎から尾崎風伍に交代。	一月十九日、日米相互協力および安全保障条約（新安保条約）調印。五月十九日、政府・自民党、国会に警官隊五百人を導入、新安保条約を強行採決。 六月十五日、全学連主流派が国会乱入、樺美智子死亡。 七月十五日、岸内閣総辞職、第一次池田勇人内閣成立。 十月十二日、浅沼稲次郎社会党委員長、右翼少年に刺殺される。 十一月八日、アメリカ大統領選挙でケネディ当選。 十二月二十七日、国民所得倍増計画決定（高度成長政策）。
一九六一年（昭三六）	六月二日、中渋谷教会を会場にして「伝道講習会」開講。一年を三期に分かち、一期約一〇回。第一回「教会―新約神学の諸問題―現代的に見て」山谷省吾。 八月二日―四日、夏期信仰修養会、於箱根芦ノ湖畔・成蹊学園寮。主題「職場に於ける信徒の責任」。主題講演・隅谷三喜男、佐古純一郎。 九月十五日、伝道講習会第二期開講。「旧約聖書概説」深津文雄。	一月三日、米、キューバとの国交断絶。 四月二十九日、農業基本法、自民党と民社党衆議院で強行可決。 四月十二日、ソ連世界最初の人間衛星船ボストーク打上成功。 五月十六日、韓国軍事クーデター。 七月二十五日、世界宗教者平和会議、京都で開催。 八月十三日、東独、ベルリンの壁構築。
一九六二年（昭三七）	三月九日、伝道講習会第三期開講。「時代の転換を中心としてみたキリスト教」福田正俊。 五月三日、一九六二年度総会。従来、委員選挙は郵便投票で行ってきたが、山本茂男委員長の提案によりこの年から議場で投票を行うことになり、副委員長は二人とす	一月九日、ガリオア・エロア債務返済協定調印。 二月二十四日、憲法調査会、改憲の是非に関し初の公聴会。 五月十七日、大日本製薬、サリドマイド系睡眠薬出荷中止。

	ることになった。／「憲法を守るキリスト者の会」の運動の主旨に賛同し、協力することを決議。 八月九日—十一日、夏期信仰修養会、於箱根芦ノ湖畔・成蹊学園寮。主題「信徒責任の血肉化」—現代の問題の中にキリストを求めて—。主題講演・佐古純一郎。 十一月二十二—二十三日、京阪神信仰修養会、於一燈園。講師・清水二郎。	七月十七日、経済白書発表、「転型期」論争起こる。 九月十二日、国産第一号研究用原子炉に点火。 九月二十九日、閣僚審議会、貿易自由化率、十月から八八%と決定。 十月二十二日、ケネディ、ソ連のミサイル基地建設を理由にキューバの海上封鎖を宣言（キューバ危機）。 十一月九日、高碕達之助、廖承志、日中長期総合貿易に関する覚書に調印。
一九六三年 （昭三八）	五月七日、伝道講習会第五期開講。「バルトの新『ロマ書講義』により福音の本質を改めて学ぶ」鈴木正久。 福井二郎、奄美開拓伝道から戻り、池袋西教会に赴任。 七月、雑誌『共助』編集委員長、尾崎風伍より石居英一郎に交代。 八月十二—十四日、夏期信仰修養会、於箱根強羅・白百合荘。主題「聖書の啓示と私」—みことばにいかにきくか—。主題講演・中沢宣夫、浅野順一、川田殖。 十一月二十二—二十三日、京阪神修養会、於大津市婦人会館。主題「祖国を神に献げるために」川田殖、和田正、石居英一郎、横井克己。	二月二十日、日本、ガット十一条国へ移行。 七月三十一日、部分的核実験停止条約参加を決定。 九月十二日、最高裁松川事件再上告棄却、全員無罪確定。 十月十五日、韓国大統領選挙で朴正熙当選。 十一月一日、貿易外取引管理令公布（貿易、為替自由化）。 十一月二十日、国連総会、人種差別撤廃宣言を採択。 十一月二十二日、米ケネディ大統領、ダラスで暗殺さる。
一九六四年 （昭三九）	一月、飯能にて一泊の委員懇談会。 四月二十九日、総会において、山本茂男委員長が辞任、奥田成孝が新委員長となる。 六月十四日、京都共助会創立四十年記念集会。	四月一日、日本ＩＭＦ八条国へ移行。海外旅行自由化。 四月二十八日、日本、経済協力開発機構（ＯＥＣＤ）加盟。 六月六日、中国文化大革命運動開始。 八月二日、米軍艦、北ベトナム軍に攻撃されたと発表、

	八月十一—十三日、夏期信仰修養会、於箱根強羅・白百合荘。主題「キリストの外自由独立」奥田成孝。	米軍のベトナム戦争介入開始。 十月一日、東海道新幹線開業。 十月十日、東京オリンピック開催（続いて十一月八日パラリンピック開催）。 十一月十七日、公明党結成大会。
一九六五年 （昭四〇）	一月十四—十五日、「若き世代の集い」於葉山レーシー館。参加者三四名。 五月二十三日、北白川教会創立三十周年。 五月三十日、飯沼二郎編『熱河宣教の記録』（未来社）発行。 八月三—五日、夏期信仰修養会、於箱根強羅・白百合荘。主題「主にある友情」主題講演・奥田成孝。 八月十六日、佐久聖書塾献堂式。 十一月二十二—二十三日、京阪神修養会、於大津市婦人会館。主題「御言葉に貫かれて」奥田成孝、岡野昌雄、野本和幸、和田 正。六二名。	一月十一日、中教審、「期待される人間像」中間発表。 二月七日、米、ベトナム北爆開始。 六月十二日、家永三郎、教科書検定第一次訴訟。 七月一日、名神高速道路全線開通。 八月六日、米、黒人投票権法成立。 八月十九日、佐藤栄介、首相として戦後初の沖縄訪問。 十一月六日、衆議院で日韓基本条約強行採決。 十一月十日、東海村原子力発電所、送電開始。 十一月十九日、閣議、戦後初の赤字国債発行決定。
一九六六年 （昭四一）	四月、山本茂男先生献呈論文集『文化対キリスト教の問題』発行。 四月二十四日—五月初旬、和田 正、澤 正彦、韓国の共助会友人問安。 八月十一—十三日、夏期信仰修養会、於山梨英和清里山荘。主題「聖なる召命」主題講演・奥田成孝。 十一月二十二—二十三日、京阪神修養会、於滋賀県立婦	二月四日、全日空機、羽田空港沖で墜落、一三三人死亡。（この年は他に、三月四日カナダ航空機、同五日BOAC機、十一月十三日全日空機がそれぞれ墜落、多くの死者を出す）。 四月二十日、日産自動車・プリンス自動車合併調印。自動車業界の再編始まる。 十月二十一日、総評五四単産、ベトナム反戦統一スト。

	人会館、主題「キリストの証人」関屋光彦、岡野昌雄、岡田長保。	六五年下期〜六六年上期「いざなぎ景気」と呼ばれる。
一九六七年 （昭四二）	一月四日、原田季夫逝去。 三月二十六日、日本基督教団議長鈴木正久「第二次大戦下における日本基督教団の責任についての告白」を公表。 六月十九日、平和についての懇談会、於代々木山谷教会。 六月二十一日、山本茂男、静養のため佐久へ。 八月十四—十六日、夏期信仰修養会、於山梨英和清里山荘、主題「ただ神の信実とともに—召されたる我らの歩み—」主題講演・松村克己。出席六九名。 十月九—十日、京阪神修養会、於滋賀県立婦人会館。講解「エペソ人への手紙」和田 正。	二月四日、政府による初の原爆被爆者実態調査（六五年実施）で、生存被爆者は二九万八、五〇〇人と発表。 この年から二月十一日が「建国記念の日」となる。 四月十五日、東京都知事選で美濃部亮吉当選。 六月五日、第三次中東戦争始まる。 七月一日、ヨーロッパ共同体（EC）発足。 八月三日、公害対策基本法公布。 八月八日、東南アジア諸国連合（ASEAN）結成。 九月一日、四日市喘息患者、石油各社に慰謝料請求訴訟。 この年〝ベトナム特需〟五億五八五万ドル（前年比七・九％増）。
一九六八年 （昭四三）	五月三日、総会にて社会問題研究委員会の設置、「ベトナム戦傷児に医薬品を送る運動」に協力決議。 八月十四—十六日、夏期信仰修養会、於山梨英和清里山荘、主題「歴史の主—今は眠りより覚むべき時なり—」、主題講演・奥田成孝、浅野順一、清水二郎。 十一月十二—二十二日、奥田成孝、台湾の友を問安。	三月十六日、南ベトナムのソンミ村で米軍による大虐殺事件。 三月二十八日、東大安田講堂が学生に占拠され、卒業式中止。 （この年、全国大学一一六校で学園紛争発生。） 四月四日、米黒人運動指導者キング牧師暗殺さる。 五月十三日、米・北ベトナム第一回和平会談。 六月二十六日、小笠原諸島、日本復帰。 この年、富山県のイタイイタイ病、熊本県の水俣病、阿賀野川の水銀中毒、西日本のカネミ油症等企業公害発

		覚相次ぐ。 ＧＮＰ資本主義世界第二位。３Ｃ時代と言われる。
一九六九年 （昭四四）	六月五日、今泉源吉逝去。 七月、雑誌『共助』編集委員長、石居英一郎より内田文二に交代。 九月十四—十五日、共助会創立五十周年記念大会、於中渋谷教会。発題講演「贖罪的自由人の誕生のために」川田 殖（このため夏期信仰修養会ならびに京阪神修養会とりやめ）。	一月十八日、機動隊、東大安田講堂の封鎖解除。 六月六日、南ベトナム臨時革命政府樹立。 七月十日、同和対策事業特別措置法公布。 七月二十日、米のアポロ11号、初の月面着陸成功。 十月十五日、全米にベトナム反戦デモ。
一九七〇年 （昭四五）	澤 正彦、川崎市桜本教会に伝道師として赴任、金 纓と結婚。 六月二日、山本茂男逝去。 七月、『森明著作集』（新教出版社）発刊。 八月十三—十五日、夏期信仰修養会、於山梨英和清里山荘、主題「あなたがたはわたしを誰というか—森明を生かしたもの—」、主題講演・奥田成孝、清水二郎、成瀬治、松村克己。 十一月二十二—二十三日、京阪神修養会、於大津市婦人会館。主題「澤崎堅造二十五周年記念」、福井二郎、和田正、飯沼二郎、山田晴枝。	二月二十日、閣議で総合農政推進の基本方針決定。 三月十四日—九月十三日、大阪千里で日本万国博覧会開催。 三月三十一日、八幡・富士製鉄合併、新日本製鐵発足。 六月二日、韓国詩人金芝河、反共法違反の疑いで逮捕さる。 六月二十三日、日米安保条約の自動延長。全国で反安保統一行動、七七万人参加。 七月七日、家永教科書検定は憲法・教育基本法に違反との判決。 十一月二十五日、三島由紀夫、市ヶ谷自衛隊でクーデターを扇動、失敗して割腹自殺。
一九七一年 （昭四六）	八月九—十一日、夏期信仰修養会、於美ヶ原三城ロッジ。主題「ロマ書に聴く—わが生の御言への応答—」。主題	六月十七日、沖縄返還協定調印。 七月九日、キッシンジャー米大統領補佐官、密かに訪中。

	講演・中沢宣夫。 十一月二十二—二十三日、京阪神修養会、於滋賀県立婦人会館。主題「高倉徳太郎と森明—とくに福田先生と奥田先生に聞く」川田　殖、小笠原亮一、飯沼二郎。	八月六日、佐藤首相、広島市の平和記念式典に首相として初めて出席。 八月十五日、ニクソン米大統領、金とドルの交換一時停止。八月十六日、米のドル防衛策でドル売り殺到（ニクソン・ショック）。東証ダウ株価大暴落。 十月二十五日、国連総会、中国招請、台湾追放決議。
一九七二年（昭四七）	四月、総会において奥田委員長が辞任、新委員長に佐古純一郎就任。 八月二—四日、夏期信仰修養会、於美ヶ原三城ロッジ。主題「更にロマ書に聴く—福音的人格の誕生と私」主題講演・清水二郎、森　有正。延九一名。 十月八日、東村山市島崎光正宅で「ジャコビニ読書会」始まる。第一回はドストエフスキー「貧しき人々」佐古純一郎。 十一月二十二—二十三日、京阪神修養会、於滋賀県立婦人会館、主題「原田季夫先生召天五年記念」、松村克己、大日方繁、奥田成孝。	二月二日、グアム島で発見された元陸軍軍曹横井庄一帰国。 二月十九日—二十八日、連合赤軍、軽井沢あさま山荘事件。 二月二十一日、ニクソン米大統領、中国訪問。 五月十五日、沖縄施政権返還。沖縄県復活。 六月十一日、田中角栄通産相「日本列島改造論」発表。 六月十七日、米国、ウオーターゲート事件発覚。 九月二十九日、日中国交正常化に関わる日中共同声明発表。台湾との国交断絶。 十二月二十三日、韓国、新憲法下最初の大統領に朴正熙選出。 十二月二十八日、北朝鮮最高人民会議、国家主席に金日成選出。
一九七三年（昭四八）	三月二十九日、澤　正彦、金　纓、韓国へ。 八月七—九日、夏期信仰修養会、於美ヶ原三城ロッジ。主題「主よ、わが信仰を告白せしめ給え—イエスがお	一月二十七日、ベトナム和平協定調印。 二月十四日、日本、変動相場制に移行。 八月八日、金大中、ＫＣＩＡにより東京のホテルから拉

	求めになったわが人格の再考―」、主題講演・奥田成孝、成瀬治。六六名。 十一月二十二―二十三日、京阪神修養会、於滋賀県立婦人会館。主題「池明観先生を囲んで聞き、祈る」和田正、奥田成孝。	致さる。 十月六日、第四次中東戦争始まる。 十月十七日、ペルシャ湾岸六カ国、原油公示価格引上げ決定。第一次石油ショック。
一九七四年（昭四九）	六月、京都共助会五十周年。 八月五―七日、夏期信仰修養会、於浜松・聖隷福祉事業団。主題「夜はふけ、日が近づいている―アウグスチヌスに学ぶ」。主題講演・川田殖、岡野昌雄、中沢宣夫。 十一月二十二―二十三日、京阪神修養会、於滋賀県立婦人会館。主題「ルターに学ぶ」、福田正俊、北森嘉蔵、和田正。五九名。 十二月、『共助』編集委員長、内田文二から島崎光正に交代。	一月八日、韓国朴正熙、大統領緊急措置一・二号発令。 三月十二日、ルバング島で生存の小野田寛郎元陸軍少尉帰国。 四月十一日、春闘で空前の交通スト。 五月十一日、足尾鉱毒事件、八〇年ぶりで解決。 八月八日、米大統領ニクソン、ウオーターゲート事件で辞任。 十一月二十六日、田中首相、金脈問題で辞任。 この年、GNPは対前年比〇・六％減で戦後初のマイナス成長。
一九七五年（昭五〇）	三月、清水二郎『森　明』（教団出版局）発刊。 七月十二日、「九州共助会の集い」於福岡YMCA会館。 八月四―六日、夏期信仰修養会、於関西セミナーハウス。主題「恩寵の光のもとに―さらにアウグスチヌスに学ぶ」主題講演・中沢宣夫、松村克己。 十二月十八日、「澤崎堅造三十周年記念会」於北白川教会。	四月三十日、南ベトナム政権無条件降伏、臨時革命政府が全権掌握（ベトナム戦争終結）。 七月十一日、私立学校振興助成法公布。 八月十五日、三木首相、私人として戦後初の靖国神社参拝。 九月三十日、天皇と皇后、初の訪米。 十一月十五日、第一回先進国首脳会議（サミット）、仏ランブイエで開催。

一九七六年（昭五一）	八月三―五日、夏期信仰修養会、於佐久・山荘あらふね。主題「真理を生かす力の継承―主にある対話のうちに―」。奥田成孝、中沢宣夫。 十月十八日、森 有正、パリで逝去。 十一月二十二―二十三日、京阪神修養会、於滋賀県立婦人会館。主題「植村正久に学ぶ」、大内三郎。	二月六日、ロッキード事件表面化。 四月五日、北京で群衆と軍・警官が衝突（第一次天安門事件）。 七月二日、ベトナム社会主義共和国樹立宣言（南北ベトナム統一）。 七月二十七日、東京地検、ロッキード事件で田中角栄前首相を逮捕。
一九七七年（昭五二）	六月十二日、井草教会創立三十周年記念礼拝。 八月十七―十九日、夏期信仰修養会、於東京ＹＭＣＡ野辺山高原センター。主題「罪の問題と現代―詩編に学ぶ―」。主題講演・清水二郎、和田 正。参加者八三名（内誌友三七名）。 十一月二十二―二十三日、京阪神修養会、於京都白河院。主題「ヨブ記の解釈をめぐって」中沢洽樹。	二月十一日、日米漁業協定調印。 三月八日、米で日本製カラーＴＶ輸入急増が問題化。 七月十三日、最高裁、津市地鎮祭訴訟で合憲判決。 七月十四日、日本初の静止気象衛星「ひまわり」打ち上げ。 八月三日、原水爆禁止統一世界大会（一四年ぶりの統一大会）
一九七八年（昭五三）	八月一―三日、夏期信仰修養会（共助会創立六十周年記念）、於東京ＹＭＣＡ野辺山高原センター。主題「人格の確立」川田 殖、奥田成孝。参加者六七名。 十一月二十二―二十三日、京阪神修養会、於京都白河院。主題「初期黙示―預言から黙示へ」関根正雄。	三月五日、中国、四つの近代化・台湾解放を明記の新憲法採択。 五月二十日、成田の新東京国際空港開港式。 五月二十三日、初の国連軍縮特別総会開催。 八月十二日、北京で日中平和友好条約調印。 十月十七日、閣議、元号法制化を正式決定。
一九七九年（昭五四）	八月八―十日、夏期信仰修養会、於東京ＹＭＣＡ野辺山高原センター。主題「おそれるな、小さき群よ。―現	一月十六日、イランのパーレビ王政崩壊。 一月十七日、国際石油資本、対日原油供給削減を通告（第

	代での答責と共助会―」清水二郎、小笠原亮一。参加者七九名。 十月十日、澤 正彦、韓国退去の指令を受け帰国。 十一月二十二―二十三日、京阪神修養会、於滋賀県立婦人会館。主題「エーミル・ブルンナーと日本の将来」竹内寛、川田 殖。	二次石油ショック)。 三月二十八日、米スリーマイル島原子力発電所で大量の放射能洩れ事故発生。 十二月二十七日、アフガニスタンでクーデター、ソ連侵攻。
一九八〇年 (昭五五)	六月、山本茂男記念文集『恐れるな、小さい群よ』発刊。 七月、佐久聖書塾食堂棟竣工。 八月十一―十三日、夏期信仰修養会、於大磯アカデミーハウス。主題「日本伝道への呻きと幻」、主題講演・福田正俊、石居英一郎、澤 正彦。 十一月二十三―二十四日、京阪神修養会、於滋賀県立婦人会館。主題「日本のキリスト教と共助会」松村克己。	二月一日、政府、モスクワ・オリンピックへの不参加決定。 五月十八日、全斗煥ら韓国の軍部、金大中らを逮捕。光州市で反政府デモ激化。二十七日、戒厳軍が武力制圧(光州事件)。 六月十二日、大平首相入院先で急死。 六月二十二日、初のダブル選挙で自民党大勝。 この年異常冷夏で東北地方大凶作。
一九八一年 (昭五六)	一月十四―十五日、共助会委員会、於三鷹ＹＭＣＡ研究所。昨夏の修養会分団における「平和・社会問題への提言」についての論議。 五月五日、総会、講演「『核』―人間と文明」関屋綾子。 六月十日、浅野順一逝去。 八月四―六日、夏期信仰修養会、於大磯アカデミーハウス。主題「交わりと使命」。主題講演・成瀬 治、川田 殖。	三月二日、中国残留日本人孤児、初の正式来日。 五月十七日、ライシャワー元駐日大使、核積載の米艦船が日本寄港と発言。 十月、西独ボンで中距離核ミサイル配備反対のデモ(欧州で大規模な反核デモ拡がる)。 この年、国際障害者年。
一九八二年 (昭五七)	四月十八日、関屋綾子『一本の樫の木―淀橋の家の人々』出版記念会。 五月五日、総会において佐古純一郎、委員長を辞任、新	三月二十一日、反核市民集会「平和のためのヒロシマ行動」一九万人参加。 四月八日、最高裁、第二次家永訴訟の二審判決破棄、

	委員長に成瀬 治を選出。 八月三—五日、夏期信仰修養会、於大磯アカデミーハウス。主題「日本の学校教育の根本問題」。主題講演・林竹二、参加者一〇〇名。 十一月二十二—二十三日、京阪神修養会、於滋賀県立婦人会館。宮田光雄。	差戻し。 七月二十六日、中国、日本の教科書検定による歴史記述に抗議、訂正を要望。 十一月二十七日、第一次中曽根内閣発足。
一九八三年（昭五八）	四月十五日、福井二郎逝去。 六月二十三日、平和・社会問題委員会、於中渋谷教会。講演「信教の自由と政教分離」佐古純一郎。 八月三—五日、夏期信仰修養会、於大磯アカデミーハウス。主題「日本キリスト教史における森明と共助会—その意義と課題—」。主題講演・大内三郎。 十一月二十二—二十三日、京阪神修養会、於滋賀県立婦人会館。主題「矢内原忠雄について」主題講演・富田和久。	七月十五日、初の死刑囚再審の免田事件で熊本地裁八代支部が無罪判決。 九月一日、ソ連、領空侵犯の大韓航空機を撃墜、全員死亡。 十月十五日、西独で「反核行動週間」始まる。
一九八四年（昭五九）	一月十五—十六日、一泊研修会、於フランシスコ会聖母の園・黙想の家。主題「教会と共助会の在り方を問う」発題・大塚野百合。参加二〇名。 四月二十六日、平和・社会問題について学ぶ会、於中渋谷教会。講演「在日朝鮮人の直面する諸問題—特に指紋押捺拒否訴訟について」李相鎬。参加九名。 八月七—九日、夏期信仰修養会、於大磯アカデミーハウス。主題「共助会と日本のキリスト教—時代の波をこえて—」。主題講演・奥田成孝、清水二郎。	一月五日、中曽根首相、現職首相として戦後初の靖国神社新春参拝。 九月六日、全斗煥韓国大統領来日。宮中晩餐会で天皇が「両国間に不幸な過去があったことはまことに遺憾」と表明。

	十一月二十二―二十三日、京阪神修養会、於滋賀県立婦人会館。京都共助会創立六十周年記念「望みと決意を新たにする」。	
一九八五年 （昭六〇）	一月十四―十五日、一泊研修会、於メルセス会黙想の家。講演「バルメン宣言と日本の教会」雨宮栄一。 三月十五―二十日、共助会韓国問安団を結成、韓国の会員を訪問。 八月、奥田成孝・恒子夫妻、横浜の長男・義孝宅に移る。 八月五―七日、夏期信仰修養会、於大磯アカデミーハウス。主題「日本のキリスト教と共助会―今日におけるその使命―」主題講演・飯沼二郎。参加者六三名。 十一月二十二―二十三日、京阪神修養会、於京極中小企業センターKPC会館。主題「在日大韓基督教会四〇年の歴史に学ぶ」呉允台、金在述。	四月一日、NTTおよび日本たばこ産業㈱発足。 五月二日、西独ヴァイツゼッカー大統領、敗戦記念日に「歴史を記憶せよ」と演説。 七月二十七日、中曽根首相、軽井沢セミナーで「戦後政治の総決算」主張。 八月十二日、日本航空ジャンボ機、群馬県御巣鷹山に墜落。 九月五日、文部省、各教委に日の丸・君が代の徹底を通知。 九月二十二日、先進五カ国蔵相会議、為替市場への協調介入強化で合意（G5、プラザ合意）。
一九八六年 （昭六一）	一月十四―十五日、一泊研修会、於戸山サンライズ。「平和問題をめぐって」関屋綾子。参加者二三名。 三月二十日、澤正彦日曜日訴訟敗訴判決。 四月、『北白川教会五十年史』発刊。 八月四―六日、夏期信仰修養会、於大磯アカデミーハウス。主題「日本のキリスト教と共助会―おのが馳せ場に在りて―」。主題講演・小笠原亮一。 九月十七日、鈴木淳平逝去。	四月一日、男女雇用機会均等法施行。 四月二十六日、ソ連チェルノブイリ原発で大規模な事故発生。 七月六日、衆参ダブル選挙、自民党圧勝。 十一月十五日、伊豆大島の三原山大噴火。 十二月三十日、八七年度政府予算案決定、防衛費対GNP一％枠を突破。 この年、大都市圏を中心に地価急騰始まる。

一九八七年 （昭六二）	一月十四―十五日、一泊研修会。「思い出の中から父を語る」関屋綾子、「聖書における言葉の問題―障害者の立場から」島崎光正。 三月三十日―四月一日、第三次共助会韓国問安団、韓国問安。 八月三日―五日、夏期信仰修養会、於大磯アカデミーハウス。主題「共助会に生きる―主に在る友情のなかで―」主題講演・李英環。特別講演・姜信範。参加者八六名。 八月三十一日、堀 信一逝去。 十一月二十二―二十三日、京阪神修養会、於京極中小企業センターKPC会館。講演・飯沼二郎。	二月九日、NTT株式上場。 四月一日、国鉄分割・民営化。 五月一日、日米首脳会談でドル防衛の日米緊急協力をうたった共同声明を発表。 五月三日、朝日新聞阪神支局襲われ、記者一名死亡、一名重傷。 十月十九日、ニューヨーク株式市場で株価大暴落（暗黒の月曜日） 十一月二十日、全日本民間労組連合会（連合）発足。
一九八八年 （昭六三）	一月十四―十五日、一泊研修会、於韓国YMCA青少年センター。「時代の情況とキリスト者の責任」佐古純一郎。参加者二九名。 八月一―三日、夏期信仰修養会、於箱根アカデミーハウス。主題「共助会に生きる（二）―若き友たちに聴く―」。参加五三名。 十月二十八日、平和・社会問題委員会主催集会、於中渋谷教会。「昭和の終わる日を考える」清水二郎、関屋綾子。参加者七〇名。 十一月二十二―二十三日、京阪神修養会。林 律、伊藤邦幸、入佐明美。	六月一日、最高裁、自衛官合祀拒否訴訟で高裁判決を破棄、合祀を合憲と判決。 六月十八日、リクルート疑惑発覚。 六月十九日、牛肉・オレンジの輸入自由化を巡る日米貿易交渉が妥結。 七月二十三日、横須賀沖で自衛隊潜水艦「なだしお」と大型釣り船第一富士丸が衝突、死者三〇名。 九月十九日、裕仁天皇吐血、各種行事の自粛ムード拡がる。 十二月二十四日、参院本会議で消費税導入関連法案可決・成立。

一九八九年 （平一）	一月十五―十六日、一泊研修会、於戸山サンライズ。「昭和の終わりを考える」尾崎風伍、小笠原亮一、李仁夏。 三月二十七日、澤 正彦逝去。 四月十六日、久我山伝道所開設式。 五月四―五日、共助会創立七十周年記念東京集会、於中渋谷教会。公開シンポジウム「教会と国家」成瀬 治、久米あつみ、李仁夏。若き友のレポート。公開講演会「森有正と父森明」関屋綾子、「森 有正について」佐古純一郎。参加者八六名。 八月七―九日、夏期信仰修養会、於箱根アカデミーハウス。主題「キリスト教と日本の文化」、主題講演・川田 殖。参加者五八名。 十一月、京阪神修養会、講演「天皇制と韓国キリスト教」韓晳曦。	一月七日、裕仁天皇死亡、八七歳。皇太子明仁即位、平成と改元。 一月十四日、国の行政機関の土曜閉庁スタート。 二月四日、金融機関の土曜全休始まる。 二月九日、文部省、新学習指導要領案発表、生活科新設、日の丸・君が代の義務化など。 四月一日、消費税スタート、税率三%。 六月四日、未明に北京戒厳部隊が民主化を要求して集まっていた市民を武力制圧（第二次天安門事件）。 七月二日、東京都議選で自民党敗北、社会党議席三倍に。 七月二十三日、参院選挙、与野党逆転。 十一月九日、「ベルリンの壁」撤去始まる。 十一月二十一日、日本労働組合総連合会（新「連合」）発足。総評は解散。
一九九〇年 （平二）	一月十五日、一日研修会、於戸山サンライズ。「大嘗祭問題を中心に天皇制を考える」佐古純一郎。 四月三十日、総会において、成瀬委員長辞任、新委員長に川田 殖を選出。 八月六―八日、夏期信仰修養会、於箱根アカデミーハウス。主題「キリスト教と日本の文化（その二）」、主題講演・島崎光正、佐古純一郎。 十一月二十二―二十三日、京阪神修養会、「即位礼・大嘗祭」に関して。大島孝一、飯沼二郎、瀬口昌久、小笠	一月十八日、本島等長崎市長狙撃され、重態。 三月二十七日、大蔵省、地価高騰への対策として金融機関に不動産融資の総量規制を通達。 八月二日、イラク、クエート侵攻。 十月三日、ドイツ、東西統一成る。 十一月二十二日、日本国憲法下で初の大嘗祭始まる。

	原亮一。 十二月、雑誌『共助』編集委員長、島崎光正から尾崎風伍へ交代。	
一九九一年（平三）	一月十四―十五日、一泊研修会、於戸山サンライズ。「共助会の歩みを振り返る―雑誌『共助』と夏期信仰修養会を通して」発題・島崎光正、加藤葉子。 二月十八日、松村克己逝去。 八月五―七日、夏期信仰修養会、於穂高しゃくなげ荘。主題「イザヤ書に聴く（その一）」中澤洽樹。参加者五二名。 十一月二十二―二十三日、京阪神修養会、於日本たばこ産業京都会館。「エレミヤ書に聴く」講演・木田献一。	四月二十四日、閣議、自衛隊のペルシャ湾への掃海艇派遣を決定（初の自衛隊海外派遣）。 八月二十二日、ゴルバチョフ・ソ連共産党書記長辞任。 十二月十一日、欧洲共同体（ＥＣ）首脳会議、九九年までに単一通貨統合で合意。 十二月二十六日、ソ連最高会議、ソ連邦消滅を宣言。
一九九二年（平四）	一月十四―十五日、一泊研修会、於戸山サンライズ。「歴史に生きるキリスト者―日韓キリスト者の歩みを省みて―」李仁夏、山本精一。 三月三十日―四月一日、日韓基督教共助会第一回修練会、於韓国イエス教長老会女宣教会館。 三月三十日、韓国基督教共助会設立（七月六日、最初の修練会開催）。委員長・李英環、総務・尹鍾倬。 八月三―五日、夏期信仰修養会、於穂高しゃくなげ荘。主題「イザヤ書に聴く（その二）」中澤洽樹。 十一月二十二―二十三日、京阪神修養会、於日本たばこ産業京都会館。「エゼキエルに聴く」講演・牧野信次。／浅野　恒先生記念会。参加者四三名。	六月十五日、ＰＫＯ協力法、衆議院本会議可決。 九月十七日、自衛隊ＰＫＯ派遣部隊第一陣、カンボジアに向けて呉港出発。 十月二十三日、天皇・皇后、中国初訪問。 十一月三日、米国、民主党クリントン、大統領に当選。

一九九三年 （平五）	一月十四—十五日、一泊研修会、於戸山サンライズ。「森有禮—その歴史に対する洞察と識見」犬塚孝明。参加者二九名。 五月十八—二十四日、「熱河宣教の跡を訪ねる旅」挙行。参加者・澤崎良子、小笠原亮一、片岡秀一、佐伯　勲、永口裕子、成田いうし、小川武満。 八月四—六日、夏期信仰修養会、於穂高しゃくなげ荘。主題「イザヤ書に聴く（その三）」中澤治樹。 九月十六日、和田　正逝去。 十月、基督教共助会編『歴史に生きるキリスト者』発刊。 十一月二十二—二十三日、京阪神修養会、於日本たばこ産業京都会館。主題「熱河宣教に学ぶ」／和田　正先生記念会。	七月十八日、総選挙（自民党過半数割れ）。 八月四日、河野官房長官、朝鮮半島出身の従軍慰安婦への強制を認め、謝罪。 八月九日、非自民八党派連立の細川護熙内閣成立。自民党結党以来初めて野党に。 八月十七日、円高、東京外為市場一ドル＝百円台に突入。 十一月十九日、環境基本法公布。
一九九四年 （平六）	一月十四—十五日、一泊研修会、於戸山サンライズ。「国連について」最上敏樹、山本義彰。 八月三—五日、夏期信仰修養会、於穂高しゃくなげ荘。主題「日本社会と宣教の課題」主題講演・隅谷三喜男。参加者六五名。十一月二十二—二十三日、京阪神修養会、主題「パウロに学ぶ」主題講演・大島純男、播磨　醇。	一月二十四日、郵便料金値上げ。封書八〇円、葉書五〇円。 六月二十二日、東京外為市場、初めて一ドル＝百円を突破。 六月三十日、村山富市内閣成立。 七月二十日、村山首相、衆院本会議答弁で自衛隊の合憲を明言。
一九九五年 （平七）	一月十五—十六日、一泊研修会、於戸山サンライズ。主題「教会の生命」小淵康而、大島純男。参加者三一名。 一月十八日、清水二郎逝去。 四月二十九日、北白川教会創立六十周年記念会。於関	一月十七日、阪神淡路大震災。 三月二十日、霞ヶ関を通る地下鉄内に猛毒ガス・サリンが撒布され、死者一一人・重軽傷約五五〇〇人（地下鉄サリン事件）。

	西セミナーハウス。洪彰義。 六月二日、奥田成孝逝去。 八月七―九日、夏期信仰修養会、於穂高しゃくなげ荘。主題「敗戦五十年と共助会」主題講演・李仁夏、森岡 巌。 十二月二十三日、山本 孝逝去。	三月二十二日、捜査当局、オウム真理教の教団施設等一斉捜査。 九月四日、沖縄で米海兵隊員三人による女子小学生の拉致・暴行事件発生。
一九九六年（平八）	一月十四―十五日、一泊研修会、於戸山サンライズ。主題「今日における共助会の信仰の継承」。参加者三五名。 四月二十九日、総会において、「戦後五十年に当たっての想起と決意」について討議（雑誌『共助』七月号に掲載）。 八月五―七日、夏期信仰修養会、於村営・室山荘。主題「今日における共助会の信仰の継承―和田 正、清水二郎、奥田成孝らの諸先達を覚えつつ―」。主題講演・佐伯 勲、桑原清四郎、嶋田順好。参加者六七名。 十一月二十二―二十三日、京阪神修養会、於日本たばこ産業京都会館。主題講演・金性済。参加者四二名。	一月十一日、橋本龍太郎内閣成立。 四月十七日、橋本首相・クリントン米大統領、極東有事に対し、日米安保体制の広域化の安保共同宣言。 九月八日、沖縄県民投票、投票率五九・五％。米軍基地の整理・縮小と日米地位協定の見直しに賛成八九・〇九％。 九月二十八日、民主党結成大会、代表に鳩山由紀夫・菅直人選出。 十月二十日、総選挙、投票率五九・六五％、戦後最低。
一九九七年（平九）	一月十四―十五日、一泊研修会、於戸山サンライズ。主題「アジアの宣教―第二回韓日共助会修練会に備えて」講演・望月賢一郎。参加者二八名（内誌友五名）。 二月十八日、共助会東京例会、於中渋谷教会（一九時）。「キリスト教土着化の問題―みくに運動を手がかりとして」小室尚子。参加者二〇名。 二月、小笠原亮一、北白川教会牧会の任を終え、青森へ。 四月二日―四日、第二回韓日基督教共助会修練会。主	四月一日、消費税、五％へ引き上げ。 八月二十九日、最高裁、第三次家永訴訟に判決。検定制度は合憲、四カ所の記述削除は違憲とし、国に四十万円の賠償命令。三十二年間にわたる家永訴訟終わる。 九月二十三日、日本政府、有事を想定した日米防衛指針を決定。 十一月十七日、北海道拓殖銀行、初の都市銀行経営破綻。 十一月二十四日、山一証券、大蔵省に自主廃業を申請、

	題「アジアの宣教—贖罪と終末の信仰に生きる—」池明観、柳東植。参加者・日本二九名、韓国二四名、計五三名。 八月四—六日、夏期信仰修養会、於穂高しゃくなげ荘。主題「本当の教育とは—人格的共同体の再生をめざして」。主題講演・飯島 信、田中 敦。参加者五三名（内非会員一四名）。 十一月二十三—二十四日、京阪神修養会、於日本たばこ産業京都会館。主題「北白川教会と佐久学舎」川田 殖。	負債総額三兆五一〇〇億円。金融システム不安拡大。 十二月一日、地球温暖化防止京都会議。 十二月十八日、韓国大統領選挙、金大中当選。
一九九八年（平一〇）	一月十五日、一日研修会、於戸山サンライズ。主題「さらに教育を考える—養護施設・私塾から見えてきたもの」櫻井淳司、神戸信行。参加者二七名（内誌友五名）。 八月三日—五日、夏期信仰修養会、於穂高しゃくなげ荘。主題「今の世界にキリストを」。主題講演・佐伯 勲、成瀬 治。 十一月二十二—二十三日、京阪神修養会、於日本たばこ産業京都会館。主題「〝呼びかける声〟に聞く」朴炯圭。	四月二十七日、新民主党結成大会。 六月二十二日、金融監督庁発足。 十月七日、金大中韓国大統領、来日。 十月二十三日、日本長期信用銀行、債務超過で一時国有化申請。 十一月十五日、沖縄県知事選、稲嶺恵一（自民系）当選。 十一月二十五日、江沢民中国主席来日（初の元首公式訪問）。
一九九九年（平一一）	一月十四—十五日、一泊研修会、於戸山サンライズ。主題「二一世紀への課題—共助会八十年の歴史の中から」川田 殖。参加者三六名（内誌友七名）。 四月、『共助』編集委員長、尾崎風伍から大島純男に交代。 八月二日—四日、夏期信仰修養会、於室山荘。主題「キリストのほか自由独立—その新しい把握のために」洪彰義、尾崎風伍、片柳榮一。参加者五八名（内誌友一三名）。	五月二十四日、周辺事態法等の新ガイドライン三法成立。 六月二十三日、男女共同参画社会基本法公布。 八月九日、国旗・国歌法成立（日の丸・君が代法例化）。 八月十二日、改正外国人登録法成立、在日外国人指紋押捺義務全廃。 九月三十日、茨城県東海村の民間核燃料加工施設ＪＯＣ東海事業所で国内初の臨界事故、作業員ら一五〇人が

	十月三十日、創立八十周年記念シンポジウム、於中渋谷教会。「二一世紀の課題を担う―〝いのち〟の尊厳と〝平和〟について考える―」井川善也、永口裕子、石川光顕、李仁夏。参加者六三名。 十一月二十二―二十三日、京阪神修養会、於日本たばこ産業京都会館。韓皙曦著『日本の満洲支配と満洲伝道会』飯沼二郎、「共助会と『みくに』運動」大島純男。	被曝（十二月にうち一人死亡、日本原子力開発史上初の死者）。
二〇〇〇年（平一二）	一月十日、一日研修会、於戸山サンライズ。主題「共助会八十年の歴史を顧みる―その課題と展望を祈りつつ」発題・飯島 信、大島純男、佐伯 勲。 四月二十九日、総会において川田 殖委員長辞任、新委員長に尾崎風伍を選出。副委員長に佐伯 勲・飯島 信（書記を兼ねる）。共助会創立八十周年記念事業の中で「ウガンダ北川会」と「裵善姫さんの東京新宿教会での働き」のために献金することを決定。 八月七―九日、夏期信仰修養会、於富士箱根ランド・スコーレプラザ。主題「今、共助会の使命を問う―二一世紀を展望して」。主題講演・奥平康弘。 十一月二―三日、京阪神修養会、於関西セミナーハウス。主題「戦前・戦中のキリスト教の歴史をみすえる―共助会八十年の歴史を顧みつつ、二一世紀を展望する」。講演・土肥昭夫。十一月二十三日、島崎光正逝去。	四月一日、介護保険制度スタート。 四月六日、三月末の携帯電話台数、五〇〇〇万台を超え、固定電話を抜く。 六月十三日、金大中韓国大統領、北朝鮮訪問。翌十四日、南北共同宣言に両首脳が署名。 七月一日、金融庁発足。 七月七日、三宅島の雄山噴火。 九月十五日、シドニーオリンピック開幕。 十一月七日、米大統領選、集計をめぐり法廷闘争の末、ブッシュ当選。

二〇〇一年（平一三）	一月七―八日、一泊研修会、於戸山サンライズ。主題「台湾の教会の信仰に学ぶ」。講演・李慶忠。 八月六―八日、夏期信仰修養会、於富士箱根ランド・スコーレプラザ。主題「今の時代に立つ―聖書に聴く私たちの生き方」。主題講演・池明観、牧野信次。講演・洪根洙。参加者四五名（内非会員一四名）。 十一月三―四日、京阪神修養会、於関西セミナーハウス。主題「時代を生きる基督者の苦難と責任」。講演・片柳榮一。	一月六日、中央省庁再編成。 四月一日、情報公開法施行。 四月二十四日、小泉純一郎内閣発足。 五月十一日、熊本地裁、ハンセン病国家賠償請求訴訟で国の違憲性を認め、賠償金の支払いを命じる。 九月十一日、米国で同時多発テロ発生、ニューヨーク世界貿易センタービルが倒壊するなど死者三千人以上に及ぶ。 十月七日、米は9・11テロをオサマ・ビンラディンとその組織による犯行と断定。アフガニスタン空爆開始。 十月二十九日、自衛隊の米軍後方支援を可能にするテロ対策特別措置法案などテロ三法案、参議院で可決成立。
二〇〇二年（平一四）	一月十三―十四日、一泊研修会、於戸山サンライズ。講演「在日コリアンの歴史とその意味」金性済。 四月一―三日、第三回韓日基督教共助会修練会、於イエス教長老会女伝道会館。主題「アジアの平和とキリスト者の使命―和解の福音を身に帯びて」尾崎風伍、洪根洙、佐伯 勲、大島純男。 八月五―七日、夏期信仰修養会、於富士箱根ランド・スコーレプラザ。主題「今、福音に聴く―共に生きる喜びと平和をもたらすもの―」主題講演・大島純男、飯島信。参加者三九名（内非会員九名）。	一月二十九日、ブッシュ米大統領、一般教書で北朝鮮・イラク・イランを「悪の枢軸」と非難。 四月一日、第一勧業、富士、日本興業の三行が統合・再編。みずほ銀行が誕生。 四月一日、公立の小・中・高校が完全週五日制に。新学習指導要領が導入され、「ゆとり教育」始まる。 九月十七日、小泉首相、初の北朝鮮訪問、金正日総書記と会談。日本は植民地支配を謝罪、北朝鮮は日本人拉致を認め謝罪。「日朝平壌宣言」に調印。 十月十五日、北朝鮮に拉致されていた日本人五人が帰国。

	十月十三日、関屋綾子逝去。 十一月二十二―二十三日、京阪神修養会、於ザ・パレスサイドホテル。「預言者エレミヤと現代」小泉 仰。参加者三四名。 この年、共助会のホームページ開かれる。 丸の内集会休会へ。	
二〇〇三年 (平一五)	一月十二―十三日、一泊研修会、於韓国YMCAアジア青少年センター。「企業社会に生きて」内田文二、中西 博。 八月六―八日、夏期信仰修養会、於富士箱根ランド・スコーレプラザ。主題「今こそ、平和の福音に生きる―歴史を視る目を問う」。主題講演・佐伯邦男、北川恵以子。参加者四一名（内非会員一三名）。 八月十五日、「有事法制に反対し、日本国憲法・教育基本法を守り、平和を求める宣言」を発表。 八月十五―二十一日、「熱河宣教祈りの山を求めて」の旅行（参加一二名）。 九月十五日、和田 正先生召天十周年記念会、於中渋谷教会。説教・及川 信。 十一月二十三―二十四日、京阪神修養会、於北白川教会・同志社同窓会館。講演「告白するということ」森野善右衛門。	一月十日、北朝鮮、核不拡散条約脱退を宣言。 二月十五日、世界約六十カ国でイラク戦争反対デモ、一千万人以上が参加。 三月二十日、米・英軍、イラク軍事攻撃開始。 五月二十三日、個人情報保護法案成立（二〇〇五年四月全面施行）。 六月六日、有事法制関連三法成立。 六月二十一日、日本共産党、天皇制廃止の要求を削除し、自衛隊の存続を容認する党綱領改定案を公表。 七月二十六日、イラク復興支援特別措置法成立、「非戦闘地域」への自衛隊の派遣が可能に。
二〇〇四年 (平一六)	一月十一―十二日、一泊研修会、於戸山サンライズ。講演「迫り来る『心の総動員』にキリスト者はどう向き合	二月三日、陸上自衛隊本隊、イラクへ出発。 五月二十二日、北朝鮮拉致被害者家族計五人が帰国。

	うのか」高橋哲哉。参加約六〇名（内非会員二七名）。 四月、雑誌『共助』編集委員長、大島純男から橋本洽二に交代。六月二十七日、京都共助会創立八十周年記念会、於北白川教会。参加者三七名。 八月二―四日、夏期信仰修養会、於富士箱根ランド・スコーレプラザ。主題「今の時代に信仰を言い表す―ドイツ告白教会と日本の教会」講演・森岡 巌。参加者四七名（内非会員一五名）。 十一月二十二―二十三日、京阪神修養会、於北白川教会。講演「韓国と日本の架け橋として―アジアにおける基督の平和―」金 纓。	六月一日、イラク暫定政府発足。 六月五日、年金制度改革関連法、与党の強行採決で成立。 六月十日、出生率一・三を割る（過去最低）。 八月十三日、米軍ヘリ、普天間基地隣接の沖縄国際大学敷地に墜落炎上。 十月六日、イラクで大量破壊兵器捜索の米政府調査団が「大量破壊兵器なし」との最終報告を発表。
二〇〇五年（平一七）	一月九―十日、一泊研修会、於戸山サンライズ。「熱河宣教を考える」佐伯 勲、河合達雄。 三月、森川静子、戦前版『共助』全号の複製本を完成。希望者に実費で頒布。 八月一―三日、夏期信仰修養会、於富士箱根ランド・スコーレプラザ。主題「遣わされた者として生きる―戦後六〇年の今―」。講演・清水武彦。参加者三三名（内非会員六名）。 十月十日、北白川教会創立七十周年記念集会、開会礼拝説教・小笠原亮一。 十一月二十二―二十三日、京阪神修養会、於北白川教会。「戦後六十年の今を問う―東北アジアに関わって―」飛田雄一。	二月十六日、京都議定書発効。 三月一日、韓国盧武鉉大統領、「謝罪と賠償を」と日本の歴史認識を非難。 四月九日、中国各地で反日デモ。 四月二十五日、JR宝塚線脱線事故、死者百七名、負傷者約五五〇名。 九月十一日、郵政民営化が争点になった総選挙で自民党圧勝。 十月十四日、郵政民営化法案、参院本会議で可決成立。

二〇〇六年（平一八）	一月八―九日、一泊研修会、於戸山サンライズ。「戦後民主教育が遺した課題」川田 殖。 八月七―九日、夏期信仰修養会、於富士箱根ランド・スコーレプラザ。主題「キリストのほか自由独立―今、共助会の使命と友情を考える」。主題講演・尾崎風伍。参加者三一名（非会員四名）。 十月九日、戦前版『共助』読会（東京）始まる。 十一月二十二―二十三日、京阪神修養会、於北白川教会。「平和憲法公布六十年―平和を創りだす者」講演・服部待、清水武彦、八田一郎。	一月一日、東京三菱銀行とＵＦＪ銀行が合併、世界最大の銀行に。 四月一日、障害者自立支援法が施行される。 五月一日、在日米軍再編で、日米の安全保障協議委員会が最終合意。普天間飛行場移設先の建設や海兵隊グアム移転など。 六月二十日、小泉首相、イラクに派遣中の陸上自衛隊撤収を正式表明。 九月二十日、任期満了の小泉自民党総裁に代わり安倍晋三が選出され、二十六日、首相に就任。 十二月十五日、教育基本法改正、防衛省昇格法が成立。
二〇〇七年（平一九）	一月七―八日、一泊研修会、於戸山サンライズ。「森明の信仰と共助会―その歴史的意味と課題」飯島 信。参加者二四名（非会員二名）。 三月、京都共助会の月例会で戦前版『共助』の学びを始める。八月六―八日、夏期信仰修養会、於富士箱根ランド・スコーレプラザ。主題「キリストにあって、友となる」主題講演・石川光顕。参加者二五名(非会員一名)。 十月六―八日、第四回韓日基督教共助会修練会、於イエス教長老会女伝道会館。主題「キリストにあって、友となる」主題講演・尾崎風伍、尹鍾倬。参加者日本側一六名・韓国側三〇数名。 十一月二十二―二十三日、京阪神修養会、於北白川教会。	二月十六日、公的年金保険料納付記録五千万件の不明発覚。 四月十七日、長崎市長伊藤一長、狙撃され死亡。 六月二十日、教員免許更新制など教育三法成立。 七月二十九日、参院選で与党惨敗、野党過半数獲得。 七月三十日、米下院、慰安婦問題で日本の首相に公式謝罪求める決議。 八月以降、米サブプライムローンの信用に関する問題顕在化。 九月二十六日、福田康夫内閣発足。 九月二十九日、高校日本史教科書検定で「軍による集団自決強制」削除をめぐり沖縄で抗議行動高まる。

	「台湾の教会に学ぶ」高 俊明。参加者四二名。	十月一日、郵政民営化、日本郵政公社が解散。
二〇〇八年（平二〇）	一月十三―十四日、一泊研修会、於戸山サンライズ。講演「ウガンダ医療奉仕の報告」川西健登。 四月二十九日、総会にて尾崎委員長辞任、新委員長に飯島 信を選出。副委員長に佐伯 勲・石川光顕、書記に中西 博を決定。雑誌『共助』編集委員長、橋本洽二から尾崎風伍に交代。共助会創立九十周年事業とそのための募金（目標額二百万円）を決定。 六月三十日、李仁夏逝去。 八月六―八日、夏期信仰修養会、於富士箱根ランド・スコーレプラザ。主題「アジアの平和とキリスト者の責任」主題講演・朴炯圭、高俊明。参加者四四名（非会員一〇名）。 八月十七―二十三日、佐久学舎聖書研究会再開。参加者一五名。 十一月二十三―二十四日、京阪神修養会、於北白川教会。「和解の福音を生きる―李仁夏牧師を偲んで」関田寛雄。参加者三五名。	五月六日、中国胡錦濤国家主席来日。 五月十二日、中国四川省で大地震。 六月八日、東京秋葉原で無差別殺傷事件。 九月十六日、米、金融危機。証券大手リーマン・ブラザース経営破綻。 九月二十四日、麻生太郎内閣発足。 十一月四日、米大統領選挙でバラク・オバマ当選。 十二月二十三日、航空自衛隊イラクから撤収完了。 この年、不況が深刻となり「派遣切り」が増える。「年越し派遣村」開設。
二〇〇九年（平二一）	一月十一―十二日、一泊研修会、於戸山サンライズ。「共助会九十年史発刊に向けて」。 八月四―六日、夏期信仰修養会、於富士箱根ランド・スコーレプラザ。主題「主に在る友情に生きて」主題講演・飯島 信。参加者四六名（内非会員一三名）。	四月五日、米オバマ大統領、プラハにて核廃絶の演説。 四月二十八日、厚労相、新型インフルエンザの発生を宣言。 八月三日、東京地裁において裁判員制度による初の裁判。 八月三十日、衆院総選挙で民主党圧勝、自公大敗。

	十一月二十二—二十三日、京阪神修養会、於北白川教会。「共助会創立九十周年に寄せて」講演・田中 敦、林 律、山本精一。 十二月二十六日、創立九十周年クリスマス礼拝・祝会、於久我山教会。シンポジウム「基督教共助会創立九十年の歴史と女性」大塚野百合、久米あつみ。
	九月十六日、麻生内閣総辞職、民主党・社民党・国民新党三党連立の鳩山由紀夫内閣成立。 九月二十三日、鳩山首相、国連気候変動サミットで二〇二〇年までに九〇年比温室効果ガス二三％削減を目指すと公表。

『共助』九十年間　総目次

『共助』総目次　凡　例

一、この総目次には、戦前・戦中版の一九三三年三月創刊号（通巻一号）から一九四四年九月号（通巻一三九号）までと、戦後版の一九五三年五月号（通巻三三号）から二〇一〇年一二月号（通巻六四七号）までを掲載した。

一、戦前版には通巻号数の後に「＊」印を付した。

一、一九四四年一〇月から一九五三年四月までは『共助』誌発行が休止となり、通巻号数は戦前と戦後で別扱いとしたため連続していない。戦後の通巻一号から三二号については所在不明、三三号が創刊となっている。（あとがき　２４８頁参照）

一、掲載項目については基本的にすべてを掲載したが、以下の項目については、一部例外を除き、省略した。各種報告、修養会等案内、会員消息、出版物広告、編集後記。

一、項目の掲載順は基本的に原本に従ったが、「詩」「訳詩」「読書」については、各号の最後にまとめて掲載し、それぞれの冒頭に［詩］、［訳］、［読］の記号を付した。［詩］には短歌をも含む。

一、漢字、ひらがな、カタカナ等の表記については、基本的には原本通りとしたが、固有名詞の表記において原本で不統一の場合は編集者の判断で統一した。

一、『共助通信』についての詳細は、「あとがき」に記した。但し、戦前・戦中版の第Ⅱ号のみ、その目次を掲載した。

一、聖書引用箇所は、タイトル末尾にカッコ書きし「章」まで記したが、『共助』誌原本においては「節」まで記されている。

戦前・戦中版

〈一九三三年〉

【三月号　通巻一＊号】

《特集》創刊号―森明先生記念―

発刊の辞に代へて　山本　茂男
新約聖書に於ける耶蘇と其の弟子（一）　森　明
「濤声に和して」を読む　高倉徳太郎
森明氏の選集を手にして　石原　謙
血みどろなる十字架　奥田　成孝
魂に迫る人　齋藤　成一
先生最終の一年　今泉　源吉

【四月号　通巻二＊号】

基督復活とその信仰　山本　茂男
新約聖書に於ける耶蘇と其の弟子（二）　森　明
現実と理想　草間　修二
祈の世界と現実の世界　清水　二郎
ある主に在る友に　本間　誠
訳マルチン・ルーテル『基督、復活《よみが》へりましぬ』　加藤　七郎

【五月号　通巻三＊号】

神による悲痛　清水　二郎
基督教の朋友道　森　明
英文学に於けるラザロ　森　明
吉野博士の片影　今泉　源吉
基督と共に苦しむ生活　鈴木　淳平
敬虔なる詩人ジョージ・ハーバート　堀　信一
神の人、民の人（黙1）　加藤　七郎
書斎の先生　浅野　順一

【六月号　通巻四＊号】

ペンテコステの所感　本間　誠
贖罪　森　明
凡ては彼の悦びの為に　加藤　七郎
吉利支丹の渡来　田中　一三
主に於ける生死の分別　奥田　成孝
通信欄　満洲より　緒方　正
台湾雑感　上遠　章
十字架の蔭より　川添　丘木

【七月号　通巻五＊号】

基督教と奴隷意識　清水　二郎
贖罪と永遠の生命　加藤　七郎
進化論と基督教の交渉　森　明
悪の問題とアウグスチーヌスの思想一班　松村　克己
十字架上の強盗（ルカ22）　草間　修二
伝道記事　九州伝道の記　池田　千壽

【八月号　通巻六＊号】

賜はる忍耐力　加藤　七郎
神の存在に就いて　森　明
神の義（一）（ロマ1、ロマ3）　齋藤　進
魂の淋しさ　和田　正
職業婦人の宗教心　澤崎　堅造
通信欄―主と偕に　川添　丘木
アンクル・トムス・キャビン　清水　二郎
松本高校訪問伝道記　鈴木　淳平

【九月号　通巻七＊号】

十字架を仰ぐ　今泉 源吉
神の本質　森 明
神の義（二）（ロマ1、ロマ3）　齋藤 進
片々　加藤 七郎
秋　本間 誠
基督と共に戦う生活　鈴木 淳平
東都の一隅より　山本 茂男

【一〇月号　通巻八＊号】
共助会運動に就いて（一コリ1、二コリ5、ロマ9、ルカ12）　山本 茂男
基督の救　森 明
神の義（三）（ロマ1、ロマ3）　齋藤 進
軽井沢夏季信仰修養会記事　松村 克己
修養会に就いての一感想　公江 哲二

【一一月号　通巻九＊号】
主よ、我等誰にゆかん　奥田 成孝
信仰の生活　森 明
信仰生活の諸相　石原 謙
パウロに於ける信仰に就いて（一）　松村 克己
宗教放送に就いて　松隈 敬三

【一二月号　通巻一〇＊号】
真実なる降誕節　清水 二郎
パウロに於ける信仰に就いて（二）　松村 克己
伊藤榮一兄を記念して　奥田 成孝
伊藤榮一兄の追悼会に際して　和田 正
一つの感想として　今川 正彦
イエスの誕生　浅野 順一
伝道記事（山形高校）　岡田 貫一
伝道記事（松本高校）　鈴木 淳平

〈一九三四年〉

【一月号　通巻一一＊号】
年頭の祈願　山本 茂男
現在的現世否定（Innerweltliche Askese）（その一）（一コリ10、一コリ11）　清水 二郎
パウロに於ける信仰に就いて（三）　松村 克己
交友途上　齋藤 成一
信者の分争を戒む（一コリ1）　鈴木 淳平
回顧と希望　羽田 智夫

【二月号　通巻一二＊号】
紀元節に際して（使17）　本間 誠
現在的現世否定（その二）（一コリ10、一コリ11）　清水 二郎
ルターに於ける宗派思想に就いて　筒井 仁
神の追求　加藤 七郎
伝道記事（九州）　本間 誠
伝道記事（京都）　松村 克己
伝道記事（東京）　加藤 七郎
聖誕節連合礼拝記事　加藤 七郎
罪人の唯一つの望なる基督　和田 正

【三月号　通巻一三＊号】
税吏マタイを憶ふ（マタ9、マコ2、ルカ5）　奥田 成孝
シャヴィエル伝の一節　田中 一三
詩篇第三十三篇を読む（詩33）　浅野 順一
エペソ書の挨拶（エフェ1）　本間 誠
森先生を始めて識りし頃　山本 茂男
随想一篇　加藤 七郎

読村田四郎『パウロ思想概説』　松村　克己
読ルター『基督者の自由』（石原謙訳）　加藤　七郎

【四月号　通巻一四＊号】

基督復活に対する批評と信仰（ルカ24、一コリ15）　本間　誠
復活節の今昔　石井　重雄
執成の祈（ロマ8、ロマ15）　清水　二郎
基督に生くる道（マタ16）　山本　茂男
カルヴィンに理解されたる人間　草間　修二
フランシス・トムソンに就いて　堀　信一
生と死　山本　茂男

【五月号　通巻一五＊号】

高倉徳太郎先生を哀惜す　山本　茂男
聖霊の臨在と吾人の信仰生活　加藤　七郎
聖夢（創28）　浅野　順一
主の聖杯に与るもの　本間　誠
沈黙の十字架（ガラ3、コロ1）　清水　二郎
基督者と日曜日　本間　誠
ナルドの壷　鈴木　淳平
詩篇第八十六篇の数節に就いて（詩86）　和田　正

【六月号　通巻一六＊号】

日本国と青年基督教徒　山本　茂男
汝らの中に在すキリスト　その一（コロ1、コロ2）　清水　二郎
アウグスチヌスの「反ペラギウス文書」に就て考　羽田　智夫
京都支部創立満十年を迎ふ　奥田　成孝
読カール・シュタンゲ『基督教的世界観と哲学的世界観』（宮本武之助訳）　松村　克己

【七月号　通巻一七＊号】

信仰運動の精神と態度　山本　茂男
汝らの中に在すキリスト　その二（コロ1、コロ2）　清水　二郎
夏の天然　本間　誠
十字架を仰ぐ　橘　芳實
プロテスタントの文化観　桑田　秀延
京都支部創立十周年記念集会　松村　克己
九州帝大及び福岡高校伝道　脇坂　順一
読マイアーズ『聖パウロ』（齋藤勇訳）　堀　信一

【八月号　通巻一八＊号】

神と人間の意志（マタ6）　福田　正俊
信仰生活の一所感（ルカ7）　松隈　敬三
旧約聖書の天文学　その一　石井　重雄
面帕《かおおおい》なくして（二コリ3）　草間　修二
罪の認識　山本　茂男
基督者としての一教育者の感想　岩越元一郎
祈の生活に就いての断想　奥田　成孝
伝道記事（静岡高校）　松隈　敬三
伝道記事（東京帝大）　加藤　七郎
読カヴエントリ・パトモア「玩具」　堀　信一

【九月号　通巻一九＊号】

貧しき者の如くなれども（ヨハ6）　本間　誠
秋の聖戦を前にして　鈴木　淳平
旧約聖書の天文学　その二　石井　重雄
夏日小閑　松村　克己
我等の伝道の将来の為に　櫛田　孝

夏期信仰修養会記事　羽田　智夫
修養会を終へて　齋藤　成一

【一〇月号　通巻二〇＊号】
学生基督教連合礼拝に就て　山本　茂男
エペソ書講演（エフェ）　奥田　成孝
十字架の下なる教会（一）（ロマ12）　福田　正俊
旧約聖書の天文学　その三　石井　重雄
増田與平兄を偲びて　池田　千壽

【一一月号　通巻二一＊号】
神の赦しと人の許し　清水　二郎
十字架の下なる教会（二）　福田　正俊
旧約聖書の天文学　その四　石井　重雄
愛するは生くるなり　山本　茂男
信の断　松村　克己
伊藤榮一兄の昇天満一周年を迎へて　奥田　成孝
長崎だより　現状を顧みつゝ　齋藤　進
長崎だより　長崎より　神部　信雄

【一二月号　通巻二二＊号】
感謝　本間　誠
クリスマスを迎ふ　草間　修二
旧約聖書の天文学　その五　石井　重雄
人生の帰趨　山田　松苗
省みる事ども　加藤　七郎
高校訪問　山形　伊藤満寿一
高校訪問　松本　鈴木　淳平
[訳]訳詩三編　堀　信一
キャントン「呼び声」
ホウィテア「儀文と霊」
リー・ハント「アボウ・ベン・アデムと天使」
[読]石原謙『基督教史』　松村　克己

〈一九三五年〉
【一月号　通巻二三＊号】
現代日本と基督教　山本　茂男
使命と人生（ヨハ3）　奥田　成孝
希望の生活（使16）　公江　哲二
信頼の道（ロマ14）　羽田　智夫
万物一新（ヨハ12）　清水　二郎
九州の同志を訪ねて　澤崎　堅造
伝道記事　京都　橘　芳實
伝道記事　福岡　脇坂　順一
伝道記事　静岡　松隈　敬三
伝道記事　名古屋　加藤　七郎

【二月号　通巻二四＊号】
荘厳なる第一祷（マタ6）　福田　正俊
基督教日本伝道の精神　鈴木　淳平
祖国の歴史を顧る（一）　田中　一三
旧約聖書の神観　浅野　順一
聖誕節連合礼拝記事　原田　昂

【三月号　通巻二五＊号】
《特集》森明先生昇天満十年記念
（発刊第三年目を迎ふ）
伝道者としての森先生　山本　茂男
教育者としての森先生（マタ21、ヨハ15）　清水　二郎
基督論に関する森先生の手紙　浅野　順一
まみえぬ森先生　加藤　七郎
追憶　樋田　豊治
森先生と私　奥田　成孝

森明先生の手紙　編集者
伝道記事　姫路　高木　一雄
伝道記事　山口　飯野　五郎
[読]サン・テクジュペリ『夜間飛行』を読む　松村　克己
[読]上田辰之助『トマス・アクイナス』　澤崎　堅造
[読]本位田祥男『マルチン・ルッター』　澤崎　堅造

【四月号　通巻二六＊号】
基督者の死と復活の信仰（一コリ15）　山本　茂男
主に愛せられ主に従ふ（ロマ3）　本間　誠
随想　加藤　七郎
ルターと商業　澤崎　堅造
福音の実証者　山本　茂男
[訳]ジョージ・ハーバート「復活節」　堀　信一

【五月号　通巻二七＊号】
佐藤繁彦氏を悼む　山本　茂男
教会建設の意義　山本　茂男
ヨハネ第一書第一章（一ヨハ1）　本間　誠
ただ栄光のために（詩115）　浅野　順一
工場の一隅から　橘　芳實
ルッター『基督者の自由』の梗概　和田　正
カルビンの政治論（一）　澤崎　堅造
感想　今川　正彦

【六月号　通巻二八＊号】
パウロに於ける福音と友情　堀　信一
ロマ書講解に現れたるルッターの基督者観（一）　和田　正
カルビンの政治論（二）　澤崎　堅造
ルターの九十五ケ条文に於ける教会思想に就て　筒井　仁
病後の断想　松村　克己
[読]波多野精一『宗教哲学』　松村　克己

【七月号　通巻二九＊号】
生命の希望　奥田　成孝
ロマ書講解に現れたるルッターの基督者観（二）　和田　正
伝道記事　松本　草間　修二
伝道記事　九州　澤崎　堅造
伝道記事　姫路　高木　一雄
伝道記事　山形　伊藤満寿一
[訳]ヘンリ・ヴォーン「人間」　堀　信一
[訳]「神と霊魂との対話」　堀　信一

【八月号　通巻三〇＊号】
カトリックの「共同教書」について　澤崎　堅造
神認識の道　松村　克己
耶蘇の母マリヤ　本間　誠
ペテロの友　齋藤　進
京都共助会春季伝道講演会記事　正木　次夫

【九月号　通巻三一＊号】
福音の戦のために
神の御霊に導かるゝ者（ロマ8）　山本　茂男
終末思想と現存意識（パウロの生命観）（一）（二コリ5）　清水　二郎
ルッターに於ける隠されたる神（一）　和田　正
友の手紙に答へて　松村　克己

感想　積極的実行の精神　草間　修二

【一〇月号　通巻三一＊号】
世界平和への道
イエスを仰ぎ見るべし（ヘブ12）　本間　誠
終末思想と現存意識（パウロの生命観）(二)
（二コリ5）　清水　二郎
ルッターに於ける隠されたる神（二）　和田　正
罪とは何ぞや　山本　茂男
満洲国を旅行して　鈴木　淳平

【一一月号　通巻三三＊号】
教育と信仰生活の自由
若し信ぜば神の栄光を見んと言ひしにあらずや（ヨハ11）　奥田　成孝
ルッターに於ける隠されたる神（三）　和田　正
アウグスティヌスの生涯（一）　松村　克己
友情と純粋　齋藤　成一
感想　教育する者の態度　加藤　七郎

訳ジョージ・ハーバート「贖罪」　堀　信一

【一二月号　通巻三四＊号】
クリスマスに題す
神の言の受肉（ヨハ1）　山本　茂男
ルターの「世俗的お上に関する」説教に就いて（マタ3）　筒井　仁
アウグスティヌスの生涯（二）　松村　克己
感想　マキヤベリについて　澤崎　堅造
伝道所感　九州、山口に使して　清水　二郎
伝道所感　伝道の旅より　本間　誠

〈一九三六年〉

【一月号　通巻三五＊号】
新年言志（マタ3、マタ4）　清水　二郎
新に基督を見まつる（ヨハ20）　本間　誠
国家に関するトマスとカルヴィン（一）　澤崎　堅造
アウグスティヌスの生涯（三）　松村　克己
求道講話　現代の無神論的傾向と基督教　羽田　智夫
感想　光・生命・愛　加藤　七郎

【二月号　通巻三六＊号】
紀元節を迎へて
イエスを神の子と信ずる信仰（一ヨハ5）　本間　誠
伝道の祈り　村上　勝利
アウグスティヌスの生涯（四）　松村　克己
国家に関するトマスとカルヴィン（二）　澤崎　堅造
資料　パピルスより　齋藤　成一
読クリスチナ・ロゼッチ「神よ、汝自身の為に」　堀　信一

【共助通信　通巻三六K＊号】
京都女子共助会記事　奥田　恒子
山形高　吉川　需
九州・京都　橘　芳實
静岡高校　原田　昂
阪神地方共助会記事　公江　哲二
姫路高校　高木　一雄
降誕節礼拝記事　加藤　七郎
甲南高等学校青年会　松村　克己

松本高　村上　勝利
九州・山口　天野　孝
東大　満江　巖

【三月号　通巻三七＊号】
祖国日本の救を祈る　山本　茂男
新しき誡命（ヨハ13）　奥田　成孝
雅歌の研究（一）（雅）　和田　正
アウグスティヌスの生涯（五）　松村　克己
召命としての職業　澤崎　堅造
感想　職業戦線に立つ人へ　松隈　敬三

【四月号　通巻三八＊号】
福音の祝祭（二コリ2）　福田　正俊
雅歌の研究（二）（雅）　和田　正
アウグスティヌスの生涯（六）　松村　克己
山陰・山陽を巡りて　澤崎　堅造
求道講話　神に向つて富む者（ルカ12）　清水　二郎
感想　誘惑（ヘブ12）　伊東　彊自
[訳]クリスチナ、ロゼッチ「復活節前夜」　堀　信一
[訳]テルシュテーゲン「復活節の夕」　澤崎　堅造
[読]聖書『Marko no tutaeta Hukuin』（岩倉具實・大島功訳）　本間　誠
[読]浅野順一『旧約聖書』　松村　克己
[読]石原謙『新約聖書』　松村　克己

【五月号　通巻三九＊号】
基督の勝利
我は福音を恥とせず（ロマ1）　山本　茂男
雅歌の研究（三）（雅）　和田　正
アウグスティヌスの生涯（七）　松村　克己
紹介　二つの「教会と国家」　澤崎　堅造
感想　母の死に面して　奥田　成孝
感想　ヨブ記断想（ヨブ16）　伊藤満寿一
夜明け明星の心の中に出づるまで（二ペト1）　羽田　智夫
[読]土岐林三『物語新約概論』　橘　芳實

【六月号　通巻四〇＊号】
東京女子基督教共助会
義人は信仰によりて生くべし　山本　茂男
求道講話　道なる耶蘇　本間　誠
二段の「回心」　松村　克己
研究　ルターの軍人論　澤崎　堅造
アウグスティヌスの生涯（八）　松村　克己

【七月号　通巻四一＊号】
修養会を祈りて待つ
基督の与ふる平安（ヨハ14）　山本　茂男
恩寵の勝利　奥田　成孝
学生の道徳意識と伝道の通路　松村　克己
クロンウエルの信仰と政治思想（一）　満江　巖
パウロの友情　草間　修二
[訳]カビール「神は我が光なり」　堀　信一
[読]山谷省吾『パウロの神学』　松村　克己

【八月号　通巻四二＊号】
宗教と法律　竹内　敏夫
祈の人パウロとその戦友　本間　誠
筆に託して　齋藤　成一
クロンウエルの信仰と政治思想（二）　満江　巖

聖筵　村上 勝利

【九月号　通巻四三＊号】

吾等の福音と宣教の使命　山本 茂男
宗教と法律　竹内 敏夫
神学の本質に関する神学史の展望と
森先生の神学（一）　松村 克己
基督者の禁酒に就て　橘 芳實
クロンウエルの信仰と政治思想（三）　満江 巖
信仰修養会記事　伊藤満寿一

【一〇月号　通巻四四＊号】

人生と苦難（ヨブ）　奥田 成孝
神学の本質に関する神学史の展望と
森先生の神学（二）　松村 克己
石野為和君の昇天を悼みて　奥田 成孝
基督教世界主義の史的考察（一）
（ガラ3、一コリ7）　秀村 欣二

【一一月号　通巻四五＊号】

神学の本質に関する神学史の展望と
森先生の神学（三）　松村 克己
使徒ヨハネ物語（一）　清水 二郎
基督教世界主義の史的考察（二）　秀村 欣二
生きる力　西田 真輔

【一二月号　通巻四六＊号】

世界の誕生とキリストの誕生　石井 重雄
クリスマス一感想　原田 季夫
カルヴィンとイデレット　澤崎 堅造
自由と法則　本間 誠
北陸の旅　松村 克己

〈一九三七年〉

【一月号　通巻四七＊号】

新年号に題す　加藤 七郎
不安に勝たしむる事実　本間 誠
ピューリタニズム（一）　福與 正治
カトリック「婚姻の回勅」について　澤崎 堅造
中国・四国高校訪問記　飯野 五郎

【二月号　通巻四八＊号】

天上の栄光と戦ひの教会　奥田 成孝
馬槽の光　松村 克己
ピューリタニズム（二）　福與 正治
山陰・山陽の友へ（伝道旅行記）　澤崎 堅造
九州各地の訪問伝道を終へて　奥田 成孝

【三月号　通巻四九＊号】

第五年を迎ふ　本間 誠
耶蘇の血によりて贖はる　本間 誠
森明先生のことども　其の一　羽田 智
森明先生のことども　其の二　櫛田 孝
森明先生のことども　其の三　本間 誠
信仰・環境・生命　松村 克己
使徒ヨハネ物語（二）　清水 二郎
ラヂオに対する基督教界の無関心　松隈 敬三
ミレトのパウロ　加藤 七郎

【四月号　通巻五〇＊号】

我は道なり、真理なり、生命なり（ヨハ14）　松村 克己
厳粛なる基督者生活の基調　加藤 七郎

神の存在　石井　重雄
使徒ヨハネ物語　(三)　清水　二郎
ウィリアム・クーパーの生涯及び作品　(一)　堀　信一
詩は現実と共に　齋藤　成一
この故に　加藤　七郎
訳メリケ「新しき恋」　三谷　隆正

【五月号　通巻五一＊号】

永遠の生活　鈴木　淳平
人生の推進力　羽田　智夫
卒業に臨みて　田中平次郎
信仰と教会法　(一)　竹内　敏夫
真実を想ふ　羽田　智夫
光栄の生涯　本間　誠
母を送りて　原田　季夫
生命の歌　加藤　七郎

【六月号　通巻五二＊号】

選ばれし者への挨拶　(一ペト1)　本間　誠
筒井仁君を偲びて　今川　正彦
研究室の片隅で　松村　克己

ウィリアム・クーパーの生涯及び作品　(二)　堀　信一
ヨブと神の恩恵　(ヨブ)　齋藤　成一
松本高校伝道記　鈴木　淳平

【七月号　通巻五三＊号】

聖句断想　(ルカ22、ロマ8、ヘブ4)　加藤　七郎
基督の同情　(ヘブ4)　本間　誠
信仰と教会法　(二)　竹内　敏夫
ブルンネルの結婚論　澤崎　堅造
静岡高校訪問の記　松隈　敬三
読松村克己『アウグスティヌス』　羽田　智夫

【八月号　通巻五四＊号】

神に栄光を帰するの道　(ロマ1)　奥田　成孝
新しき世界　(逝き子に学ぶ)　松村　克己
使徒ヨハネ物語　(四)　清水　二郎
ルーテルと土耳古戦争　澤崎　堅造
山を思ふ　伊東　彊自

信仰の告白　村上　勝利

【九月号　通巻五五＊号】

共助会の目標　本間　誠
聖霊の信仰　(一)　松村　克己
使徒ヨハネ物語　(五)　清水　二郎
夏期信仰修養会に出席して　関屋　光彦　古屋野哲二　谷口　茂榮　天野　孝
夏期信仰修養会記事　齋藤　成一

【一〇月号　通巻五六＊号】

嗚呼勇士は仆れたる哉　(河村誠君の死を悼みて)　原田　昂
聖霊の信仰　(二)　松村　克己
使徒ヨハネ物語　(六)　清水　二郎
信仰と教会法　(三)　竹内　敏夫

【一一月号　通巻五七＊号】

聖霊の信仰　(三)　松村　克己
エペソ書講解　(一)　(エフェ)　堀　信一
堅き食物　(ヘブ5)　羽田　智夫

使徒ヨハネ物語　(七)　清水　二郎
読書断想　村上　勝利
秋窓雑題　加藤　七郎

【一二月号　通巻五八＊号】

聖降誕節を迎へんとして　奥田　成孝
聖霊の信仰　(四)　松村　克己
エペソ書講解　(二)　(エフェ1)　堀　信一
アガペエとエロオス　伊藤満寿一

〈一九三八年〉

【一月号　通巻五九＊号】

福音を宣べよ　本間　誠
天に夢みる者　本間　誠
聖霊の信仰　(五)　松村　克己
この期に伝道心盛ならしめられんことを　奥田　成孝
静高を訪ねて　今川　正彦
読キーブル『国民的背教』　澤崎　堅造
読高坂正顕『歴史的世界』　松村　克己
読山谷省吾『基督教の愛について』　松村　克己

【二月号　通巻六〇＊号】

発刊五星霜　加藤　七郎
聖霊の信仰　(六)　松村　克己
感想―クリスマスに当りて―　篠原　登
エペソ書講解　(三)　(エフェ1)　堀　信一
高校を訪ねて　(八高・松本・富山・四高)　松村　克己
高校を訪ねて　(姫路・広島・松山)　澤崎　堅造
高校を訪ねて　(松江・山口・岡山)　奥田　成孝
高校を訪ねて　(山形)　加藤　七郎

【三月号　通巻六一＊号】

基督者の出処進退　本間　誠
学生生活の反省と基督教のメッセージ　岡本　敏雄
聖霊の信仰　(七)　松村　克己
アウグスチヌスと修道院の生活　(一)　松村　克己
ルーテルの「結婚に関する説教」　澤崎　堅造
感想・断片　飯野　五郎

【四月号　通巻六二＊号】

希望の春　松村　克己
世に勝つ信仰学窓を出ずる諸兄に　橘　芳實
北風と太陽が力くらべをした話　石井　重雄
エペソ書講解　(四)　(エフェ1)　堀　信一
湘南雑信　山本　茂男
アウグスチヌスと修道院の生活　(二)　松村　克己
訳ジョン・キーブル「復活の日」　澤崎　堅造
読レオン・パジエス『日本切支丹宗門史』
上巻　(吉田小五郎訳)　原田　昂

【五月号　通巻六三＊号】

五月の太陽の下に　原田　昂
生ける望　(一ペト1、一ペト3)　加藤　七郎
イエス・キリストの御生涯の年代　(一)　石井　重雄
信仰と教会法　(四)　竹内　敏夫
エペソ書講解　(五)　(エフェ1)　堀　信一
随想三篇　神部　信雄

【六月号　通巻六四＊号】

ペンテコステと福音的生活　清水　二郎
イエス・キリストの御生涯の年代（二）　石井　重雄
教育の使徒　ペスタロッチー物語（一）　村上　勝利
エペソ書講解（六）（エフェ２）　堀　信一
面影　森　有正
雑録　大学の一断層　松村　克己

【七月号　通巻六五＊号】
神の力としての福音　奥田　成孝
イエス・キリストの御生涯の年代（三）　石井　重雄
二つの道（詩1）　松村　克己
教育の使徒　ペスタロッチー物語（二）　村上　勝利
静岡高等学校訪問伝道記　原田　昂
追憶二篇　筒井仁兄の追想　藤本　陽一
追憶二篇　加藤寿美子姉の憶出　山田　松苗
[読]マックス・ウェーバー『プロテスタンティズムの倫理と資本主義の精神』（梶山力訳）　澤崎　堅造

【八月号　通巻六六＊号】
足並みが揃ふ　本間　誠
イエス・キリストの御生涯の年代（四）　石井　重雄
ハインリッヒ・ベッシュの生涯　澤崎　堅造
教育の使徒　ペスタロッチー物語（三）　村上　勝利
エペソ書講解（七）（エフェ２）　堀　信一
机上　浅野　順一
雑録　悲劇の誕生　松村　克己

【九月号　通巻六七＊号】
秋と祈祷　鈴木　淳平
イエス・キリストの御生涯の年代（五）　石井　重雄
日本の癩と基督教（上）　原田　昂
夏期信仰修養会記事　松村　克己
エペソ書講解（八）（エフェ３）　堀　信一
断片三つ―たよりにかへて―　小塩　力
雑録　梟問答　松村　克己

【一〇月号　通巻六八＊号】
一粒の麦（ヨハ12）　山田　松苗
イエス・キリストの御生涯の年代（六）　石井　重雄
メシアの詩（詩2）　松村　克己
日本の癩と基督教（下）　原田　昂
教育の使徒　ペスタロッチー物語（四）　村上　勝利
学生論（夏期信仰修養会よりの感想）　大嶋　功

【一一月号　通巻六九＊号】
基督教界に求めらるゝもの　奥田　成孝
晨の祈り（詩3）　松村　克己
ルーテルと独逸農民戦争（上）　澤崎　堅造
教育の使徒　ペスタロッチー物語（五）　村上　勝利
エペソ書講解（九）（エフェ３）　堀　信一
聖国に在る二人の友（岡藤政之・伊藤榮一）　松村　克己
雑録　上海の放送局　松隈　敬三

【一二月号　通巻七〇＊号】

夜明けの明星の出るまで（二ペト1）　清水　二郎
神の平安（詩4）　松村　克己
ルーテルと独逸農民戦争（下）　澤崎　堅造
ヤコブ書の信仰生活上の意義　奥田　成孝
恵みに因りて　齋藤　成一
高校に友を訪ねて（静岡）　大嶋　功
高校に友を訪ねて（水戸）　清水　二郎
各地の高校に友を訪ねて（名古屋・松本・新潟・富山・金沢）　澤崎　堅造

〈一九三九年〉

【一月号　通巻七一＊号】

新しき律法（フィリ2）　松村　克己
我が負債　本間　誠
象徴と実在と（上）　森　有正
エペソ書講解（十）（エフェ4）　堀　信一
教育の使徒　ペスタロッチー物語（六）　村上　勝利
パウロの手（使20）　清水　二郎
各地の高校に友を訪ねて（浦和）原田　季夫
各地の高校に友を訪ねて（山形・仙台）
各地の高校に友を訪ねて（岡山・広島）　堀合　道三
読満江巖『西洋文化小史　ナイルの流』　松村　克己
清水　二郎

【二月号　通巻七二＊号】

預言者としての教会（アモ3）　橘　芳實
象徴と実在と（下）　森　有正
エペソ書講解（十一）（エフェ4）　堀　信一
教育の使徒　ペスタロッチー物語（七）　村上　勝利
物理学と世界観　田中平次郎
読中村獅雄『基督教の哲学的理解』　松村　克己

【三月号　通巻七三＊号】

霊の統治（ロマ8）　原田　季夫
神の衣装としての世界（一）　石井　重雄
エペソ書講解（十二）（エフェ4）　堀　信一
教育の使徒　ペスタロッチー物語（八）　村上　勝利
神殿の祈り（詩5）　松村　克己
各地の高校に友を訪ねて（松江・山口・福岡・佐賀・熊本）　奥田　成孝
読クリスティー『奉天三十年』（矢内原忠雄訳）　松村　克己
読石原謙『基督教史』　松村　克己
読小川正子『小島の春』　松村　克己
読『独逸戦没学生の手紙』　松村　克己

【四月号　通巻七四＊号】

われに触るな（ヨハ20）　羽田　智夫
懺悔の詩（一）（詩6）　松村　克己
エペソ書講解（十三）（エフェ5）　堀　信一
神の衣装としての世界（二）　石井　重雄
悲しき母の涙　山本　茂男
フランク略伝　森　有正
教育の使徒　ペスタロッチー物語（九）　村上　勝利
読柳田謙十郎『日本精神と世界精神』　松村　克己

【五月号　通巻七五＊号】

共助会二十周年記念集会に際して　本間　誠
汝我を愛するか（ヨハ21）　奥田　成孝
義しき審き主（詩7）　松村　克己
聖ドミニコとその教団　澤崎　堅造
教育の使徒　ペスタロッチー物語（十）　村上　勝利
己の者にあらず（一コリ6）　清水　二郎
神の衣装としての世界（三）　石井　重雄
教育雑感　草間　修二

【六月号　通巻七六＊号】

感謝の心　齋藤　成一
エペソ書講解（十四）（エフェ5）　堀　信一
高校生活と信仰生活（一）　松村　克己
教育の使徒　ペスタロッチー物語（十一）　村上　勝利
近時随想　加藤　七郎
大陸通信　由井　千春　秀村　欣二
岡本　敏雄　高山　保則

【七月号　通巻七七＊号】

アウグスチヌスの友情論　清水　二郎
高校生活と信仰生活（二）　松村　克己
エペソ書講解（十五）（エフェ5）　堀　信一
ピューリタンと文学　福與　正治
教育の使徒　ペスタロッチ物語（十二）　村上　勝利
マテリオ・リッチの生涯　澤崎　堅造

【八月号　通巻七八＊号】

福音と友情　鈴木　淳平
創造の讃歌（詩8）　松村　克己
ソロモンの栄華　石井　重雄
教育の使徒　ペスタロッチー物語（十三）　村上　勝利
共助会東京支部創立十五年記念集会報告

【九月号　通巻七九＊号】

信仰生活の態度（ルカ16）　本間　誠
正義と恩恵の神（詩9）　松村　克己
エペソ書講解（十六）（完）（エフェ6）　堀　信一
山本義子姉逝かる　櫛田　孝
夏日印象　森　有正
詩篇に現はれたる自然（上）（詩）　石井　重雄
[読]スキアパレリ『旧約の天文学』
（森川光郎訳）　石井　重雄
[読]ルター『信仰要義』（石原謙訳）　松村　克己
[読]ハルナック『基督教の本質』
（山谷省吾訳）　松村　克己
[読]斎藤勇編『植村正久文集』　松村　克己

【一〇月号　通巻八〇＊号】

主イエス・キリストを衣よ（ロマ13）　山田　松苗
労働休日の現状と沿革　澤崎　堅造
医学上より見たイエス様の死因について　脇坂　順一
マルコ伝研究（一）（マコ1）　松村　克己
[読]宮本武之助『基督教倫理学の根本問題』　松村　克己

【一一月号　通巻八一＊号】

苦難と信仰　奥田　成孝
詩篇に現はれたる自然（下）（詩）　石井　重雄
噫　石井重雄君逝く　山本　茂男
信仰と行為　羽田　智夫

虐げられし者の祈り（詩10）　松村　克己
マルコ伝研究（二）（マコ1）　松村　克己
岡山より松江へ　松村　克己

【一二月号　通巻八二＊号】

《特集》共助会創立二十周年記念
回顧と前進　山本　茂男
クリスマスに際して　原田　季夫
キリスト者学生の信仰的実存　桑田　秀延
記念号に寄す　手塚儀一郎
創立二十年に際して　山田　松苗
北京に於ける基督教教育事業所見　石原　謙
森先生の思ひ出　上遠　章
聖書に於ける民族と苦難（ロマ15、一ペト4）　清水　二郎
共助会に於ける友情・信仰・使命　松村　克己
標準《めあて》を指して　本間　誠
その歴史の豊かさ　齋藤　進
森先生の印象　岩淵　止
追懐と感想　宮崎　貞子
森先生・共助会・石井重雄君　粟飯原梧楼
あの頃の森先生　今泉　源吉
共助会と私　浅野　順一
大磯の集会の回顧　鈴木　淳平
所感　堀合　道三
懺悔　西田　真輔
断層　森　有正
感想断片　橋本　敬祐
感想一、二　公江　哲二
訳T・Sエリオット「三人の博士たちの旅行」　齋藤　勇

〈一九四〇年〉

【一月号　通巻八三＊号】

基督と偕に　本間　誠
詩篇第一二四篇（上）（詩124）　和田　正
アウグスチヌス「修道僧の労働について」　澤崎　堅造
森先生に導かれて　横山　梅子
神への信頼（詩11）　松村　克己
東大学内講演会
京大共助会特別集会
静岡高校訪問記
読デカルト『デカルト選集』第四巻　真理の探究（森有正訳）　清水　二郎
読パスカル『田舎の友への手紙』（森有正訳）　松村　克己
読デカルト『デカルト選集』第四巻　情念論（伊吹武彦訳）　清水　二郎

【二月号　通巻八四＊号】

福音の確信（ガラ1）　橘　芳實
基督教より見た宗教団体法（一）　竹内　敏夫
マルコ伝研究（三）（マコ1）　松村　克己
基督に於ける生活の革新（二コリ5）　山本　茂男
詩篇第一二四篇（下）（詩124）　和田　正
高校訪問伝道（熊本・佐賀・福岡・山口）　松村　克己
高校訪問伝道（二高・東北帝大・山形高校）　森　有正
高校訪問伝道（松本）　小倉
高校訪問伝道（八高）　薄

【三月号　通巻八五＊号】

森明先生召天拾五周年　本間　誠
祈と応答　清水　二郎

聖ヨセフの像　森　有正
基督教より見た宗教団体法（二）　竹内　敏夫
マルコ伝研究（四）（マコ1）　松村　克己
唯真実を！　天野　孝
読スマート『ダビデへのうた』（齋藤　勇訳）　堀　信一

【四月号　通巻八六＊号】
狭き門　山本　茂男
より勝れたる義　松村　克己
基督教より見た宗教団体法（三）　竹内　敏夫
マルコ伝研究（五）（マコ1）　松村　克己
読山谷省吾『ロマ書』　松村　克己
読久松眞一『東洋的無』　松村　克己

【五月号　通巻八七＊号】
聖霊降誕節を迎えて　奥田　成孝
パスカルにおける「愛」に就いて（1）　森　有正
基督教より見た宗教団体法（完）　竹内　敏夫
アウグスチヌスの結婚論（一）　澤崎　堅造
マルコ伝研究（六）（マコ1）　松村　克己
全人間的伝道　清水　二郎
読西田幾多郎『日本文化の問題』　松村　克己

【六月号　通巻八八＊号】
光に歩む（一ヨハ1）　本間　誠
練達は希望を生ず　加藤　七郎
パスカルにおける「愛」に就いて（2）　森　有正
マルコ伝研究（七）（マコ1）　松村　克己
罪と赦　小田丙午郎
読波多野精一『宗教哲学序論』　松村　克己
読鈴木成高『ランケと世界史学』　松村　克己

【七月号　通巻八九＊号】
欧州の危機と基督教（ルカ22）　清水　二郎
パスカルにおける「愛」に就いて（3）　森　有正
アウグスチヌスの結婚論（二）　澤崎　堅造
滞支雑感　松隈　敬三
富山・金沢行　松村　克己
読松田道雄『結核』　松村　克己

【八月号　通巻九〇＊号】
詩篇八十四篇に就いて（詩84）　鈴木　淳平
森明先生の生涯とその信仰思想の核心　山本　茂男
森明先生と日本の神学　松村　克己
パスカルにおける「愛」に就いて（4）　森　有正
マルコ伝研究（八）（マコ1）　松村　克己
高校訪問記（松本）　森　有正
高校訪問記（姫路）　澤崎　堅造
読三木清『哲学入門』　松村　克己
読高山岩男『続西田哲学』　松村　克己

【九月号　通巻九一＊号】
神の義　森　有正
生命　原田　季夫
劇と宗教（一）（シェイクスピア）　福與　正治
現下聖書研究の情勢について　小塩　力
山西の剣橋伝道団　澤崎　堅造
読北森嘉蔵『十字架の主』　松村　克己

【一〇月号　通巻九二＊号】

使者（二コリ5）　本間　誠
劇と宗教（二）（シェイクスピア）　福與　正治
マルコ伝研究（九・終）（マコ1）　松村　克己
逝ける高橋とみ雄子を偲ぶ　山本　茂男
神の真実（詩12）　松村　克己
読ジルソン『中世ヒューマニズムと文芸復興』（佐藤輝夫訳）　森　有正
読清水義樹『基督教通論』　松村　克己

【一一月号　通巻九三＊号】
真理の性格（ヨハ14）　橘　芳實
神を見失へる者の祈（詩13）　松村　克己
四高の友を訪ねて　松村　克己
蒙彊のカトリック教会　澤崎　堅造
基督教の将来（一）　松村　克己
苦難の意味　羽田　智夫
劇と宗教（三）（シェイクスピア）　福與　正治
読菅圓吉『聖書の再認識』　松村　克己
読佐藤得二『佛教の日本的展開』　松村　克己

【一二月号　通巻九四＊号】
神の忍耐と人生（ロマ3）　森　有正
キリスト中心的？　北森　嘉蔵
愚かなるもの（詩14）　松村　克己
故松本立一兄を悼みて　堀合　道三
松本立一兄遺稿　二編
基督教の将来（二）　松村　克己
九州の旅路　澤崎　堅造
読石島三郎『山上の垂訓』　松村　克己

〈一九四一年〉
【一月号　通巻九五＊号】
基督に於ける新生活　本間　誠
信仰と苦難　手塚儀一郎
聖書論の他の側面　北森　嘉蔵
省みて　加藤　七郎
劇と宗教（四）（シェイクスピア）　福與　正治
静高と共助会とを結んだ松本立一兄　松隈　敬三
石井重雄君を思ふ　上遠　章
高校訪問記（山形）　橋本　敬裕
高校訪問記（六高）　松村　克己
高校訪問記（姫路）　松村　克己
読赤岩榮『イエスの譬』　松村　克己
読バルト『ピリピ書講解』（橋本鑑訳）　松村　克己
読バルト『キリスト教生活』（宮本・山崎訳）　松村　克己
読木岡甲子男『日本に活きた基督教』　松村　克己

【二月号　通巻九六＊号】
信仰を呼び起こすもの（マコ2）　奥田　成孝
詩篇第一二六篇（上）（詩126）　和田　正
獨語（ひとりごと）　大嶋　功
皇国二千六百年の回顧と展望　加藤　恭亮
上海の徐家滙を訪ねて　澤崎　堅造

【三月号　通巻九七＊号】
新契約　小塩　力
詩篇第一二六篇（下）（詩126）　和田　正
恩寵の一里塚　原田　季夫
基督教の将来（三）　松村　克己
読松谷義範『神学的人間の思考』　松村　克己
読鈴木大拙『禅と日本文化』（北川桃雄訳）　松村　克己

【四月号　通巻九八＊号】
次善の機会　本間　誠
新約聖書に於ける交り（一ヨハ1）　本間　誠
激情の問題（ルッターとキェルケゴール）　北森　嘉蔵
プリニイ書簡（第十巻九七、九八）　小田丙午郎
若き時の欲を避けて（二テモ2）　清水　二郎
済南の大学・道院・水　澤崎　堅造
「さかえの主イエスの十字架をあふげば」
英語讃美歌129より（現142番）　齋藤　勇
読谷口吉彦『新体制の理論』　松村　克己
読石川興二『新体制の指導原理』　松村　克己
読アンドレ・モーロア『フランス敗れたり』
（高野彌一郎訳）　松村　克己

【五月号　通巻九九＊号】
不義の富をもて　己が為めに友を作れ
（ルカ16）　松村　克己
エレミヤ（一）—歴史的社会的背景—
（エレ）　呉　振坤
生活現象の究極因（一）　本間　誠
基督による建設　羽田　智夫
伝道神学の要望　正木　次夫
熱河の山河（一）　澤崎　堅造

【六月号　通巻一〇〇＊号】
第百号を迎ふ　山本　茂男
一つ魂を求めて（ルカ5）　奥田　成孝
エレミヤ（二）—エレミヤにおける
神と国民—（エレ）　呉　振坤
多くの果　齋藤　進
神はわが嗣業　齋藤　成一
偶感　山田　松苗
『共助』雑感　加藤　七郎
熱河の山河（二）　澤崎　堅造

【七月号　通巻一〇一＊号】
新時代と基督教（二コリ5）　清水　二郎
エレミヤ（三の一）—義と赦しに
ついて1—（エレ）　呉　振坤
生活現象の究極因（二）　本間　誠
随感　藤井　敏一
読福田正俊『恩寵の秩序』　松村　克己
読秋山　謙蔵『日本の歴史』　松村　克己
読ドウメルグ『ジャン・カルヴァン』
（山永・益田訳）　澤崎　堅造

【八月号　通巻一〇二＊号】
ペテロの召命　鈴木　淳平
エレミヤ（三の二）—義と赦しに
ついて2—（エレ）　呉　振坤
エレミヤ記三一章二〇節とイザヤ書六三章
一五節（上）（エレ31、イザ63）　北森　嘉蔵
承徳の喇嘛廟と離宮　澤崎　堅造
読『パンセ』八二九其の他（森有正訳）

【九月号　通巻一〇三＊号】
奴隷道　大嶋　功
エレミヤ記三一章二〇節とイザヤ書六三章
一五節（中）（エレ31、イザ63）　北森　嘉蔵
昏晦のうちに動くもの（イザ63、ルカ15）　小塩　力
読桑田秀延『基督教神学概論』　松村　克己
読松木治三郎『使徒パウロとその神学』
山谷　省吾

読浅野順一『旧約神学の諸問題』　松村　克己

【一〇月号　通巻一〇四＊号】

父の独子の栄光（ヨハ1）　森　有正
エレミヤ記三一章二〇節とイザヤ書六三章
一五節（下）（エレ31、イザ63）　北森　嘉蔵
草刈　浅野　順一
感想　櫛田　孝
北京の北と南　澤崎　堅造
読ルター『ロマ書講解』（松尾喜代司訳）
森　有正
読西谷啓治『世界観と国家観』　松村　克己

【一一月号　通巻一〇五＊号】

粘り強さ（フィリ4）　本間　誠
崇拝の文学（一）　堀　信一
添記　山谷　省吾
われは旅人　粟飯原梧楼
神の幕屋に宿る者（詩15）　松村　克己
蒙古の旅　小倉　正大
読山谷省吾『使徒パウロに於ける
ケリュグマ其他』　松木治三郎
読ドウソン『政治の彼方に』（深瀬基寛訳）
澤崎　堅造

【一二月号　通巻一〇六＊号】

第二のクリスマス（ヨハ20）　清水　二郎
崇拝の文学（二）　堀　信一
実践の力　篠原　登
席牧師の生涯　澤崎　堅造
東京中会部内青年連合礼拝　森　有正
山形高校訪問記　東海林虔二
読パスカル『パンセ抄』（森有正訳）

〈一九四二年〉

【一月号　通巻一〇七＊号】

信仰と苦難　手塚儀一郎
自由と奉仕　堀合　道三
鳩と橄欖（創8）　北森　嘉蔵
石井重雄さんのお墓　澤崎　堅造
高校訪問記（北陸路　岡山より松江へ）
松村　克己

【二月号　通巻一〇八＊号】

取税人の祈り（ルカ18）　橘　芳實
パスカルにおける「愛」に就いて（5）
森　有正
支那内地伝道会の現状　澤崎　堅造
満州の印象　橋本　敬祐
静岡高校訪問記　堀合　道三
松本高校訪問記　佐野　嘉信

【三月号　通巻一〇九＊号】

死に到る愛・死を超ゆる愛（ヨハ13、
二コリ1）　清水　二郎
パスカルにおける「愛」に就いて（6）
森　有正
詩篇第一三〇篇（上）（詩130）　和田　正
支那内地伝道会の歴史（一）　澤崎　堅造
我ら当面の責務　古澤　三郎
高校訪問記（松山、広島、姫路）　澤崎　堅造
読中村獅雄『主の祈の講解』　松村　克己

【四月号　通巻一一〇＊号】

復活の信仰　原田　季夫
パスカルにおける「愛」に就いて（7）

森　有正
詩篇第一三〇篇（中）（詩130）和田　正
支那内地伝道会の歴史（二）澤崎　堅造
九大共助会を訪ねて（福岡高校、久留米、佐賀）本間　誠
読魚木忠一『日本基督教の精神的伝統』松村　克己

【五月号　通巻一一一＊号】
恐怖と信頼（ルカ12）北森　嘉蔵
四世紀・十六世紀・二十世紀（一）北森　嘉蔵
詩篇第一三〇篇（下）（詩130）和田　正
支那内地伝道会の歴史（三）澤崎　堅造
大東亜に於ける基督教の現状　澤崎　堅造
北京の東と西　澤崎　堅造
友を訪ねて　本間　誠

【六月号　通巻一一二＊号】
神と富（ルカ16）松村　克己
パスカルにおける「愛」に就いて（8）森　有正
四世紀・十六世紀・二十世紀（二）北森　嘉蔵
支那内地伝道会の歴史（四）澤崎　堅造

【七月号　通巻一一三＊号】
イエスと学者達（マコ2）森　有正
四世紀・十六世紀・二十世紀（三）北森　嘉蔵
パスカルにおける「愛」に就いて（9）森　有正
支那内地伝道会の歴史（五）澤崎　堅造
読中村明『病床受洗』松村　克己
読原田信夫『ケルケゴールの基督教思想』松村　克己
読カールアダム『聖アウグスティヌスの精神的発展』（服部英次郎訳）松村　克己

【八月号　通巻一一四＊号】
新約聖書に於ける家庭の問題（マタ19、ヨハ19）清水　二郎
パスカルにおける「愛」に就いて（完）森　有正
四世紀・十六世紀・二十世紀（四）北森　嘉蔵
ロマ書九章一～一五節漫釋（ロマ9）小塩　力
読熊谷政喜『今日の時代と基督教的実存』松村　克己
読山下英吉『独創論』松村　克己

【九月号　通巻一一五＊号】
己が十字架（マコ8）山谷　省吾
新約聖書の歴史観（その一）清水　二郎
神の福祉（詩16）松村　克己
祈りについて（マコ14）大嶋　功
蒙彊路　澤崎　堅造

【一〇月号　通巻一一六＊号】
死生の道　山本　茂男
新約聖書の歴史観（その二）清水　二郎
師友に亨くるもの（一）栗飯原梧楼
日本基督教団規則の神学的意義と課題（上）北森　嘉蔵
夏期信仰修養会記事（第一日）堀合　道三

【一一月号　通巻一一七＊号】
患難と信仰　鈴木　淳平
日本基督教団規則の神学的意義と課題（中）北森　嘉蔵

無辜《むこ》の訴へ（詩17）　松村　克己
S先生の小孩　澤崎　堅造
夏期信仰修養会記事（第二日）　堀合　道三
『共助』九月号を拝読して　中村　明
読山谷省吾『パウロ』　松村　克己
読宮本武之助『宗教哲学』　松村　克己
読湯浅興三『大東亜戦争の宗教的構想』　松村　克己

【一二月号　通巻一一八＊号】
神無くして（聖夜の備へのために）　小塩　力
新約聖書の歴史観（その三）　清水　二郎
創造の讃歌　詩篇第十九篇（一）（詩19）　松村　克己
師友に亨くるもの（二）　粟飯原梧楼
日本基督教団規則の神学的意義と課題（下）　北森　嘉蔵
読ストロフスキー『佛蘭西モラリスト』（土居寛之、森有正訳）　清水　二郎

〈一九四三年〉

【一月号　通巻一一九＊号】
心の眼を明かに（エフェ1、エフェ5）　本間　誠
パスカルにおけるイエス・キリストの問題（上）　森　有正
ギルモアの晩年（熱河伝道史）　澤崎　堅造
読ブトルウ『パスカル』（森有正訳）　呉　振坤
読中上義行『パウロの回心と基督教の起源』　松村　克己

【二月号　通巻一二〇＊号】
《特集》創刊満十年を迎ふ
創刊満十年を迎ふ　山本　茂男
昭和十七年の降誕節　山谷　省吾
ギルモアの晩年（つづき）　澤崎　堅造
読澤崎堅造『東亜政策と支那宗教問題』　堀合　道三

【三月号　通巻一二一＊号】
決戦の年　羽田　智夫
パスカルにおけるイエス・キリストの問題（中）　森　有正
日本精神に関して　山本　茂男
言挙せぬ大和男の子の行願　加藤　七郎
隠れて在す神　堀　信一

【四月号　通巻一二二＊号】
ピリピ書の三問題（フィリ1）　清水　二郎
パスカルにおけるイエス・キリストの問題（下）　森　有正

【五月号　通巻一二三＊号】
「一億一心」　山谷　省吾
ヘブル書序言（ヘブ）　小塩　力
祈りの山（一）春　澤崎　堅造
読石島三郎『概説新約聖書神学』　松村　克己

【六月号　通巻一二四＊号】
神の信仰と学生々活　桑田　秀延
感謝の詩　詩篇第十八篇（詩18）　松村　克己
祈りの山（二）夏　澤崎　堅造
読小平國雄『基督と其の時代』　松村　克己

[読]赤司繁太郎『純正基督教』　松村　克己

【七月号　通巻一二五＊号】
神の休み　森　有正
ルカ伝の歴史観（ルカ）　呉　振坤
世路行　粟飯原梧楼
熱河伝道について　澤崎　堅造

【八月号　通巻一二六＊号】
御霊の祈り（ロマ8）　松村　克己
神の慰藉と激励（イザ40）　齋藤　勇
祈りの山（三）秋　澤崎　堅造
中国学生の生活傾向に就て　今川　正彦

【九月号　通巻一二七＊号】
網さけず　大嶋　功
ヨハネ黙示録について（一）（黙）　山谷　省吾
よろこんで生きる（ヨハ15、ヨハ16、ヨハ17）　本間　誠
祖国急　粟飯原梧楼
祈りの山（四）冬　澤崎　堅造
夏期信仰修養会記事　羽田　智夫

【一〇月号　通巻一二八＊号】
偶像を避けよ（一コリ10）　羽田　智夫
ヨハネ黙示録について（二）（黙）　山谷　省吾
カイザルの物・神の物　清水　二郎
白音漢村伝道記（一）　福富　春雄

【一一月号　通巻一二九＊号】
供物たる信仰（フィリ2）　本間　誠
ヨハネ黙示録について（三）（黙）　山谷　省吾
白音漢村伝道記（二）　福富　春雄
[読]松谷義範『三位一体論序説』　松村　克己

【一二月号　通巻一三〇＊号】
イェホバは救ひなり　清水　二郎
故森寛子刀自　山本　茂男
鎌倉時代の森御母堂の思ひ出　小泉　松枝
白音漢村伝道記（三）　福富　春雄

〈一九四四年〉

【一月号　通巻一三一＊号】
心を更《か》へて新にせよ（ロマ12）　松村　克己
戦闘配置下の教会　山本　茂男
生命の道と死の道（出陣学徒を送る）　浅野　順一
ヨブ記第十三章二十四節（ヨブ13）　堀　信一
白音漢村伝道記（四）　福富　春雄
通信　山谷　省吾
通信　山谷　妙子

【二月号　通巻一三二＊号】
真理とは何ぞ（紀元節所感）（ヨハ18）　羽田　智夫
汝の光によりて光をみん　伊藤満寿一
白音漢村伝道記（五）　福富　春雄
[読]パスカル『パンセ』抄（森有正訳）
（小ブルンシュヴィク版に拠る）

【三月号　通巻一三三＊号】
東亜に於ける神の国の建設　山本　茂男
『死』についての断想　山谷　省吾
森明先生を識つて戴きたい　本間　誠
追憶　奥田　成孝
山谷清彦兄を悼みて（イザ35）　和田　正

【四月号　通巻一三四＊号】
死の超克と復活　山本　茂男
生命を得る者と失ふ者　浅野　順一
共助不負風　粟飯原梧楼
ガリラヤ湖の風　伊東　彊自
森先生二十周年記念連合礼拝及び記念会の記　羽田　智夫

【五月号　通巻一三五＊号】
時の刻み　清水　二郎
森先生の追憶　山田　松苗
広野へ　澤崎　堅造
読パスカル『パンセ』抄（森有正訳）
読北森嘉蔵『神学と信條』　松村　克己

【六月号　通巻一三六＊号】
森明先生と祖国愛　山本　茂男
広野へ（二）　澤崎　堅造
新の墓にて　澤崎　堅造

【七月号　通巻一三七＊号】
魂の人　森明先生　奥田　成孝
広野へ（三）　澤崎　堅造

【八月号　通巻一三八＊号】
正統信仰の父アタナシウスとその救拯論の特色　佐伯　倹
天野孝兄を葬ふ　奥田　成孝

【九月号　通巻一三九＊号】
職域奉公と職域外奉公　善きサマリヤ人の話（ルカ10）　山谷　省吾
パスカルにおける「愛」の構造（一）　森　有正

戦後版

〈一九五三年〉

【五月号　通巻三三号】
《特集》戦後・創刊号
私たちの志　山本　茂男
五旬節と聖霊降臨（使2）　山谷　省吾
神の遍在　北森　嘉蔵
森明と共助会の精神　山本　茂男
雲の柱（讃美歌第二七二番）　小塩　力
求道者のために―一切の秘訣―　秋元　徹
詩と信仰　佐古純一郎
癩者の子とともに　鹿野登美子
キリスト教界評論（総選挙と基督者）　満江　巌
訳訳詩三編（ディッキンスン・ダウデン・ウィリアムズ）　堀　信一
読出納庸一『グルントウィ伝』　満江　巌

【六月号　通巻三四号】
家族の救い（アモ8）　山本　茂男
旧約聖書は何を教えるか（上）　手塚儀一郎
キリスト教の勘どころ　ルカ伝一六・一～一三（ルカ16）　松村　克己
キリスト者と愛国（上）　佐古純一郎
砂州を超えて（讃美歌六〇四番）　小塩　力
ルターと悪魔のはなし　成瀬　治
病中に思うことども　浅野　順一
信仰の戦い　療養所生活の思い出

西田　真輔
読深津文雄『聖書の真髄』　満江　巖

【七月号　通巻三五号】
《特集》現代日本の課題とキリスト教
信仰と現実　羽田　智夫
旧約聖書は何を教えるか（中）手塚儀一郎
法と信　（詩119）　浅野　順一
私立学校としての基督教主義学校　平塚　益徳
現代日本の経済問題と基督教　齋藤　成一
わが隣とは誰なるか　原田　昴
キリスト者と愛国（下）　佐古純一郎
高野の山にて　松村　克己

【八月号　通巻三六号】
習俗と信仰　山本　茂男
旧約聖書は何を教えるか（下）手塚儀一郎
われ山に向かいて目をあぐ（詩121）　和田　正
死後・死・復活　小塩　力
旅人の接待（ヘブ13）　清水　二郎
キリスト者と愛国（下）つづき
佐古純一郎信仰　本間　誠
佛の慈悲からキリストの十字架へ　藪本　忠一
オーストリヤ映画「マタイ受難曲」　羽田　智夫
天災か人災か　奥田　成孝
訳アデレイド・アン・プロクター「聖歌　主の名によって来る者は幸なり」　堀　信一
読ラーゲル・クヴィスト『バラバ』　羽田　智夫

【九月号　通巻三七号】
日本宣教の自主性　山本　茂男
愛は惜しみなく与う（一ヨハ4）　山本　茂男
孤独の恩恵　（エレ15）　浅野　順一
蒙古伝道記（一）　澤崎　堅造
筆者澤崎堅造君に就いて　山本　茂男
召された友の追憶（正木次男）　奥田　成孝
私の信仰遍歴　原田　季夫
読オスカー・クルマン『ペテロ―弟子・使徒・殉教者』（荒井献訳）　秀村　欣二
読小田切信男『福音から見た神と人』
読日高善一『信仰の巨人　植村正久先生』　羽田　智夫
満江　巖

【一〇月号　通巻三八号】
信教の自由のために　山本　茂男
あさのうた―詩篇第三篇―（詩3）　和田　正
富める人と貧しき人（ルカ16）　松村　克己
交わり　佐古純一郎
生命のパン　松隈　敬三
青年の救い主　佐々田良勝
リンコーンと聖書（上）　清水　二郎
蒙古伝道記（二）　澤崎　堅造
読シェンキーヴィッチ『クオ・ヴァディス』　満江　巖

【一一月号　通巻三九号】
神の国と教会（上）　山谷　省吾
エキュメニカル運動について　平賀　徳造
慧き人・愚なる人　西村　一之
リンコーンと聖書（下）　清水　二郎

イエスは主なり　秋元　徹
職場と信仰生活　横井　克己
おたより　澤崎　良子
蒙古伝道記（三）　澤崎　堅造
詩「信仰詩篇」　島崎　光正

【一二月号　通巻四〇号】
真の平安　羽田　智夫
神の国と教会（下）　山谷　省吾
クリスマスと平和　浅野　順一
今日に生きるキリスト者　堀　光男
信仰・友情・教育　安藤　博通
人生（河井道）　山田　松苗
蒙古の友を憶えつつ　澤崎　良子
待降臨節漫筆　小塩　力
映画「夜明け前」　山崎　保興
訳チャールズ・ウエスレイ「クリスマス讃歌」　堀　信一
読ドッド『キリストの来臨』（神田盾夫訳）　佐古純一郎

〈一九五四年〉

【一月号　通巻四一号】
平和日本への願望　山本　茂男
神をうたう（詩47）　本間　誠
モーゼの十戒（一）　浅野　順一
主の祈（上）　小塩　力
求道者のために―聖書の読み方―村上　和男
馳場を走り　粟飯原梧楼
家庭の問題　松村　敏
蒙古伝道記（四）　澤崎　堅造
読椎名麟三『愛と死の谷間』　佐古純一郎
読ベルジャエフ『奴隷と自由』　佐古純一郎

【二月号　通巻四二号】
亡国のしるし　奥田　成孝
未練と十字架（二コリ12）　北森　嘉蔵
主の祈（下）　小塩　力
モーゼの十戒（二）　浅野　順一
求道者のために―聖日―　高崎　毅
病を超えて　益子　豊
センチメンタリズムの克服（病床にあるY君へ）　成瀬　治
抒情への反逆　佐古純一郎
読佐古純一郎『信仰と文学』　松村　克己
森明先生と祖国愛　山本　茂男

【三月号　通巻四三号】
洗礼者ヨハネ　松村　克己
民族と贖罪（エフェ2）　小塩　力
キリスト教文学について　佐古純一郎
キリスト者と社会問題　高崎　毅
映画「聖衣」　羽田　智夫
求道者のために―「教派」について―　鈴木　正久
天敵の話　上遠　章
蒙古伝道記（五）　澤崎　堅造
読久山康編『信仰の伴侶』　成瀬　治

【四月号　通巻四四号】
地の塩世の光　佐古純一郎
復活　福田　正俊
悲哀の人（イザ53）　深津　文雄
個人の価値　山本　茂男
求道者のために―信仰と理性―羽田　智夫
ありのままの記　篠原　登

運命について　中沢　宣夫
蒙古伝道記（完）　澤崎　堅造
人間形成を阻むもの　佐古純一郎
[読]ニーグレン『アガペーとエロース』　羽田　智夫

【五月号　通巻四五号】
復刊第二年を迎えて　山本　茂男
人間の創造（創1、創2）　和田　正
荒野の誘惑（ルカ4）　清水　二郎
奇蹟について（一つの考え方）　伊東　彊自
求道者のために―人格―　北森　嘉蔵
召された友の追憶（福田幸子）　奥田　成孝
漱石の文学における人間の運命（一）
―悲劇の文学―　佐古純一郎
[読]椎名麟三『自由の彼方で』　佐古純一郎
[読]二つの「死刑囚の手記」について
玉井義治編『汝われとともにパラダイスにあるべし』、玉井策郎編『死と壁』　佐古純一郎
[読]南博『日本人の心理』　清水　武彦

【六月号　通巻四六号】
平和ならしむる者　山本　茂男
教会の成立と平和への責任　奥田　成孝
箴言の友情観（箴、ヨハ15）　松田明三郎
心を虚しくして（詩94）　齋藤　成一
最初の弟子（マコ1）　羽田　智夫
キリスト者の平和運動　佐々田良勝
苦難（箴3、エレ15、詩73）　齋藤　成一
求道者のために―キリスト者の友情―　山本　茂男
漱石の文学における人間の運命（二）
―愛の破綻―　佐古純一郎

【七月号　通巻四七号】
国民的良心　山本　茂男
家庭と信仰（ルカ12）　山本　茂男
永遠と云うこと―旧約聖書によって―　浅野　順一
国家と宗教―憲法の原理として―　鵜飼　信成
大磯の浜辺に立って　奥田　成孝
聖書はかく私に呼びかける　山田　修次
共助会総会に際して　奥田　成孝
漱石の文学における人間の運命（三）
―交わりの喪失―　佐古純一郎
[詩]「旅立ち」　島崎　光正
[詩]「黙示」　島崎　光正
[読]鶴見和子『パール・バック』　堀　光男

【八月号　通巻四八号】
究極の望　羽田　智夫
永遠の生命　原田　季夫
汝のほかに我が慕うものなし（詩73）　和田　正
東部地中海の寒波　伊東　彊自
求道者のために―罪の問題―　本間　誠
くるみ幼稚園を建てるの記　宮本　潔
讃美歌をうたうということについて　成瀬　治
漱石の文学における人間の運命（四）
―エゴイズム―　佐古純一郎

【九月号　通巻四九号】
日本伝道と教会形成　山本　茂男

日本の教会の課題　松村　克己
わたしは罪人を招くためにきた―ガリラヤ伝道における一つの場面―（マコ2）　山谷　省吾
箴言に於ける苦難観（箴）　松田明三郎
醜いお母さん―信仰のすすめ―清水　二郎
「治療」の真意義　脇坂　順一
聖書の言葉　羽田　智夫
漱石の文学における人間の運命（五）―懐疑―　佐古純一郎
信仰修養会を顧みて　山崎　保興

【一〇月号　通巻五〇号】

《特集》若いキリスト者は封建制をかく批判する
青年キリスト者への期待　山本　茂男
負債「汝等たがい愛を負うのほか何をも人に負うな」（ロマ13）　成瀬　治
律法の回復と城壁の再建―エズラとネヘミヤの協力―（ネヘ8）山崎　保興
キリスト教と天皇制　亀田　隆之
「家」の制度と信仰の問題　鈴木陽太郎
「妻たる者よ、その夫に服え」ということに就いて　富徳　貞子
漱石の文学における人間の運命（六）―孤独―　佐古純一郎
人間の理解　今井　義量

【一一月号　通巻五一号】

憎しみは焔のごとく　佐古純一郎
幸福の位置（ルカ6）　北森　嘉蔵
主の僕の歌（イザ53）　小塩　力
聖アウグスティヌス―その精神史上の位置に就いて―　羽田　智夫
アンブロシウスの手紙　加藤　武
信仰への道―高校生S君の疑問に答う―　伊藤　允喜
京都基督者教師会をめぐって　鈴木　淳平
漱石の文学における人間の運命（七）―不安―　佐古純一郎
詩「西瓜とピリピ書」　島崎　光正
読小塩力『高倉徳太郎伝』　齋藤　成一

【一二月号　通巻五二号】

平和への道　山本　茂男
きょう救主うまれ給えり（ルカ2）秋元　徹
混乱と統一―ヨブ記の問題―（ヨブ）　浅野　順一
ベツレヘムの星　高崎　毅
馬槽の中に　清水　武彦
工場での聖書研究会　橘　芳實
平和をつくり出す人たち　大嶋　功
漱石の文学における人間の運命（八）―絶望と自殺―　佐古純一郎
訳エドマンド・シアズ「地には平和」　堀　信一

〈一九五五年〉

【一月号　通巻五三号】

歴史を新たに造る者　山本　茂男
宣教と教会の形成　山本　茂男
神と人格の世界　松村　克己
イエスの譬話　李　仁夏
創世記の罪悪観（創）　小田丙午郎
「緋文字」に於ける罪の問題　堀　信一
漱石の文学に於ける人間の運命（九）

—則天去私—　佐古純一郎

【二月号　通巻五四号】
キリスト者と政治　山本　茂男
生きることのとうとさ（コヘ3、フィリ2）　平賀　徳造
使徒の祈り（フィリ1）　鷲山　林蔵
山頂に　竹川　末吉
基本的人権とキリスト者の課題　成瀬　治
人間の生きる権利—労働者の人権の問題—　宮原　守男
信仰と実践　梅沢　浩二
キリスト教入門（一）—キリストを証しする書—（ヨハ5）　秋元　徹
身辺のことども　吉岡　順
静岡・清水『共助』読者会　松隈　敬三
倫理への感覚　佐古純一郎
[読]北森嘉蔵『聖書入門』　佐古純一郎

【三月号　通巻五五号】
《特集》森明先生記念
森明先生逝いて三十年　山本　茂男
民族と贖罪（エフェ2）　小塩　力
キリスト教入門（二）—キリストの体なる教会—（一コリ12）　秋元　徹
森先生を偲んで　浅野　順一　奥田　成孝　本間　誠　山田　松苗　山本　茂男　山本　孝　佐古純一郎
森先生と小さき群　清水　二郎
[読]小塩力『聖書入門』　松村　克己

【四月号　通巻五六号】
共自存の生活　山本　茂男
復活節の使信　松村　克己
天に坐する者笑い給う（詩2）　和田　正
受難週を迎えて　中沢　宣夫
明日の生活　羽田　智夫
可能性への確信（一コリ3）　大嶋　功
キリスト教入門（三）—神を知る道—（ヨハ14）　秋元　徹
人間形成を阻むもの　佐古純一郎
内と外　羽田　智夫
[訳]ジョージ・ハーバード「イースターの翼」　堀　信一
[訳]ロングフェロー「諦観」　堀　信一
[読]マリタン『人間教育論』　羽田　智夫
[読]家永三郎『日本道徳思想史』　成瀬　治

【五月号　通巻五七号】
キリスト者と平和憲法　山本　茂男
人間と共同体の新創造（ロマ8）　高崎　毅
明治期キリスト教の発展とその歴史的転換—日本プロテスタント史の一断面—　工藤　英一
キリスト者と天皇制（マタ23）　亀田　隆之
キリスト教入門（四）—十字架の前に立つ人間—（ロマ3）　秋元　徹
日本社会に於ける福音の理解　梅沢　浩二
一つの苦言　柴沼　明
シルク・ロード　伊東　彊自
祈りの丘　藪本　忠一
芥川龍之介における芸術の運命（一）—黄昏の意識—　佐古純一郎
[詩]「さきがけ」　島崎　光正

【六月号　通巻五八号】
光の子供の如くに　山本　茂男
人間の尊厳と悲惨（詩8）　福田　正俊
ノアの方舟（創6、創7、創8）　成瀬　治
改革者カルヴァン　益田　健次
愛と真実について（高校生のために）
山崎　保興
教会にも三十代の問題はある　加藤十久雄
芥川龍之介における芸術の運命（二）
―孤独地獄―　佐古純一郎
読『求道者のための読書案内』
―一四冊の紹介―　堀　光男

【七月号　通巻五九号】
夏の宗教的意義　羽田　智夫
永遠と時代の感覚　松村　克己
死の不安について（ヘブ9）　山本　茂男
律法はどのようにして超えられるか
（マコ2）　佐々田良勝
キリスト教入門（五）―キリスト者の生活―
（二コリ5）　秋元　徹
ワーズワスに於ける生の理解　堀　信一
時間（二ペト3）　伊東　彊自
芥川龍之介における芸術の運命（三）
―芸術至上―　佐古純一郎

【八月号　通巻六〇号】
《特集》十年のたたかい
内面性の喪失　佐古純一郎
夜はよもすがら泣き悲しむとも（詩30）
和田　正
日本伝道への小さな呻き　奥田　成孝
終戦十年の感想　山谷　省吾
ある基督教牧師の死　篠原　登
神なき人々のなかに　澤崎　良子
職場伝道　秀村　範一
学生と交わりつつ　三谷　健次
時代の底に　馬場　俊彦
悟り　松隈　敬三
祈りの丘（四）―水の味―　藪本　忠一
芥川龍之介における芸術の運命（四）
―殉教の美学―　佐古純一郎
詩「ブルンナー博士を送る」　島崎　光正
読園部不二夫『新しい生命に関する
四十八章』　羽田　智夫

【九月号　通巻六一号】
伝道の秋を迎えて　山本　茂男
虚無と救い（ロマ8）　西村　一之
ルカ伝のキリスト理解　清水　二郎
実存主義とキリスト教　羽田　智夫
プロテスタント教会の課題とカトリック教会
堀　光男
信仰と職場　内田　文二
救い―キリストの十字架を仰ぐこと―
石居英一郎
芥川龍之介における芸術の運命（五）
―社会への目覚め―　佐古純一郎
読村上和男『基督教概論』
―ロマ書の実存的理解―　羽田　智夫

【一〇月号　通巻六二号】
《特集》現代プロテスタンティズムの課題
（修養会）
民族の精神的伝道と教会　山本　茂男

福音主義教会の本質（講演略記）　福田　正俊
プロテスタンティズムの将来　北森　嘉蔵
僕のかたちをとられたキリスト（フィリ2）　三谷　健次
キリスト者の文学的実践　佐古純一郎
明治期キリスト者の社会的態度―日本プロテスタント史の一断面―　工藤　英一
私のために祈ってほしい　大嶋　功
主のみそば近く　齋藤　成一
感想　中沢　宣夫
生命の主　兵働　和代
修養会を迎え送りて　柳本　俊子
交わりの力　木田　博彦
友情　中村　賢治
映画評「こころ」「三四郎」　羽田　智夫

【一一月号　通巻六三号】

教会の世俗化　山本　茂男
語調を変えて（ガラ4）　小塩　力
預言者ホセアとそのメッセージ（前半）　手塚儀一郎
一つになるために　松隈　敬三
職場伝道に思う―私は福音を恥としない―（ロマ1）　松本　和雄
職場における伝道について（マコ10）　尾崎　風伍
神のちえ　大沢　さと
「白薔薇は散らず」を読みて　佐藤　功
芥川龍之介における芸術の運命（六）―死にいたる病―　佐古純一郎
詩「僕と長靴と」　島崎　光正
読武藤一雄『宗教哲学』　北森　嘉蔵

【一二月号　通巻六四号】

神われらと共にいます　山本　茂男
クリスマスの生活　清水　二郎
預言者ホセアとそのメッセージ（後半）　手塚儀一郎
プラグマティズムと基督教　羽田　智夫
真の光に歩め（ヨハ1）　山本　茂男
信仰と生活　松隈　敬三
二、三の宗教改革史研究者について　益田　健次
イエスの歩み　今井　義量
心の窓　柏木　希介
芥川龍之介における芸術の運命（七）―滅びへの姿勢―　佐古純一郎
詩「焚火」　島崎　光正

〈一九五六年〉

【一月号　通巻六五号】

日本の基督教会に望むもの　奥田　成孝
徴と証　松村　克己
キリスト教倫理の課題　北森　嘉蔵
社会の一員としての基督者　清水　武彦
京阪神共助会修養会に臨んで　岡本マリ子
閉じている教会　橘　芳實
学生の小さき群れと共に　藪本　忠一
新春たわごと　篠原　登
教会音楽に寄せて　伊藤　允喜
芥川龍之介における芸術の運命（八）―芸術の運命―　佐古純一郎
詩「起点―再渡仏の森有正先生を送る」　島崎　光正
読浅野順一『イスラエル預言者の神学』

船水　衛司

【二月号　通巻六六号】
日本の伝統とキリスト教　山本　茂男
エホバはわが牧者なり（詩23）和田　正
十字架を切倒すキリスト　秀村　欣二
愛と経済（ヨブ1）　清水　二郎
キリスト教問答（一）—神について—
北森　嘉蔵　佐古純一郎
芥川龍之介における芸術の運命（九）
—イエスの招き—　佐古純一郎
詩「クリスマス・プレゼント」島崎　光正
読佐古純一郎『小林秀雄ノート』
清水　二郎

【三月号　通巻六七号】
《特集》日本の伝道（鼎談）
愛国と伝道　山本　茂男
日本の伝道　浅野　順一　奥田　成孝
山本　茂男　佐古純一郎
パウロ書簡における「力（デュミナス）」
の理解について　鷲山　林蔵

キリスト教問答（二）—人間について—
小塩　力　佐古純一郎
聾唖の園　成瀬　治
読小塩力『聖書入門』　松村　克己

【四月号　通巻六八号】
古典的なもの　成瀬　治
旧約聖書における聖なる神　手塚儀一郎
奄美大島通信　第一信　福井　二郎
キリスト教問答（三）—罪について—
浅野　順一　佐古純一郎
落胆せずに堂々と（二コリ4）松隈　敬三
友交断片　齋藤　成一
基督に於ける生　羽田　智夫
キリスト者の品性（ガラ4）　尾崎　風伍
砂川基地を訪ねて　山本　茂男
芥川龍之介における芸術の運命（十・終）
—遺産を継ぐもの—　佐古純一郎
詩「信濃路」　島崎　光正
読マルティン・ルター　新訳『キリスト者
の自由・他三篇』（石原謙訳）　羽田　智夫

【五月号　通巻六九号】
《特集》憲法改正・平和運動・キリスト者
最近の情勢とキリスト者　山本　茂男
現代人と機械文明　成瀬　治
此の望みを奪われるな　本間　誠
キリスト教問答（四）—救いについて—
松村　克己　佐古純一郎
聴力保護の日に寄せて—五月二十日—
大嶋　功
所謂憲法改正問題とキリスト者
堀　豊彦
キリスト者の平和運動
—そのたどたどしい現実—　佐々田良勝
時の徴（マタ16）　羽田　智夫
有島武郎における愛と真実（一）
—出発点—　佐古純一郎

【六月号　通巻七〇号】
《特集》民主主義の危機（座談会）
戦闘の交わり
自由・平等・平和（エフェ2）原田　季夫
民主主義の危機

宮原　守男　亀田　隆之
大塚野百合　羽田　智夫
にせ預言者を警戒せよ―小崎弘道先生生誕
百年記念礼拝説教―（マタ7）平賀　徳造
雪の結晶随想　伊東　彊自
有島武郎における愛と真実（二）
―若き日の真実―　佐古純一郎
読山谷・小塩・隅谷・北森『近代日本と
キリスト教―明治編』　工藤　英一

【七月号　通巻七一号】
《特集》イエス・キリストと私の現実
夏期信仰修養会に備えて　山本　茂男
幸いなるかな罪赦されたる者（詩32）
和田　正
伝道の書に於けるニヒリズム（一）
―成立・本質・克服―（伝）松田明三郎
キリスト教問答（五）―キリストについて―
福田　正俊　佐古純一郎
昨今思うこと　三谷　健次
キリストと私の現実　田中平次郎
イエス・キリストと私の現実　大塚野百合

有島武郎における愛と真実（三）
―死への彷徨―　佐古純一郎
奄美大島通信　第二信　福井　二郎

【八月号　通巻七二号】
《特集》病床を恩寵の座として
平和を守るために　山本　茂男
伝道の書に於けるニヒリズム（二）
―成立・本質・克服―（伝）松田明三郎
詩篇より　齋藤　成一
キリスト教問答（六）―教会について―
平賀　徳造　佐古純一郎
病中のこと　鈴木陽太郎
ちいさな歩みより　島崎　光正
恢復の歓喜　西田　真輔
信ぜぬ者とならで　益子　豊
信仰の歩みをかえりみて　草間　修二
有島武郎における愛と真実（四）
―神存す―　佐古純一郎
詩「寂寥三昧より」　八木　重吉

【九月号　通巻七三号】
《特集》夏期信仰修養会
修養会特集号に序す　山本　茂男
伝道の書に於けるニヒリズム（三）―成立・
本質・克服―（伝）　松田明三郎
イエス・キリストと私の現実
（一テサ5、マコ8）　小塩　力
大いなる邂逅　佐古純一郎
改造途上の現実（マタ5、エフェ4）
清水　二郎
涙の洗足と礼拝　石居英一郎
共助会修養会に参加して　佐藤　功
修養会に出席して　青野貴美子
共助会夏季信仰修養会概況　五島　英迪
奄美大島通信　第三信　福井　二郎

【一〇月号　通巻七四号】
祈りの秋　山本　茂男
私たちの不真実と神の真実（一ヨハ3）
山本　茂男
導き給う神―モーゼ五書を通して―
鈴木　淳平
わたしは　その罪人のかしらなのである

佐々田良勝
キリスト教問答（七）―交わりについて―
清水　二郎　佐古純一郎
生と死　内田　文二
祈りの丘（五）―聖隷保養園を訪ねて―　藪本　忠一
滞米雑感　横井　克己
有島武郎における愛と真実（五）
―信仰―　佐古純一郎
奄美大島通信　第四信　福井　二郎
詩「僕等」　島崎　光正
詩「夏日」　島崎　光正
読フランクル『夜と霧』―ドイツ強制収容所の体験記録―　佐古純一郎

【一一月号　通巻七五号】

《特集》和田テル子さんを記念して
若き世代を　松村　克己
時のしるし（マタ16）　山谷　省吾
一粒の麦地に落ちて死なば
―和田テル子葬式説教―　山本　茂男
己が十字架を負いて（和田テル子）
澤崎　良子
キリスト教問答（八）―復活について―
山本　茂男　佐古純一郎
信仰と職場の現実　清水武彦様（往復書簡）
尾崎　風伍
信仰と職場の現実　尾崎風伍様（往復書簡）
清水　武彦
有島武郎における愛と真実（六）
―懐疑と背信　―　佐古純一郎
悪性の眼病のため両眼殆ど失明のある誌友に代わって　松隈　敬三
詩「み霊天翔る」―九月二十七日松本市城山にて―　島崎　光正

【一二月号　通巻七六号】

地の上には平和を　山本　茂男
イエス・キリストの現実（ロマ6）　堀　光男
ケリュグマについて　山谷　省吾
キリスト教問答（九）―信仰生活について―
本間　誠　佐古純一郎
クリスマス雑感　奥田　成孝
我が学園のクリスマス　山田　松苗
有島武郎における愛と真実（七）
―霊と肉―　佐古純一郎
奄美大島通信（五）　福井　二郎
詩「羊」　島崎　光正
訳サウスウエル「燃える赤子」「準備」
堀　信一

〈一九五七年〉

【一月号　通巻七七号】

《特集》日本民族の課題（座談会）
日本伝道の方向　山本　茂男
導きの星（マタ2）　松村　克己
日本民族の課題　成瀬　治　尾崎　風伍
亀田　隆之　佐古純一郎
有島武郎における愛と真実（八）
―虚無への転落―　佐古純一郎
メソジスト教会の発生とウエスレー兄弟
大塚野百合
読島崎光正詩集『故園』　佐古純一郎

【二月号　通巻七八号】

中国問安使節団派遣の意義　山本　茂男

冬籠り（ルカ10、フィリ1、エレ9）　松村　克己
ヨナ書大意（ヨナ）　和田　正
有島武郎における愛と真実（九）
—自己中心—　佐古純一郎
キリスト教問答（十）—祈りについて—
山谷　省吾　佐古純一郎
ジョン・ニュートンとウイリアム・クーパー
大塚野百合
私の希望　岡田　養
共助会のクリスマス祝会　内田　文二
奄美大島通信（六）　福井　二郎
詩「諏訪短唱」　島崎　光正

【三月号　通巻七九号】
日中友好への祈り　成瀬　治
苦難の秘儀（マタ16、ルカ22、ヘブ4、創22）　松村　克己
中国革命と世界教会　浅野　順一
現代青年の問題　高崎　毅
一少女の転落の経路　草間　信子
受験生の兄弟達に　尾崎　風伍
中国問安使節に望むことなど　河内　良弘
現代青年の一人として　梅沢　貞子
レギナルド・ヒーバーとジェームズ・モンゴメリー　大塚野百合
詩「頌」　島崎　光正
読森有正『バビロンの流れのほとりにて』　佐古純一郎

【四月号　通巻八〇号】
《特集》道徳教育をどうするか（座談会）
日本の悲願　山本　茂男
復活の秘儀（ヨハ20、一コリ15）　松村　克己
悲劇喪失という悲劇　北森　嘉蔵
道徳教育をどうするか
佐古純一郎　佐々田良勝
清水　二郎　吉沢　三郎
ジョージ・マセソンとエリザベツ・プレンティス　大塚野百合
有島武郎における愛と真実（十）
—文化の末路—　佐古純一郎
詩「早春」　島崎　光正

【五月号　通巻八一号】
中国問安使節団を送る　清水　二郎
昇天ということ（ルカ24、ヨハ17、コロ3、詩110）　松村　克己
続キリスト教問答（一）—幸福について—
北森　嘉蔵　佐古純一郎
高校生の悩み　平井　宏一
「中間層」の立場から—平井君への応答—　成瀬　治
仏の使い　梅沢　浩二
地の塩—Fさんのこと—　鈴木陽太郎
フランシス・ハヴァーガルとファニー・クロスビー　大塚野百合
主の御受難を前にして　益田　健次
太宰治におけるデカダンスの倫理（一）
—出発点—　佐古純一郎
詩「そのつばさ」　島崎　光正
読ボンフェッファー『たとえ我死の蔭の谷を歩むとも』　尾崎　風伍

【六月号　通巻八二号】
中国問安の旅より帰りて　山本　茂男

聖霊の宮（ヨハ14、エフェ2、エゼ36）　松村　克己
現代中国の教会　浅野　順一
或る女子高校生の問題
—ニヒリズムについて—　K・K
教師の立場より（K．Kさんへの応答）　大塚野百合
随想　齋藤　成一
田園の復活節　益田　健次
太宰治におけるデカダンスの倫理（二）　佐古純一郎
—愛の喪失—
詩「雨の中のうた」　島崎　光正
読ニグレン『神の福音』　清水　二郎
読金田一春彦『日本語』　尾崎　風伍

【七月号　通巻八三号】

《特集》新しい中国の教会（座談会）
日本の精神的風土と教会　山本　茂男
福音と自由（創2、エフェ2、ガラ5）　北森　嘉蔵
澤崎堅造　（放送）　小塩　力
新しい中国の教会
浅野　順一　山本　茂男　尾崎　風伍
成瀬　治　佐古純一郎
太宰治におけるデカダンスの倫理（三）　佐古純一郎
—人間不信—
詩「梅雨」　島崎　光正
読マイケルソン『キリスト教と実存主義者たち』　成瀬　治

【八月号　通巻八四号】

第三回原水爆禁止世界大会に思う　山本　茂男
人生におけるまことの喜び（フィリ4）　北森　嘉蔵
手塚縫蔵（放送）　小塩　力
続キリスト教問答（二）—自由について—
清水　二郎　佐古純一郎
太宰治におけるデカダンスの倫理（四）　佐古純一郎
—道化の倫理—
リンカーンは愛されている　益田　健次
詩「しずけきほとり」　島崎　光正
読伊東彊自『雲・雪・塵』　尾崎　風伍

【九月号　通巻八五号】

《特集》夏期信仰修養会
日本の精神的風土と福音　北森　嘉蔵
ローマ帝国と福音　秀村　欣二
十字架の言葉　第一コリント一四研究
（一コリ14）　清水　二郎
教会生活と平信徒伝道　松村　克己
青年学生層の精神生活　三谷　健次
文学を通じてみた現代の精神状況　佐古純一郎
地の塩・世の光　齋藤　成一
夏期修養会の回顧と反省　成瀬　治
元箱根における夏期信仰修養会の記念撮影　横井　克己
詩「芦の湖畔にて」　島崎　光正

【一〇月号　通巻八六号】

日本伝道と外国宣教師の問題　山本　茂男
虹（創9）　北森　嘉蔵
難波宣太郎（放送）　小塩　力
続キリスト教問答（三）—結婚について
—　松村　克己　佐古純一郎

あなたはわたしに従ってきなさい
（中高生のために）（ヨハ21）　松隈　敬三
教会の壁の内と外　奥田　成孝
信濃路の旅　佐古純一郎
詩「夏の終わり」　島崎　光正
読ロマドカ『文明の死と復活』　内田　文二

【一一月号　通巻八七号】
時は熟している　成瀬　治
礼拝における美的要素（詩27）　北森　嘉蔵
わが心わが身は生ける神に向いて呼ぼう
（詩84）　和田　正
見ないで信ずる者は、さいわいである
山本　茂男
聖書近感三種　清水　二郎
洗足の背後に求められているもの　本間　誠
療養生活の一断面　岡江　保和
京阪の秋　佐古純一郎
読山谷省吾『基督教の起源（上巻）』
松村　克己

【一二月号　通巻八八号】
クリスマスの喜び　山本　茂男
ホセアによるクリスマス（ヨハ1）　北森　嘉蔵
続キリスト教問答（四）—奉仕について—
高崎　毅　佐古純一郎
地には平和　李　仁夏
クリスマスを迎えるに当って　大塚野百合
許すということ　寺島　保夫
太宰治におけるデカダンスの倫理（五）
—奉仕の姿勢—　佐古純一郎
詩「父」　神沢惣一郎
詩「聖ステパノ・キリストは生まれ給えり」
堀　信一
詩「降誕節」　島崎　光正

〈一九五八年〉
【一月号　通巻八九号】
年頭の願い　山本　茂男
新年と第三のクリスマス（ヨハ1）
清水　二郎
続キリスト教問答（五）—平和について—
浅野　順一　佐古純一郎
反省・職場にある姉妹へ　齋藤　成一
新しい首途　原田　季夫
北陸十日の旅　山本　茂男
新年所感　大嶋　功
太宰治におけるデカダンスの倫理（六）
—デカダンス—　佐古純一郎

【二月号　通巻九〇号】
聖書研究（ロマ11）　松村　克己
再び日本の精神的風土と福音について
清水　武彦
問題への接近　ロマ書十一章を手がかりと
して（ロマ11）　金子　晴勇
続キリスト教問答（六）—家庭について—
清水　二郎　佐古純一郎
北九州訪問伝道の記　奥田　成孝
映画「真昼の決闘」に於ける終末論について
尾崎　風伍
太宰治におけるデカダンスの倫理（七）
—聖書—　佐古純一郎

【三月号　通巻九一号】

天国への四階段（マタ5）　石居英一郎
キリストに接がれたもの　小塩　力
続キリスト教問答（七）—友情について—
　山本　茂男　佐古純一郎
沖縄だより　松村　克己
太宰治におけるデカダンスの倫理（八）
—罪について—　佐古純一郎
詩「村」　島崎　光正
読近藤治『ヘブル書』　清水　二郎
読手塚儀一朗、浅野順一他六名責任編集
『口語旧約聖書略解』　山本　茂男

【四月号　通巻九二号】
復活　山本　茂男
神の言葉は重い（イザ6）　奥田　成孝
続キリスト教問答（八）—自然について—
　小塩　力　佐古純一郎
沖縄だより（続）　松村　克己
クオ・ヴァディス・ドミネ　佐々田良勝
受洗の記　佐藤　信夫
太宰治におけるデカダンスの倫理（九）
—義について—　佐古純一郎
詩「手袋の詩」　島崎　光正
読ウィルソン『アウトサイダー』　尾崎　風伍

【五月号　通巻九三号】
目に青葉　清水　二郎
神への信頼のうた—詩篇二七篇（上）（詩27）　和田　正
福音の宣教と病のいやし（マタ9）　平賀　徳造
続キリスト教問答（九）—歴史について—
　成瀬　治　佐古純一郎
ヨハネ第一の手紙の飛びよみ（一ヨハ）　本間　誠
ちり　伊東　彊自
神の法廷への召喚　尾崎　風伍
太宰治におけるデカダンスの倫理（十）
—信仰について—　佐古純一郎
詩「仔犬」　神沢惣一郎
詩「春の手帳」　島崎　光正
読佐古純一郎『文学的人生論』　佐藤　信夫

【六月号　通巻九四号】
社会保障の精神的基礎　佐古純一郎
必ずやエホバを待ち望め—詩篇二七篇
（下）（詩27）　和田　正
信仰と愛の詩人パトモア　堀　信一
キリストにあるよろこび　大塚野百合
妻の受洗　佐古純一郎
詩「古巣」　島崎　光正
読マーチン『イエスは復活したか』　尾崎　風伍
読宣教叢書第三巻　論文集
『神と悪魔』　内田　文二

【七月号　通巻九五号】
《特集》小塩力牧師追悼
神の物は神へ　清水　二郎
平和への道（エフェ2）　北森　嘉蔵
自然科学をめぐる諸問題
　伊東　彊自　佐古純一郎　尾崎　風伍
平和への意志　松村　克己
所謂平和運動に対する疑問　三谷　健次
平和への随想　宮本　潔
小塩力氏の告別式における言葉　福田　正俊
追悼　小塩力　弔辞

山本　茂男　石原　謙
詩「遠国」　島崎　光正
読佐古純一郎『太宰治におけるデカダンス
の倫理』　佐藤　信夫
読佐古純一郎『大いなる邂逅』　佐藤　信夫

【八月号　通巻九六号】
永遠の命に至る水　佐古純一郎
信仰は実感されるか　松村　克己
邪悪な時代の中に生きている神の愛
（ルカ11）　鷲山　林蔵
信仰と私たちの現実
本間　誠　梅沢　浩二　斎藤久三郎
西村　弘　尾崎マリ子　斎藤　偕子
佐々木明子　佐古純一郎
人ではなくて、神を　松木　信
地方の教会にあって信仰を述べる
西田　真輔
近代日本文学にあらわれた家と人間（一）
佐古純一郎
麦秋　島崎　光正
読ロベルト・ユンク『千の太陽よりも明るく
―原子科学者の運命』　尾崎　風伍

【九月号　通巻九七号】
世界平和のためのキリスト者国際会議の後に
山本　茂男
「良い行い」について（エフェ2）　山谷　省吾
主の依託（マコ6）　西村　一之
私にとってキリストのもつ意味
ジョン・A・モス
安息日について　辻　亮吉
近代日本文学にあらわれた家と人間（二）
佐古純一郎
詩「記録」　島崎　光正
読ウィリアム・ゴオロウズ『病苦の征服』
（宮内俊三訳）　内田　文二

【一〇月号　通巻九八号】
若人の心に傷をつけるな　佐古純一郎
信仰の持続性（ヘブル書の研究）
山谷　省吾
復活論―一コリント一五研究―（一コリ15）
清水　二郎
ヨーロッパの旅より　益田　健次
農村伝道の問題　永田　実
求道の姉妹へ　齋藤　成一
近代日本文学にあらわれた家と人間（三）
佐古純一郎
詩「秋の日が」　島崎　光正
読フォン・ワイツゼッカー『原子力と
原子時代』　佐治健治郎
読佐古純一郎『文学をどう読むか』　佐藤　信夫
読G・W・フォーマン『世界を結ぶ信仰』
佐藤　信夫

【一一月号　通巻九九号】
《特集》高校生（座談会）
憲法を読もう　佐古純一郎
希望についての新解釈（ヨハ4）　山谷　省吾
「平和の問題」私註　佐々田良勝
私たちはこう考える
鈴木恵果子　関根　進
林　信道　佐古純一郎
日本の精神的風土管見　加藤　武

経営管理の現下の話題　水崎　明
読ボンフェッファー『誘惑』　尾崎　風伍

【一二月号　通巻一〇〇号】
神われらと共にいます　佐古純一郎
愛の極みまで（ヨハ13）　山本　茂男
マリアの讃歌　本間　誠　大塚野百合
尾崎　風伍　佐藤　信夫
高く低く　原田　季夫
異邦人と共に迎えるクリスマス　柳本八重子
クリスマスを待つ心　伊藤サチ子
映画「サレムの魔女」　尾崎　風伍
ヨーロッパ旅行漫筆（上）　大嶋　功
近代日本文学にあらわれた家と人間（四）　佐古純一郎
詩「近江唐崎」　島崎　光正
読小塩力『コロサイ書―新約聖書新解叢書―』　松村　克己
読佐古純一郎『愛されない苦しみと愛しえない苦しみ』　佐藤　信夫

〈一九五九年〉

【一月号　通巻一〇一号】
《特集》この年（十二回）聖書研究座談会
―イエス伝―
日本プロテスタント宣教百年
基督教共助会創立満四十年　山本　茂男
パウロの一生の行程　清水　二郎
人の姿となられたキリスト（上）（フィリ2）　辻　亮吉
イエス伝序論　北森　嘉蔵
近代日本文学にあらわれた家と人間（五）　佐古純一郎
ヨーロッパ旅行漫筆（下）　大嶋　功
詩「頌」　島崎　光正
読浅野順一『真実―予言者エレミヤ』　大塚野百合
読北森嘉蔵『愛と憎しみについて』
―福音的実存―　佐藤　信夫

【二月号　通巻一〇二号】
《特集》学生問題
学生の特権と責任　松村　克己
聖書研究座談会イエス伝（1）
山谷　省吾　内田　文二　大塚野百合
佐藤　信夫　佐古純一郎
学生は何を求めているか
チャーズル・アナンダ　中村　嘉男
学生諸君に希みたきこと　大塚野百合
児玉　研一　三枝　央子　横山　寧夫
学生運動反対の弁　三谷　健次
英雄的なもの　神沢惣一郎
学生問題について　西村　弘
共助会と私　松木　信
信じ得ざる悩み　竹内　敏夫
詩「きさらぎに」　島崎　光正

【三月号　通巻一〇三号】
わかれ道に立って（エレ6）　平賀　徳造
聖書研究座談会イエス伝（2）
高崎　毅　内田　文二
大塚野百合　佐古純一郎
人の姿となられたキリスト（中）　辻　亮吉
一つの試み　柴沼　明
職業について　齋藤　成一
職業随想　佐治健治郎

近代日本文学にあらわれた家と人間（六）　佐古純一郎
詩「魚」　島崎　光正
割り切れない気持　佐古純一郎
復活と平和（ヨハ20）　土合竹次郎

【四月号　通巻一〇四号】
聖書研究座談会イエス伝（3）
浅野　順一　内田　文二　大塚野百合
佐藤　信夫　佐古純一郎
人の姿となられたキリスト（下）　辻　亮吉
平和を願う一人として　三谷　健次
女性として平和を願う　重松　市
自然科学と基督教の問題　内田　栄治
近代日本文学にあらわれた家と人間（七）　佐古純一郎
詩「三月消息」　島崎　光正
読有賀鉄太郎『歩みは光のうちに』　内田　文二
読片山日出雄『愛と死と永遠と』　佐藤　信夫

【五月号　通巻一〇五号】
人間は貝にはなれない　佐古純一郎
キリストにおける女性（ガラ3）　深津　文雄
女であるという事　大塚野百合
聖書研究座談会イエス伝（4）
松村　克己　尾崎　風伍　内田　文二
佐藤　信夫　大塚野百合
キリストに出合った女性
今井　伯　尾崎マリ子　久米あつみ
近代日本文学にあらわれた家と人間（八）　佐古純一郎
詩「ペンテコステ」　島崎　光正
読北村徳太郎『随想集』　山本　茂男

【六月号　通巻一〇六号】
砂川裁判の問題　佐古純一郎
イエスに倣う者・教育者（ガラ4）　松村　克己
聖書研究座談会イエス伝（5）
西川　哲治　内田　文二　大塚野百合
尾崎　風伍　佐藤　信夫　佐古純一郎
「この杯」は何か（マコ14）　辻　亮吉
日本の教育とキリスト者　高崎　毅
如何なる教師になるべきか
神沢惣一郎　金井信一郎
松木　信　渡辺　正雄
詩「祝婚歌」―中沢宣夫兄に―　島崎　光正
読小塩力『キリスト讃歌』　松村　克己
読佐古純一郎『宗教と文学』　佐藤　信夫

【七月号　通巻一〇七号】
非道徳の道（ルカ16）　石居英一郎
聖書研究座談会イエス伝（6）
平賀　徳造　内田　文二　尾崎　風伍
佐藤　信夫　大塚野百合
科学者の信仰　篠原　登
最近考えていること　今井　義量
宣教百年の年にあたって　鈴木　淳平
神は存在するだろうか―求道者の手紙―
井田　健三
井田健三さんへのお答　清水　二郎
近代日本文学にあらわれた家と人間（九）　佐古純一郎
詩「遠い日の想い」　島崎　光正

[読]エリオット『ジャングルの五人の殉教者』　大塚野百合
[読]佐古純一郎『生きること、愛すること』　佐藤　信夫

【八月号　通巻一〇八号】

充実した人生　北森　嘉蔵
聖書研究座談会イエス伝（7）
　李　仁夏　内田　文二　大塚野百合
　佐藤　信夫　尾崎　風伍
回想の森明先生　山本　茂男　佐古純一郎
思い起こすこと一つ　浅野　順一
回想の森明　奥田　成孝
森明先生の憶い出　宮崎　貞子
若き横顔　山本　孝
近代日本文学にあらわれた家と人間（十）　佐古純一郎
[詩]「昼と夜の間」　島崎　光正

【九月号　通巻一〇九号】

《特集》四十年の歩み（座談会）
共助会の立場と課題について　石原　謙
座談会　共助会四十年の歩み（上）
　奥田　成孝　大塚野百合　清水　二郎
　柏木　希介　松村　克己　三谷　健次
　山谷　省吾　山本　茂男　佐古純一郎
聖書研究座談会イエス伝（8）
　鈴木　正久　内田　文二　尾崎　風伍
　佐藤　信夫　大塚野百合
不信の懺悔　岡田　養
本間誠氏葬送の辞　山本　茂男
感謝の言葉　福田　正俊
弔詞　清水　二郎
弔辞　小塩　節
[詩]「草上祈祷（一）」　島崎　光正

【一〇月号　通巻一一〇号】

《特集》四十年の歩み（座談会）
日常生活と礼拝生活（ロマ12、一ペト2）　山本　茂男
共助会四十年の歩み（中）
　奥田　成孝　大塚野百合　清水　二郎
　鈴木　淳平　羽田　智夫　松村　克己
　宮崎　貞子　山谷　省吾　由井　千春
　山本　茂男　佐古純一郎
人間の手段化　大塚野百合
人生の意義（マタ19、マコ10、ルカ18）　松隈　敬三
聖書研究座談会イエス伝（9）
　清水　二郎　大塚野百合
　佐藤　信夫　尾崎　風伍
[詩]「草上祈祷（二）」　島崎　光正
[読]浅野順一『基督論の諸問題』　清水　二郎
[読]北森嘉蔵『現代人とキリスト教』　内田　文二
[読]日本基督教団青年専門委員会編
『時代を生きる神の民』　佐藤　信夫

【一一月号　通巻一一一号】

《特集》四十年の歩み（座談会）
燈火の光（マタ5）　西川　哲治
共助会四十年の歩み（下）
　浅野　恭三　梅沢　浩二　奥田　成孝
　大塚野百合　清水　二郎　鈴木　淳平
　羽田　智夫　松隈　敬三　松木　信
　三谷　健次　宮崎　貞子　山谷　省吾

和田　正　佐古純一郎
聖書研究座談会イエス伝（10）
佐藤　信夫　内田　文二　佐古純一郎
共助会に入会するにあたって思う　小塩　節
本間誠先生　神沢惣一郎
共助会四十年史年表　清水　二郎
詩「無題」　島崎　光正

【一二月号　通巻一一二号】
わたしがそれである（ヨハ18）　浅野　順一
聖書研究座談会イエス伝（11）
福田　正俊　内田　文二　大塚野百合
尾崎　風伍　佐藤　信夫
伝道生活の中で思うこと　奥田　成孝
クリスマス雑感　梅沢　貞子
倒されるども滅びず　清水　武彦
詩「祈り」　原　毅
詩「涙」　原　毅
詩「メリイ　クリスマス」　島崎　光正
訳ジョン・キーブル
「降誕節・受胎告知ほか」　堀　信一

読河上徹太郎『日本のアウトサイダー』　尾崎　風伍
読ゴルウィツァー編『反ナチ死刑囚の獄中便り』を読む　大岩　鉱

〈一九六〇年〉

【一月号　通巻一一三a号】
《特集》四十年記念
日本のキリスト教と共助会　松村　克己
共助会の成立　清水　二郎
聖書研究座談会イエス伝（12）
佐古純一郎　内田　文二　大塚野百合
尾崎　風伍　佐藤　信夫
四十周年記念大会に出席して　佐治健治郎
基督教共助会創立四十周年記念大会の概況　羽田　智夫
安保条約改定に関する宣言　基督者平和運動協議会
受洗の記　斎藤　末弘
独り想う　佐古純一郎
詩「未明」　島崎　光正
読井草教会内・小塩力追悼文集刊行会
『追想・小塩力』　清水　二郎
読飯坂良明『権力への抵抗』　佐藤　信夫
読佐古純一郎『ここに愛がある』　佐藤　信夫

【二・三月号　通巻一一三b号】
《特集》安保条約改定問題
汝自身を知れ（ルカ15）　松隈　敬三
安保条約の改定をめぐって
飯坂　良明　内田　文二　大塚野百合
尾崎　風伍　佐古純一郎　重松　市
沖縄の訪問　松村　克己
安保改定を前にして　三谷　健次
一労働者の手記　古川　栄介
佐古純一郎覚え書　佐藤　信夫
詩「或時」　島崎　光正

【四月号　通巻一一四号】
神宮国営に反対する　佐古純一郎
復活の信仰　山本　茂男
奄美訪問伝道　松村　克己
十三階段への道　斎藤　末弘

『共助』総目次　1960年5月号　通巻115号

篠原登氏を訪ねる　尾崎　風伍
プロテスタントの文学運動について　佐古純一郎
読『女性と生活シリーズ』　大塚野百合

【五月号　通巻一一五号】

祝日の改正を喜んでいいか　佐古純一郎
神の愚かさと人間の知恵（一コリ1）　西川　哲治
主は此処に在りても　島崎　光正
鈍さについて　室崎　陽子
平賀徳造氏を偲ぶ　山谷　省吾
西荒川教会牧師石居英一郎氏を訪ねる　佐藤　信夫
『罪と罰』について（一）　佐古純一郎
読熊野義孝『キリスト教倫理入門』　佐藤　信夫

【六月号　通巻一一六号】

不戦の誓い　佐古純一郎
ペンテコステを迎えて　羽田　智夫
こん気よく聖書を　内田　文二
生活の中で　浅野　恭三
反ナチ死刑囚の心境を垣間みる　大岩　鉱
長島愛生園に友を尋ねて　松隈　敬三
『罪と罰』について（二）　佐古純一郎
詩「また何時か」　島崎　光正
読北森嘉蔵『神学的自伝』（Ⅰ）　尾崎　風伍

【七月号　通巻一一七号】

民主主義を生活の中で　佐古純一郎
隠れた教会　奥田　成孝
新安保条約改定についての所感　重松　市
友に和して　齋藤　成一
新しい地に来て　岡江　保和
聖霊による革新　大塚野百合
『罪と罰』について（三）　佐古純一郎
詩「川」　島崎　光正
詩「十字架」　原　毅
読鈴木正久・土居真俊・国谷純一郎『信仰・希望・愛』　梅沢　貞子

【八月号　通巻一一八号】

総選挙に対する心構え　佐古純一郎
信徒の責任（ルカ12）　清水　二郎
『罪と罰』について（四）　佐古純一郎
今日の政治と教会　山本　茂男
早大共助会あれこれ　西村　弘
講談社商事部長　由井千春氏を訪ねる　佐藤　信夫
詩「一樹」　島崎　光正
読猪木正道『民主的社会主義』　佐藤　信夫

【九月号　通巻一一九号】

《特集》夏期信仰修養会
政治への関心　佐古純一郎
召されて遣わされる神の民　松村　克己
そうするのはキリスト・イエスによって捕らえられているからである　清水　武彦
クリスチャン・ホームの役割　尾崎マリ子
兼牧になるまで　室崎　陽子
『罪と罰』について（五）　佐古純一郎
詩「浮輪」　島崎　光正

【一〇月号　通巻一二〇号】
文部大臣の高姿勢　佐古純一郎
新生（ヨハ3、ヨハ7、ヨハ19）　松隈　敬三
パウロの外国伝道を成功させた事情　辻　亮吉
癩者と共に　日比　久子
キリスト者としての戦後青年の問題　佐藤　信夫
『罪と罰』について（六）　佐古純一郎
詩「モモちゃん抜釘」　島崎　光正

【一一月号　通巻一二一号】
テロを生み出すもの　佐古純一郎
新しいいましめ（ヨハ13）　和田　正
二つの道（詩1）　羽田　智夫
昔を顧みて　鈴木　淳平
「待つ」ということ　斎藤　末弘
『罪と罰』について（七）　佐古純一郎
読ボンヘッファー『交わりの生活』　尾崎　風伍

【一二月号　通巻一二二号】
総選挙を終って　佐古純一郎
救主のしるし　石居英一郎
クレーマー博士と日本の教会　山谷　省吾
全国一せい学力テスト　大嶋　功
『罪と罰』について（八）　佐古純一郎
訳「第十五世紀のクリスマスカロル」　堀　信一
訳ロバート・ブリッジス「一九一三年クリスマス前夜」　堀　信一
訳「桜の木のカロルより」　堀　信一
読原田季夫『文化と福音』　羽田　智夫

〈一九六一年〉

【一月号　通巻一二三号】
宣教の愚かさ（一コリ）　佐古純一郎
日本伝道の進展のために　山本　茂男
ピレモンへの手紙（フィレ）　松隈　敬三
一つの願い　藤沢一二三
塩の辛さ　磯部　浩一
『罪と罰』について（九）　佐古純一郎
読クレーマー『信徒の神学』　内田　文二

【二月号　通巻一二四号】
日中基督教交流協会の成立について　佐古純一郎
神の選びの計画（ロマ9）　浅野　順一
ピリピ人への手紙　第一回（フィリ1）　北森　嘉蔵
冬眠　佐々田良勝
アウグスティヌスの「告白録」について　奥田　成孝
長島と加古川の友を訪ねて　松村　克己
『罪と罰』について（十）　佐古純一郎
読高木幹太『神と人間』　清水　二郎

【三月号　通巻一二五号】
テロを恥じる　佐古純一郎
人なき地にも雨を降らす（ヨブ38）　西川　哲治
ピリピ人への手紙　第二回（フィリ1）　北森　嘉蔵
ドイツ留学を前にして　松村　克己
鴨川のほとりに住んで　三谷　健次

友への手紙　佐藤　信夫
『罪と罰』について（十一）　佐古純一郎
[読]佐古純一郎『現代人は愛しうるか』　尾崎マリ子

【四月号　通巻一二六号】

不敬罪を復活させるな　佐古純一郎
永遠の契約（ヘブ13）　和田　正
ピリピ人への手紙　第三回（フィリ1）　北森　嘉蔵
聖アンセルムス「クール・デウス・ホモ」について　羽田　智夫
神への信頼　齋藤　成一
編集雑感　尾崎　風伍
『罪と罰』について（十二）　佐古純一郎
[詩]「北国」　島崎　光正

【五月号　通巻一二七号】

東京クルセードを疑う　佐古純一郎
すべてを超えて（エフェ1）　福田　正俊
ピリピ人への手紙　第四回（フィリ1、ロマ6）　北森　嘉蔵
「イミタチオ・クリスチ」について　石居英一郎
ルターと現代　益田　健次
『罪と罰』について（十三）　佐古純一郎
[読]石島三郎・浅野順一・佐古純一郎『死と生をめぐって』　内田　文二

【六月号　通巻一二八号】

韓国のクーデターに想う　佐古純一郎
聖餐の意義二点（ルカ22）　松尾喜代司
『キリスト者の自由』について　成瀬　治
一労働者の手記　古川　栄介
ドイツ便り（第一信）　松村　克己
共助会と私　西田　真輔
『罪と罰』について（十四）　佐古純一郎
[読]亀田隆之『壬申の乱』　由木　黎

【七月号　通巻一二九号】

平和に対する宗教者の使命　佐古純一郎
地上の放浪者（創4）　西村　一之
ピリピ人への手紙　第五回（フィリ1）　北森　嘉蔵
ドイツ便り（第二信）　松村　克己
アフリカ便り　脇坂　順一
カルヴァン『キリスト教綱要』について　久米あつみ
『罪と罰』について（十五）　佐古純一郎
[読]ボルンカム『ナザレのイエス』（善野碩之助訳）　秋元　徹

【八月号　通巻一三〇号】

自主と共助　山本　茂男
これが教会の宝である（ルカ10）　深津　文雄
ピリピ人への手紙　第六回（フィリ2）　北森　嘉蔵
ドイツ便り（第三信）ハンブルグの宿舎にて　松村　克己
キリスト教国への宣教師（日本からドイツに）　ヴェンドルフ
この頃思うこと　山崎　保興
バンヤン『天路歴程』について　福與　正治
[読]成瀬治『ルター十字架の英雄』　益田　健次

【九月号　通巻一三一号】
信徒の訓練　佐古純一郎
新約聖書における金銭と日本の教会　山谷　省吾
ピリピ人への手紙　第七回（フィリ2）　北森　嘉蔵
ミルトン『失楽園』について　堀　信一
来て助けよ　奥田　成孝
共助会と私（フィリ1）　関屋　光彦
［読］大塚野百合『真実を追って』　室崎　陽子
［読］たねの会「『たねの会』の作品集1」の読後感　佐藤　信夫

【一〇月号　通巻一三二号】
核実験の再開に抗議する　佐古純一郎
職場における信徒の生き方　隅谷三喜男
ピリピ人への手紙　第八回（フィリ2）　北森　嘉蔵
夏期修養会に出席して　内田　文二
ドイツ便り（第四信）北欧の旅の途中にて　松村　克己
京都共助会の近況　金子　晴勇
『罪と罰』について（十六）　佐古純一郎
［読］武藤一雄『神学と宗教哲学との間』　浅野　順一

【一一月号　通巻一三三号】
頂門の一針　佐古純一郎
新約聖書による信徒生活の要点　清水　二郎
ピリピ人への手紙　第九回（フィリ2）　北森　嘉蔵
パスカルの『パンセ』について　加藤　武
ドイツ便り（第五信）北欧の旅の帰途、デンマークにて　松村　克己
『罪と罰』について（十七）　佐古純一郎
［詩］「作品」　島崎　光正
［読］ハチスン『キリスト教と政治』（飯坂良明訳）　佐藤　信夫
［読］『反ナチ抵抗者の獄中書簡』（大岩美代訳）　佐藤　信夫

【一二月号　通巻一三四号】
宣教基本方針はこれでよいか　佐古純一郎
一九六一年のクリスマス　山本　茂男
ピリピ人への手紙　第十回（フィリ3）　北森　嘉蔵
ドイツ便り（第六信）パリの宿にて　松村　克己
キルケゴール「死にいたる病」について　羽田　智夫
『罪と罰』について（十八）　佐古純一郎
［詩］「クリスマス」　島崎　光正

〈一九六二年〉
【一月号　通巻一三五号】
二つの基本線　山本　茂男
新しい年・新しい人（エフェ1、エフェ4）　清水　二郎
ピリピ人への手紙　第十一回（フィリ3）　北森　嘉蔵
ドイツ便り（第七信）ドイツの教会と農民と労働者　松村　克己
祈りについて　関屋　綾子
ゴッホ　序章　久米あつみ

新潟県訪問伝道報告　飯村　修兵　室崎　陽子
詩「寒庭」　島崎　光正

【二月号　通巻一三六号】
日本伝道の問題　山谷　省吾
「新しい人」の現実生活（ロマ7、ロマ8、ロマ12、ロマ13）　清水　二郎
親鸞の救とキリストの福音（上）　藪本　忠一
神社非宗教化の動き　佐古純一郎
ゴッホ　一章　系譜　久米あつみ
詩「召天」　島崎　光正
読村上和男『希望と実存』　内田　文二
読佐古純一郎『私の政治的発言』　尾崎　風伍

【三月号　通巻一三七号】
世界輿論の座　清水　二郎
目の中の梁を取りのぞけ（マタ7）　石居英一郎
ピリピ人への手紙　第十二回（フィリ3）　北森　嘉蔵
親鸞の救とキリストの福音（下）　藪本　忠一
言語の問題　松村　克己
ゴッホ　二章　最初の挫折　久米あつみ

【四月号　通巻一三八号】
日本の教会の問題について　浅野　順一
デドモのトマス（ヨハ20）　西川　哲治
ピリピ人への手紙　第十三回（フィリ4）　北森　嘉蔵
四旬節に想う　羽田　智夫
食前の祈り　尾崎　風伍
島崎藤村とキリスト教　佐藤　信夫
ゴッホ　三章　伝道者ゴッホ　久米あつみ
読関屋綾子他『母を語る』　薄井喜美子

【五月号　通巻一三九号】
時代への言葉　奥田　成孝
神を知る（ヨハ14）　西村　一之
ピリピ人への手紙　第十四回（フィリ4）　北森　嘉蔵
ナザレのイエス　佐古純一郎
ゴッホ　四章　芸術と愛の戦い　久米あつみ
千矢不二雄君のこと　齋藤　成一
読石島三郎『信仰生活入門』　佐藤　信夫

【六月号　通巻一四〇号】
「憲法を守るキリスト者の会」への協力を表明する　山本　茂男
永遠の命の糧の労働（ヨハ6）　中沢　宣夫
ピリピ人への手紙　第十五回・最終回（フィリ4）　北森　嘉蔵
キリスト者の護憲運動　佐古純一郎
生きるということ　大塚野百合
シュヴァイツァー病院の思い出　脇坂　順一
ゴッホ　五章　自然との戦い　久米あつみ

【七月号　通巻一四一号】
夏期修養会の持ち方について　松村　克己
希望　原田　季夫
神こそわが分け前（上）（詩16）　和田　正

『共助』総目次　1963年1月号　通巻147号

ルター主義と国家権力　成瀬　治
三年間　島崎　光正
入会に想う　斎藤久三郎
ゴッホ　六章　色彩への道　久米あつみ

【八月号　通巻一四二号】
政治と宗教　佐古純一郎
主のまなざしの下に（ルカ22）　松隈　敬三
神こそわが分け前（下）（詩16）　和田　正
円満　伊東　彊自
キリストによる友情について　塩沼英之助
労働者の手記　古川　栄介
信徒と神学　尾崎　風伍
ゴッホ　七章　アルルの太陽　久米あつみ
読 浅野順一『ヨブ記の研究』を読みて　山本　茂男

【九月号　通巻一四三号】
改憲反対署名運動を省みて　山本　茂男
実を結ぶ信仰（マタ7）　山本　茂男
新約聖書の歴史主義（その一）　清水　二郎
憲法問題をどう考えるか　小林　孝輔
ゴッホ　八章　種まく人　久米あつみ
詩「芦の湖にて」　島崎　光正

【一〇月号　通巻一四四号】
学生伝道の今日的意義　山本　茂男
新約聖書の歴史主義（その二）　清水　二郎
信徒責任の血肉化　佐古純一郎
地をつぐもの（マタ5）　山崎　保興
入会前後　石渡　恭子
岩淵止兄を偲ぶ　鈴木　淳平
ゴッホ　九章　星の夜のキリスト像　久米あつみ
詩「世田谷若林」　島崎　光正

【一一月号　通巻一四五号】
『人づくり』の理念　羽田　智夫
感謝の供え物　石居英一郎
新約聖書の歴史主義（その三）　清水　二郎
宗教改革の起源　益田　健次
「人間キリスト記」について　斎藤　末弘
小さい者　小笠原亮一
ゴッホ　十章　生の刈入れ　久米あつみ
読 佐古純一郎『罪と罰ノート』　佐藤　信夫

【一二月号　通巻一四六号】
低きにとどまるな　浅野　順一
新しい輝き　松尾喜代司
一粒の麦（ヨハ12）　中沢　宣夫
長島十年　塩沼英之助
つんぼは聞える　大嶋　功
腹八分　吉住　一信
ゴッホ　終章　久米あつみ
お婆さんのストーブ　山口　和義
詩「クリスマス」　島崎　光正
読 ティーリケ『主の祈り』　大塚野百合

〈一九六三年〉
【一月号　通巻一四七号】
新しい人間の形成　山本　茂男
悪魔との戦い　和田　正
恵みが増し加わるために、罪にとどまるべきか（ロマ6）　山谷　省吾
受洗のころ　清水　二

郎
眼をあげて　内田　文二
病む友に支えられて　日比　久子
辺境の教会　尾崎　風伍
読書ノートから（1）罪意識について　大塚野百合
詩「雲ト薔薇」　島崎　光正
読高木幹太『恋愛論』　清水　二郎
読オーリンスキー『偶像への挑戦』　松木　信

【二月号　通巻一四八号】
キリストの外自由独立　奥田　成孝
詩五十一篇（詩51）　福田　正俊
愛について（ルカ10）　山谷　省吾
受洗のころ　藪本　忠一
使命　石居英一郎
幻を持つ人　中北　哲央
古代における日本人の神観（一）　亀田　隆之
読書ノートから（2）セールスマンの死　大塚野百合
読松木治三郎他『日本人と福音』　尾崎　風伍

【三月号　通巻一四九号】
新約の民主主義（マタ18）　清水　二郎
日本人と聖書の神（創1、ヨハ1）　山本　茂男
不信仰なわたしを、お助け下さい（マコ9）　山谷　省吾
受洗の頃　鈴木　淳平
神の言葉を告げよ　松木　信
古代における日本人の神観（二）　亀田　隆之
共助会と私　鈴木　譲
正宗白鳥先生の信仰告白について　大岩　鉱
読書ノートから（3）
現代に生きるということ　大塚野百合
憲法擁護に関する声明　日本基督教団

【四月号　通巻一五〇号】
キリスト者であるということは決して
自明的なことではない。　佐々田良勝
イエスと悪霊につかれた人（マコ5）　西村　一之
旧約に於ける「法」（一）　浅野　順一
老いも若きも　佐古純一郎
わが職場にキリストを仰ぎて　川田　殖
古代における日本人の神観（三）　亀田　隆之
怒れる若者たち　大塚野百合
詩浅野順一『旧約聖書入門』　島崎　光正
読トインビー『失われた自由の国』　内田　文二

【五月号　通巻一五一号】
家庭の創造　佐古純一郎
聖霊降臨節を前に　西川　哲治
旧約に於ける「法」（二）　浅野　順一
受洗のころ　松原　武夫
新しい倫理　山崎　保興
古代における日本人の神観（四）　亀田　隆之
ヨーロッパの歴史思想（一）　成瀬　治

読大木英夫『ブルンナー』　川田　殖
読佐古純一郎『新しい人間像を求めて』　松木　信

【六月号　通巻一五二号】
「宣教」と「伝道」　松村　克己
道・歩み　原田　季夫
旧約に於ける「法」(三)　浅野　順一
受洗のころ　益田　健次
一つの文化観より見る　今井　義量
春のうた　山口　和義
古代における日本人の神観(五)　亀田　隆之
ヨーロッパの歴史思想(二)　成瀬　治
読椎名麟三・佐古純一郎編『文学入門』　佐藤　信夫

【七月号　通巻一五三号】
課題の認識　福田　正俊
福音の前進　山本　茂男
受洗のころ　小笠原亮一
書かれた歴史・生きた歴史　久米あつみ
時のしるし(マタ16)　西村　一之
ヨーロッパの歴史思想(三)　成瀬　治
詩「このともしび」　島崎　光正
読佐古純一郎『戦後文学論』　斎藤　末弘

【八月号　通巻一五四号】
予言者の書を学んで　奥田　成孝
若者たちは幻を見る(使2)　大塚野百合
麦のなかの毒麦(マタ13)　西村　一之
受洗のころ　山田　松苗
親鸞の愚禿悲歎について　佐古純一郎
誠実・不誠実　山崎　保興
ヨーロッパの歴史思想(四)　成瀬　治
読北森嘉蔵『私の人生論』　尾崎　風伍

【九月号　通巻一五五号】
主と共に生きる(一テサ5)　和田　正
まことの兄弟姉妹(マコ3)　山谷　省吾
この最後の者にも(マタ20)　西村　一之
受洗のころ　久米あつみ
もろもろのための福音　島崎　光正
マニラの教会のことなど　山本　義彰
不安な魂の足跡をたずねて(一)　金子　晴勇
哲学時評(一)―情熱の懐疑家ラッセル―　佐々田良勝
読ボンヘッファー『聖徒の交わり』について　佐古純一郎

【一〇月号　通巻一五六号】
《特集》求道者の友とともに
神の国は力である(一コリ4)　山谷　省吾
恐れることはないただ信じなさい(マコ5、ルカ8)　和田　正
成長させて下さる神(一コリ3)　佐古純一郎
夏期信仰修養会寸感　尾崎　風伍
若き日に　梅沢　浩二
「聖言にきく」ということについて感じたこと　橋爪　長三
不安な魂の足跡をたずねて(二)　金子　晴勇
哲学時評(二)―哲学的信仰者ヤスパース―　佐々田良勝
読佐古純一郎『文学に現われた現代の青春像』　佐藤　信夫

【一一月号　通巻一五七号】
《特集》夏期信仰修養会
わたしとあなた　石居英一郎
ベテスダの池（ヨハ5）　西川　哲治
真理に生きる（詩86）　浅野　順一
哲学時評（三）―技術の哲学者デッサウアー
　そのほか―　佐々田良勝
ハンセン氏病への献身　長島愛生園　塩沼英之助
民族の自覚・個人の自覚　室崎　陽子
不安な魂の足跡をたずねて（三）　金子　晴勇
憲法を守るキリスト者の大会（宣言　決議）
　憲法を守るキリスト者の大会
読森有正『城門のかたわらにて』　久米あつみ

【一二月号　通巻一五八号】
平和をつくり出す人　鈴木　淳平
キリストの顔（二コリ4）　西村　一之
オリゲネスにおける聖書と哲学　川田　殖
受洗の頃　草間　修二
老先生　藤沢一二三
不安な魂の足跡をたずねて（四）　金子　晴勇
読者の声　増山美智子
哲学時評（四）―平和の技術―　佐々田良勝
詩「聖夜」　島崎　光正
読ロマドカ『昨日と明日の間の神学』　尾崎　風伍

〈一九六四年〉

【一月号　通巻一五九号】
積極的宣教　山本　茂男
聖書の歴史主義（ロマ8、ヘブ11）　清水　二郎
ナルドの香油（ヨハ12）　中沢　宣夫
韓国を訪ねて　李　仁夏
「神の痛みの神学」について（一）　北森　嘉蔵
「父なる神」とティーリッケ　大塚野百合
読浅野順一『預言者の研究』　尾崎　風伍

【二月号　通巻一六〇号】
混迷時代への摂理　奥田　成孝
終着駅で（ルカ23）　石居英一郎
マリヤの賛歌（ルカ1）　中沢　宣夫
わたしの信仰の歩み　齋藤　成一
「神の痛みの神学」について（二）　北森　嘉蔵
神について　第一話
　尾崎　風伍　久米あつみ
　浅野　順一　石居英一郎
詩「新年」　島崎　光正
読小平尚道『カルヴィン』　藤本　陽一

【三月号　通巻一六一号】
私が弟の……　大嶋　功
我が恵み汝に足れり　山田　松苗
霊的な礼拝（ロマ12）　中沢　宣夫
わたしの信仰の歩み・共助会入会の前後　尾崎　風伍
「神の痛みの神学」について（三）　北森　嘉蔵
聖書について　第二話
　尾崎　風伍　久米あつみ
　山谷　省吾　佐古純一郎
読『美竹教会三十年史』を読む　山本　茂男

【四月号　通巻一六二号】
聖書の宗教と砂漠　浅野　順一

十字架の深処（マコ15）　福井　二郎
愛には虚偽あらざれ（ロマ12）　中沢　宣夫
台湾の信仰の友を訪ねて　宮本　潔
読者の声　中田　耕造
「神の痛みの神学」について（四）　北森　嘉蔵
欧米を旅して十三ヶ月（上）　関屋　綾子
[詩]「わが上には」　島崎　光正
[詩]「婚約」　島崎　光正
[読]吉成稔『見える—癩盲者の告白』　橋爪　長三
[読]ライト、フラー『現代聖書入門』（新約の部）（平野保訳）　尾崎　風伍

【五月号　通巻一六三号】

信徒伝道のあけぼの　石居英一郎
十字架を負いて主に従う者（マコ8）　山本　茂男
単純な信仰　佐古純一郎
わたしの信仰の歩み・神の愛につつまれて　大西　正美
五月のみことば　石居英一郎
経験と自由　久米あつみ
欧米を旅して十三ヶ月（下）　関屋　綾子
[読]伊東彊自『スモッグ』　尾崎　風伍

【六月号　通巻一六四号】

神の創造　成瀬　治
パリサイ主義（ルカ19）　松隈　敬三
祈りについて　佐古純一郎
創造の御手（ロマ8）　橋爪　裕司
エヴァンゲリッシュ・アカデミーと共助会（宮田光雄「市民生活の中の信仰」紹介）　三谷　健次
ある婦人の信仰と死（長崎その）　山本　茂男
わたしの信仰の歩み　由井　千春
夏期修養会への招き　内田　文二
キリストについて　第三話（上）　久米あつみ　山本　茂男　石居英一郎
[読]『高倉徳太郎著作集』I

【七月号　通巻一六五号】

初めの戒め（二ヨハ）　清水　二郎
旅人・寄留者　原田　季夫
キリストについて　第三話（下）　久米あつみ　山本　茂男　石居英一郎
わたしの信仰の歩み　大嶋　功
阪神共助会通信　横井　克己
神に喜ばれる人　佐古純一郎
恐れるな小さい群れよ　山本　茂男
共助会の曲り角（上）　松村　克己
[読]『高倉徳太郎著作集』II

【八月号　通巻一六六号】

信仰は進歩するものか　佐々田良勝
山本前委員長への感謝の言葉　奥田　成孝
神の国はすでにあなた方の所に来た（ルカ11）　和田　正
キリスト者の共同資格（一コリ9）　清水　二郎
わたしの信仰の歩み　福井　二郎
塔の上にて　関屋　綾子
学生伝道の曲り角　松村　克己
信仰について　第四話（上）　尾崎　風伍　久米あつみ　清水　二郎　佐古純一郎

【九月号　通巻一六七号】

遺業　山谷　省吾
信仰は世に勝つ（ヨハ16）　浅野　順一
水と霊（ヨハ3）　福井　二郎
真理にしたがえば力がある　原田　季夫
もりあがった修養会　石居英一郎
わたしの信仰の歩み　宮崎　貞子
キリストのからだなる教会　山本　茂男
神と人間　山谷　省吾
信仰について　第四話（下）
尾崎　風伍　久米あつみ
清水　二郎　佐古純一郎
読福田正俊他『信濃町教会四十年
—時の間に—』　由井　千春
読澤崎堅造『キリスト教経済思想史研究』
奥田　成孝
読ロマドカ『無神論者のための福音』
（山本和訳）　尾崎　風伍

【一〇月号　通巻一六八号】

《特集》夏期信仰修養会
キリストのほか、自由独立　福井　二郎
主のくびきを負うもの　原田　季夫
ヘブル書研究（ヘブ13）　西村　一之
キリストのほか、自由独立　奥田　成孝
自由の意味について　福田　正俊
印象と経験（一）　山本　茂男
実り多き修養会　内田　文二
京大基督教共助会夏期修養会　飯沼　二郎
京阪神共助会七月通信　大島　国憲
詩「西瓜とヘブル書」　島崎　光正
詩「菊」　島崎　光正

【一一月号　通巻一六九号】

人生の幸福　奥田　成孝
信仰の飛躍（マタ15）　石居英一郎
石は叫ぶ（一）　藪本　忠一
滝浦サメ夫人の信仰の生涯　奥田　成孝
聖霊について　第五話（上）
尾崎　風伍　久米あつみ
西村　一之　石居英一郎
阪神共助会例会　武田　将
シェイクスピアについて（一）
—忘却ということ—　大塚野百合
詩「み霊あまがける」　島崎　光正
読島崎光正『冬の旅』　寺島　保夫

【一二月号　通巻一七〇号】

《特集》四十五周年記念
贖罪的自由の歴史創造的実践　石居英一郎
信仰にかける　奥田　成孝
主の祈り（上）（マタ6）　北森　嘉蔵
共助会の展望　主の勝利　川田　殖
共助会の展望　伝道のゲリラ戦　尾崎　風伍
共助会の展望　友情　久米あつみ
共助会の展望　若い世代の集い　内田　文二
共助会の歴史的反省（ルカ12）　清水　二郎
シェイクスピアについて（二）
—背信ということ—　大塚野百合
読森平太『服従と抵抗への道』　久米あつみ

〈一九六五年〉

【一月号　通巻一七一号】

新年言志（ロマ12）　清水　二郎
新しいもの　古いもの（マタ13）　李　仁夏
信州佐久のお寺のひととき　奥田　成孝

わたしの信仰の歩み　澤崎 良子
共助会と学生伝道　藪本 忠一
女子の教育と男子の教育（一）　神沢惣一郎
シェイクスピアについて（三）
—愛における疎外—　大塚野百合
[読]ホッグ『科学と政治』　尾崎 風伍

【二月号　通巻一七二号】
無くてならぬものは多くはない　佐古純一郎
行為にまで至らない信仰は信仰とはいえない
（ヤコ2）　山谷 省吾
主の祈り（下）　北森 嘉蔵
聖霊について　第五話（下）
尾崎 風伍　久米あつみ
西村 一之　石居英一郎
女子の教育と男子の教育（二）　神沢惣一郎
シェイクスピアについて（四）
—無の深淵—　大塚野百合
[詩]「なぜ」　寺島 保夫
[読]高坂正堯『国際政治の多元化と日本』
（中央公論十二月号）　山本 義彰

【三月号　通巻一七三号】
ソドムの市民（創18）　大嶋 功
申命記に学ぶ（一）（申）　浅野 順一
新しい幻　福井 二郎
スタンフォードでの一年間　岡田 長保
わたしの信仰の歩み　飯村 修兵
石は叫ぶ（二）　藪本 忠一
女子の教育と男子の教育（三）　神沢惣一郎
[読]澤崎堅造『キリスト教経済思想史研究』　飯沼 二郎

【四月号　通巻一七四号】
《特集》学生伝道
学生の友となりたい　鈴木 淳平
申命記に学ぶ（二）（申）　浅野 順一
なぜ天を仰いで立っているのか（詩121）　福井 二郎
わたしの信仰の歩み　村上 フミ
若い世代の声　岡野 昌雄
わたしの信仰の歩み　片岡 秀一
学生伝道の前進　石居英一郎

シェイクスピアについて（五）
—人間の罪性1—　大塚野百合
[詩]「ある冬日」　松波 義郎
[読]浅野順一主筆『聖書の信仰』　岡戸 光雄
[読]大岩鉱『正宗白鳥』を読む　山本 茂男

【五月号　通巻一七五号】
《特集》人間像批判
あなたがたはキリストのからだ（一コリ13）　藪本 忠一
申命記に学ぶ（三）（申）　浅野 順一
生きた人間像の発掘を　清水 武彦
子の誕生によせて　小笠原亮一
いわゆる人間像問題について　佐々田良勝
わたしの信仰の歩み　鈴木 一志
シェイクスピアについて（六）
—人間の罪性2—　大塚野百合
[読]ティヤール・ド・シャルダン『現象としての人間』（美田稔訳）　久米あつみ

【六月号　通巻一七六号】
《特集》教会と社会

日本の生きる道　奥田　成孝
イエスとの係わり（ヨハ13）　松隈　敬三
誰がいちばん「賢い」か　飯沼　二郎
申命記に学ぶ（三）（前号続き）（申）
浅野　順一
聖書にあらわれている人間像　福井　二郎
人間像について　第七話
尾崎　風伍　福田　正俊　石居英一郎
シェイクスピアについて（七）
―彼の現代的意義―　大塚野百合

【七月号　通巻一七七号】
《特集》職場伝道
主にある友情（一ヨハ3、一ヨハ4）
宮本　潔
申命記に学ぶ（四）（申）　浅野　順一
世界平和への意志（エフェ2）山本　茂男
『共助』は結ぶ　由井　千春
信仰と経験　齋藤　成一
職場での伝道について　川田　殖
わが師わが兄、澤崎堅造　飯沼　二郎
シェイクスピアについて（八）
―彼の現代的意義―　大塚野百合
読アンドレ・ビエレール『人間と社会』
（倉塚 平訳）　水崎　明

【八月号　通巻一七八号】
《特集》ヴェトナム問題
ベトナムに平和を　山本　茂男
私共の推薦状（二コリ3）　奥田　成孝
執成の立場（出32）　浅野　順一
聖霊とわたしたち（使15）　清水　二郎
ヴェトナム問題をめぐって　井上　良雄
ヴェトナム戦争の実体　松尾喜代司
シェイクスピアについて（九）
―彼の現代的意義―　大塚野百合
読飯沼二郎編『熱河宣教の記録』
浅野　順一

【九月号　通巻一七九号】
《特集》日本の精神風土との対決
福音の真の土着化のために　川田　殖
我らは神の宝（マラキ）　浅野　順一
日本における「地の塩」（マタ5）
石居英一郎
私の信仰の歩み　松木　信
日本的なもの　小塩　節
北海道訪問伝道の旅　奥田　成孝
シェイクスピアについて（十）
―彼の現代的意義―　大塚野百合
読C・S・ルイス『奇蹟』（柳生直行訳）
尾崎　風伍

【一〇月号　通巻一八〇号】
《特集》夏期信仰修養会
キリストの第二戒の意味　清水　二郎
口の人か　言葉の人か（出4）浅野　順一
わたしはあなたがたを友と呼んだ（ヨハ15）
西村　一之
主に在る友情（ガラ2）　松隈　敬三
ヨハネの第一の手紙（一ヨハ4）和田　正
修養会結題講演（A）　小笠原亮一
修養会結題講演（B）　飯沼　二郎
「されど御意《みこころ》の成らんことを」　川田　殖
シェイクスピアについて（十一）
―愛の無神性　―　大塚野百合

『共助』総目次　1966年3月号　通巻185号

【一一月号　通巻一八一号】

老の実存　佐古純一郎
わたしが飲もうとする杯（マタ20）　福井　二郎
人間らしさ　藤沢一二三
わたしの信仰の歩み　浅野　恭三
終末史観の意義　石居英一郎
シェイクスピアについて（十二）
—愛の強制—　大塚野百合
詩「作品」　島崎　光正
読ヴィサー・トーフト『教会の革新』
（菅円吉訳）　澤　正彦

【一二月号　通巻一八二号】

《特集》クリスマス
クリスマスの祝い方　松村　克己
その栄光を見た　福井　二郎
ヨハネのキリスト観（一ヨハ1）　松隈　敬三
素読涓滴　加藤　武
箱根日誌　島崎　光正
シェイクスピアについて（十三）
—友情1—　大塚野百合
詩「薔薇」　島崎　光正
読豊田幸利『核戦略批判』　佐治健治郎

〈一九六六年〉

【一月号　通巻一八三号】

韓国語　大嶋　功
神による自己発見（ルカ5）　山田　松苗
最初のしるし（ヨハ2）　福井　二郎
新年随筆　児玉　民子
新年随筆　益子　豊
新年随想　井川　満
予言者　ミカの精神（ミカ6）　石居英一郎
シェイクスピアについて（十四）
—同前2—　大塚野百合
詩「天城山荘にて」　島崎　光正
読笹森寿子歌集『むつのはな』より　松木　信

【二月号　通巻一八四号】

《特集》宣教
キリストの血による平和　奥田　成孝
キリストのみ手　松波　義郎
まことのイスラエル人（ヨハ1）　福井　二郎
松陰・鑑三・矢内原
—愛国心について—　飯沼　二郎
シェイクスピアについて（十五）
—みごとな新世界—　大塚野百合
森明の宣教論　石居英一郎
新年随筆　益子　豊

【三月号　通巻一八五号】

《特集》宗教教育
使命観に立つ教育　藤沢一二三
キリストの友愛（ヨハ1、ガラ4）　清水　二郎
新しく生れなければ（ヨハ3）　福井　二郎
キリスト教主義学校と教会の協力　松木　信
母の祈り　千葉　真
ヘレン・ケラー自叙伝①　児玉　民子
シェイクスピアについて（十六）
—同前2—　大塚野百合

読 竹中正夫『真人の共同体』　中沢　和子

【四月号　通巻一八六号】

《特集》イースター

イースターの嘉信　山谷　省吾

主を喜べ（ヨハ20）　福田　正俊

香油のかおり（ヨハ12、マコ14）　福井　二郎

死を越えた希望　金子　晴勇

シェイクスピアについて（十七）
―「ハムレット」と「ピエール」―　大塚野百合

小塩先生と洋服　島崎　光正

私の信仰の歩み　岡田　養

読 久米あつみ『ゴッホ』　中沢　宣夫

【五月号　通巻一八七号】

《特集》労働問題

ほど遠い福祉国家　佐古純一郎

試錬（フィリ1）　西村　一之

神の領域と人の領域（マコ10）　福井　二郎

離合　斎藤　末弘

友へ　尾崎　風伍

日本労働組合運動の前進と停滞　金井信一郎

ヘレン・ケラー自叙伝②　児玉　民子

【六月号　通巻一八八号】

《特集》韓国問安

主にあって一つ思いになってほしい
（フィリ4）　福井　二郎

キリストの再発見（ヨハ21）　松隈　敬三

イエスの証人　李　仁夏

肉親にまさる兄弟姉妹たち　和田　正

韓国問安記（一）　澤　正彦

ヘレン・ケラー自叙伝③　児玉　民子

シェイクスピアについて（十八）
―同前2―　大塚野百合

詩「静から動へ」　松波　義郎

読 北森嘉蔵『人間と宗教』　石居英一郎

【七月号　通巻一八九号】

《特集》礼拝問題

礼拝について　奥田　成孝

新約の礼拝精神（ヨハ4、ロマ10、ロマ12）　清水　二郎

礼拝、その光栄と責任　鈴木　正久

五月五日のこと　島崎　光正

韓国問安記（二）　澤　正彦

ヘレン・ケラー自叙伝④　児玉　民子

新しき友を迎う　島崎　光正

シェイクスピアについて（一九）
―「白鯨」をめぐって―　大塚野百合

【八月号　通巻一九〇号】

聖なる召命　鈴木　淳平

聖なる召命（一ペト1）　原田　季夫

互に足を洗え（ヨハ13）　福井　二郎

ある片隅の記録　小笠原亮一

編集会議の夜　島崎　光正

ヘレン・ケラー自叙伝⑤　児玉　民子

修養会雑感　室崎　陽子　井川　満

シェイクスピアについて（二〇）
―同前2―　大塚野百合

【九月号　通巻一九一号】

祈りについて　和田　正

絶えず祈れ　福井　二郎

復活と自由　三谷　健次
私の祈り　塩沼英之助　澤崎　良子
梅雨一日　島崎　光正
韓国問安記（三）　澤　正彦
ヘレン・ケラー自叙伝⑥　児玉　民子
シェイクスピアについて（二一）
—「ビリイバッド」と「あらし」—　大塚野百合

【一〇月号　通巻一九二号】
《特集》韓日の交わり・反省
和解の福音　李　仁夏
ただキリストの十字架によって（エフェ2）　和田　正
弱者の栄光（二コリ12）　金　允植
私の祈り　裵　興稷
佐久聖書学舎に学ぶ　下村　喜八
日韓両国教会の交り　朴　錫圭
清里三日　島崎　光正
シェイクスピアについて（二二・終）
—同前2—　大塚野百合
読基督教共助会刊
『文化対キリスト教の問題』　石居英一郎

【一一月号　通巻一九三号】
《特集》紀元節反対
建国記念日について思うこと　奥田　成孝
建国を記念するとはどういうことか　浅野　順一
この道はいつか来た道（講演要旨）　佐古純一郎
紀元節復活反対声明
キリスト者紀元節復活反対講演会出席者一同
紀元節問題に寄せて　亀田　隆之
ほんまにまこと先生　島崎　光正
福島見一さんのこと　浅野　恒
文学における人間像（一）
—『バートルビ』と『闇の奥』—　大塚野百合
読基督教共助会刊
『文化対キリスト教の問題』　浅野　順一
読オスカー・クルマン『霊魂の不滅か死者の復活か』（岸千年・間垣洋助訳）　藤本　陽一
読佐古純一郎『文学を考える』　佐藤　信夫

【一二月号　通巻一九四号】
喜びへの誠実（マタ2）　福田　正俊
クリスマス礼拝者　大嶋　功
価なしに神の恵みにより（ロマ3）　関屋　綾子
あるドイツのクリスマス　小塩　節
受肉の真理　宮本　潔
文学における人間像（二）
—同前2—　大塚野百合

〈一九六七年〉
【一月号　通巻一九五号】
幻なければその民亡ぶ（箴29）　松隈　敬三
永遠の計画の実現（エフェ1）　福井　二郎
キリストに在る者の実践の生活（フィリ2）　関屋　光彦
目白町教会の歩み　本間　利
韓国問安記（四）　澤　正彦
ヘレン・ケラー自叙伝⑦　児玉　民子
文学における人間像（三）
—『ロード・ジム』—　大塚野百合
読『北白川教会三十年史』　大島　国憲

【二月号　通巻一九六号】
《特集》教育と伝道
教育と伝道の使命（ロマ10）　清水　二郎
教育と伝道（コヘ12）　鈴木　淳平
青年は渇いている（コヘ12）　藪本　忠一
小さな学校から　片岡　秀一
ヘレン・ケラー自叙伝⑧　児玉　民子
ふるさとの人々（和田テル子、百瀬磊三）　島崎　光正
文学における人間像（四）
—『西欧人の眼に』—　大塚野百合
詩「故山」　島崎　光正
詩岩淵トシ編『岩淵止とともに』　島崎　光正

【三月号　通巻一九七号】
《特集》共助会と教会
教会と共助会について　奥田　成孝
小さい町の貧しい人（コヘ9）西村　一之
恵みの選びによって残された者（ロマ11）
尾崎　風伍
共助会と私　橘　芳實
ヘレン・ケラー自叙伝⑧　児玉　民子
短歌「子の祈り」　松波　義郎
文学における人間像（五）—『西欧人の眼に』
と『罪と罰』—　大塚野百合
読池明観『流れに抗して—韓国キリスト者
の証言』　本間浅治郎

【四月号　通巻一九八号】
《特集》基督教と文学
キリスト教と文学　浅野　順一
キリスト教文学の拠点　大岩　鉱
吹雪の中で　道　一郎
キリスト論的三一論（一）　北森　嘉蔵
サリバン嬢のみたヘレン・ケラー（一）
児玉　民子
文学における人間像（六）
—『スパイ』と『白痴』—　大塚野百合
第二次大戦下における日本基督教団に
ついての告白　鈴木　正久

【五月号　通巻一九九号】
《特集》実業界のキリスト教
実業家の光栄　山谷　省吾
義人はその信仰によって生きる（ハバ2）
松隈　敬三
実業界とキリスト教　佐治健治郎
実業界を志す若き同信の友に　横井　克己
激務のなかの礼拝生活　内田　文二
実業界に信仰を行ずる人（紹介）
尾崎　風伍　黒瀬　健二
夏期修養会主旨（エレ5）　川田　殖
スタンレー・ジョーンズ「イエスは主なり」
（大衆伝道説教）（使1）　安村　三郎
文学における人間像（七）—同前2—
大塚野百合

【六月号　通巻二〇〇号】
《特集》原田季夫先生への想い出
他者への人　清水　二郎
使命の故に死を忘れた人　奥田　成孝
原田季夫先生略歴　藤原　偉作
九年間を回顧して　藤原　偉作
誇りうる友　松村　克己
原田先生の想い出　塩沼英之助

『共助』総目次　1967年10月号　通巻204号

原田さんを想う　和田　正
キリスト論的三一論（二）　北森　嘉蔵
サリバン嬢のみたヘレン・ケラー（二）　児玉　民子
詩「頌」　島崎　光正

【七月号　通巻二〇一号】

《特集》岡田養翁の想い出
岡田養翁を偲ぶ　鈴木　淳平
聖書に養われた人生（エレ15）　奥田　成孝
岡田翁との午後　飯沼　二郎
私と共に（ルカ23）　福井　二郎
サリバン嬢のみたヘレン・ケラー（三）　児玉　民子
こたつ　島崎　光正
文学における人間像（八）―同前3―　大塚野百合

【八月号　通巻二〇二号】

修養会を迎えて　三谷　健次
イエスは生きておられる（ルカ24）　福井　二郎
キリスト論的三一論（三）　北森　嘉蔵
在日韓国人の問題について語り合う会
申　英子　和田　正　奥田　成孝
李　仁夏　朴　錫圭　趙　京子
清水　二郎
沢兄の手紙から　澤　正彦
再出発のときとして　大沢　胖
エレミヤ一五・一五～二一
（修養会を前にして）（エレ15）　小野寺幸也
サリバン嬢のみたヘレン・ケラー（四）　児玉　民子
文学における人間像（九）―『帰宅』と
『カクテル・パーティー』―　大塚野百合

【九月号　通巻二〇三号】

《特集》平和問題
共助会の戦争責任　佐々田良勝
十字架の血による平和　李　仁夏
平和問題の現実と将来のために　佐治健治郎
平和について（一テサ5）
尾崎　風伍　由井　千春　佐々田良勝
申　英子　内田　文二　島崎　光正
石居英一郎
わたし自身の平和（ヨハ14）　石居英一郎
7月10日付の手紙　澤　正彦
サリバン嬢のみたヘレン・ケラー（五）　児玉　民子

【一〇月号　通巻二〇四号】

《特集》礼拝問題
礼拝の姿勢　松村　克己
説教について　浅野　順一
主の日を生かせ　福井　二郎
キリスト論的三一論（四）　北森　嘉蔵
教会財務のあり方　由井　千春
説教はこれでよいのか
松木　信　松隈　敬三　藪本　忠一
小野寺幸也　石居英一郎
サリバン嬢のみたヘレン・ケラー（六）　児玉　民子
今夏の共助会修養会に出席して　福井　二郎
詩「夜のむねの上で」　大谷　朋生
読熱河会編『荒野をゆく』　井川　満

【一一月号　通巻二〇五号】

《特集》夏期信仰修養会

ただ神の真実とともに　和田　正
ヨハネにおける真理と愛　松村　克己
パウロと神の真実（二テモ2）　清水　二郎
愛の連鎖反応　飯沼　二郎
先行する神の真実（ルカ22）　松隈　敬三
祈祷会奨励（詩51）　山田　松苗
祈祷会奨励　キリストのかおり（二コリ2）　藪本　忠一
夏期修養会によせて　李　英環　洪　彰義
澤正彦兄からの手紙　澤　正彦
サリバン嬢のみたヘレン・ケラー（七）　児玉　民子
文学における人間像（十）―同前2―　大塚野百合
詩「前夜」　島崎　光正
読佐古純一郎『親鸞』　浅野　順一

【一二月号　通巻二〇六号】

《特集》樋田豊治牧師の思い出

魂を追う熱情　堀　信一
神の愛・キリストの忍耐・神の平和　樋田　豊治
A伝道の歓喜　樋田　豊治
Bグーテンベルグの四十二行聖書をキリストにささげて　樋田　豊治
樋田豊治の思い出　樋田　ケイ
サリバン嬢のみたヘレン・ケラー（八）　児玉　民子
在日朝鮮人の問題　小笠原亮一
共助の兄弟へ　澤　正彦
心のよろこびを求めて　大谷　朋生
文学における人間像（十一）―『オセロウ』と現代―　大塚野百合

〈一九六八年〉

【一月号　通巻二〇七号】

日本の伝道について　山谷　省吾
光はやみの中に輝く（エフェ5）　福井　二郎
日本国憲法に対する回心と転向　宮原　守男
預言者・柏木義円（一）　飯沼　二郎
主の目配せ（一）　林　律
樋田豊治の思い出（続）　樋田　ケイ
サリバン嬢のみたヘレン・ケラー（九）　児玉　民子
読『日本基督教団中渋谷教会五十年史』　松隈　敬三

【二月号　通巻二〇八号】

神の国の社会的受容　清水　二郎
天国の人権とこの世の人権（マタ20）　奥田　成孝
キリスト論的三一論（五）　北森　嘉蔵
主の目配せ（二）　林　律
サリバン嬢のみたヘレン・ケラー（十）　児玉　民子
文学における人間像（十二）―見えない人間―　大塚野百合
預言者・柏木義円（二）　飯沼　二郎
読澤崎堅造『新の墓にて』　本間浅治郎

【三月号　通巻二〇九号】

信仰の自由のために　佐古純一郎
割礼のある者の僕　清水　二郎
父の死に際して（手塚儀一郎）　手塚　典雄
預言者・柏木義円（三）　飯沼　二郎
フランスから帰って　久米あつみ
サリバン嬢のみたヘレン・ケラー（十一）　児玉　民子
文学における人間像（十三）―ソール・ベロウの『犠牲者』―　大塚野百合
読ヘンドリクス・ベルコフ『聖霊の教理』（松村克己・藤本治祥訳）　松木　信

【四月号　通巻二一〇号】
ヨシュア記に学ぶ（佐久学舎）（ヨシュ）　川田　殖
キリスト論的三一論（六）　北森　嘉蔵
預言者・柏木義円（四）　飯沼　二郎
たましいの足跡（一）　浅野　順一
サリバン嬢のみたヘレン・ケラー（十二）　児玉　民子
文学における人間像（十四）―同前2―　大塚野百合
詩「ゆり」　島崎　光正
詩浅野順一『時は縮まる』　島崎　光正

【五月号　通巻二一一号】
苦しみ、呻き、待ちのぞむ　奥田　成孝
人はパンだけで生きるものではない　内田　文二
ヨシュア記に学ぶ（ヨシュ）　岡野　昌雄
預言者・柏木義円（五）　飯沼　二郎
たましいの足跡（二）　浅野　順一
サリバン嬢のみたヘレン・ケラー（十三）　児玉　民子
二月十一日のこと　島崎　光正
文学における人間像（十五）―ジョン・アプダイクの『走れウサギ』―　大塚野百合

【六月号　通巻二一二号】
宗教教育の必要　藤沢一二三
横山辰男兄をしのぶ　奥田　成孝
ヨシュア記に学ぶ（ヨシュ）
小川　隆雄　井川　満
キリスト論的三一論（七）　北森　嘉蔵
サリバン嬢のみたヘレン・ケラー（十四）　児玉　民子
文学における人間像（十六・終）―アプダイクとサリンジャー―　大塚野百合
ファウストものがたり（一）　小塩　節
丸の内集会の交わり　水崎　明

【七月号　通巻二一三号】
後継者の養成　松村　克己
聖霊は静かに働く　福井　二郎
ヨシュア記に学ぶ（ヨシュ）　下村　喜八
預言者・柏木義円（六）　飯沼　二郎
たましいの足跡（三）　浅野　順一
韓国の友を迎えて　和田　正
ファウストものがたり（二）　小塩　節

【八月号　通巻二一四号】
福音と平和のために　山本　茂男
約束による相続人（ガラ3）　佐古純一郎
ヨシュア記に学ぶ（ヨシュ）　小野寺幸也
歴史主義神学と神の国　清水　二郎
たましいの足跡（四）　浅野　順一

サリバン嬢のみたヘレン・ケラー（十五）　児玉　民子
ファウストものがたり（三）　小塩　節
詩「この山道」　大谷　朋生
読河井道『わたしのランターン』　島崎　光正
読森有正『言葉　事物　経験』久米あつみ

【九月号　通巻二一五号】
根源的抵抗の場としての教会　佐々田良勝
和解の福音（二コリ5）　藪本　忠一
キリスト論的三一論（八）　北森　嘉蔵
いわゆる「学生問題」について川田　殖
たましいの足跡（五）　浅野　順一
サリバン嬢のみたヘレン・ケラー（十六）　児玉　民子
ファウストものがたり（四）　小塩　節
詩「白い十字架の標柱」　大谷　朋生

【一〇月号　通巻二一六号】
国権による宗教いぢり　奥田　成孝
約束の歴史への召し（ヘブ11）尾崎　風伍
ヨシュア記に学ぶ（ヨシュ）　田中　敦
宗教改革450年に因みて　辻　亮吉
たましいの足跡（六）　浅野　順一
歴史の主を仰ぎて　島崎　光正
ヘレン・ケラーの書簡　児玉　民子
ファウストものがたり（五）　小塩　節

【一一月号　通巻二一七号】
死と復活　山田　松苗
天に召された（大嶋）信子夫人　山本　孝
キリスト論的三一論（九）　北森　嘉蔵
申命記に於ける法と今日（申30）浅野　順一
朝の祈会奨励　大嶋　信子
林恭子姉を偲ぶ　尾崎　風伍
たましいの足跡（七）　浅野　順一
童話「小さなハルと木の精の話」　池谷　澄江
ヘレン・ケラーの演説と手紙　児玉　民子
詩「挽歌」　島崎　光正

【一二月号　通巻二一八号】
戦後の責任　松村　克己
虚無と復活（使17、ロマ8）　奥田　成孝
たましいの足跡（八）　浅野　順一
「じっとその中に住む」伝道　澤崎　堅造
シベリヤの凍土で天に召された
小倉正大氏の遺稿より　小倉　正大
中国戦線回想　由井　千春
平和を作り出す歴史理解　松木　信
ファウストものがたり（六）　小塩　節
詩「原爆記念日に」　大谷　朋生
読福田正俊『世界の光』　奥田　成孝

〈一九六九年〉

【一月号　通巻二一九号】
《特集》新年増大号
韓国の基督者との交わりのために　和田　正
聖なる山（イザ11）　西村　一之
申命記における法と今日（承前）（申30）　浅野　順一
日本人印象記（黄義生訳）　尹　鐘倬
日本人印象記　訳者及び筆者の紹介　和田　正

韓国を訪ねて　松隈　敬三
たましいの足跡（九）　浅野　順一
ユリウス・ケストリン　マルチン・ルター伝
（二）　児玉　民子
ファウストものがたり（七）　小塩　節

【二月号　通巻二二〇号】
《特集》科学と信仰
真の文化を生みだすもの　三谷　健次
かっこ悪い対話　西川　哲治
科学と神学との接点はあり得るか
藪本　忠一
たましいの足跡（十）　浅野　順一
森明著　宗教に関する〝科学と哲学〟より
森　明
ユリウス・ケストリン　マルチン・ルター伝
（二）　児玉　民子
ファウストものがたり（八）　小塩　節
読渡辺信夫『ライ園留学記』　島崎　光正

【三月号　通巻二二一号】
《特集》学生問題
大学の危機に思う　成瀬　治
大学・学問・政治運動　三谷　健次
学生問題を考える
藪本　忠一　神沢惣一郎　松木　信
大塚野百合　石居英一郎　島崎　光正
たましいの足跡（十一）　浅野　順一
私の文脈のなかで　浅野　恒
ファウストものがたり（九）　小塩　節
読西川哲夫『実存倫理の探求―その理論と実践』　石居英一郎

【四月号　通巻二二二号】
《特集》イエス・キリストとわたし
自由と連帯のかけ橋　石居英一郎
イエス・キリスト　山谷　省吾
印象と経験（三）　山本　茂男
たましいの足跡（十二）　浅野　順一
沖縄紀行　塩沼英之助
ユリウス・ケストリン　マルチン・ルター伝
（三）　児玉　民子
ファウストものがたり（十）　小塩　節

【五月号　通巻二二三号】
《特集》日本と伝道
和解の福音と伝道（ヘブ13）　清水　二郎
平和を得ている　奥田　成孝
日本と伝道
内田　文二　浅野　順一　尾崎　風伍
佐古純一郎　藪本　忠一　石居英一郎
奄美伝道問安を終えて　福井　二郎
ユリウス・ケストリン　マルチン・ルター伝
（四）　児玉　民子
たましいの足跡（十三）　浅野　順一
読大塚野百合『文学に現われた人間像』　大岩　鉱
読荻野恒一『苦悩と不安』　松村　克己

【六月号　通巻二二四号】
《特集》ニュー・エイジ・ムーブメント
ニューエイジ・ムーブメント　松村　克己
ペンテコステとニュー・エイジ（使2）　石居英一郎
森・山本両先生のニューエイジ・ムーブメントの幻について　佐治健治郎

たましいの足跡（十四）　浅野　順一
ベトナム戦災孤児を育てる
（尾崎風伍夫妻に聞く）　内田　文二
ユリウス・ケストリン　マルチン・ルター伝
（五）　児玉　民子
ファウストものがたり（十一）小塩　節
読　飯沼二郎『信仰・個性・人生』
浅野　順一

【七月号　通巻二二五号】
荒野の中から　岡野　昌雄
地の極みまで（使20）　中沢　宣夫
学生生活の中で
岡野　昌雄　安積　力也　小塩　素子
崔　勝久　沢本　勇　森　有順
内田　文二
停年のあと　大塚野百合
たましいの足跡（十五）　浅野　順一
ファウストものがたり（十二）小塩　節
詩「季節」　島崎　光正
読　小塩節『青年と文学』　島崎　光正
読　佐古純一郎『青春この大切なもの』
島崎　光正

【八月号　通巻二二六号】
《特集》これからの共助会　五十周年記念
大会を前にして
私の中なる「朝鮮」　飯沼　二郎
麦の中に育つ毒麦（マタ13）　李　仁夏
共助会の実存協同―自由の三・一性―
石居英一郎
これからの共助会　川田　殖
共助会とその使命　山谷　省吾
生ける群として　松木　信
率直に感じること　森　有順
いこいのみぎわ　澤　正彦
共助の葡萄園　室崎　陽子
共助のメリット追想　大岩　鉱
明日を担うために　尾崎　風伍
ユリウス・ケストリン　マルチン・ルター伝
（六）　児玉　民子
越路だより　飯村　修兵
たましいの足跡（十六）　浅野　順一
ファウストものがたり（十三）小塩　節

【九月号　通巻二二七号】
使命への友情　佐古純一郎
するどい感覚（フィリ1）　大塚野百合
靖国神社法案について　山谷　朗
韓日両国における社会主義に対する態度の
比較研究（修士論文）　澤　正彦
詩「林間」　島崎　光正

【一〇月号　通巻二二八号】
ローマにいる我ら聖徒　大嶋　功
エマオのキリスト（ルカ24）　大塚野百合
今泉源吉先生のこと　清水　二郎
七〇年安保の法律上の問題点　宮原　守男
万博キリスト教館建設問題　山谷　朗
ユリウス・ケストリン　マルチン・ルター伝
（七）　児玉　民子
共助に寄せる　崔　勝久
たましいの足跡（十七）　浅野　順一
読　小塩節『芸術・信仰・青春―ドイツ冬の
旅』　加藤　武

【一一月号　通巻二二九号】
共助会創立五十周年を迎えて　鈴木　淳平
友情の点検（詩55）　加藤　武
大浜亮一氏を囲む
佐治健治郎　島崎　光正
内田　文二　大濱　亮一　尾崎　風伍
たましいの足跡（十八）　浅野　順一
ファウストものがたり（十四）小塩　節

【一二月号　通巻二三〇号】
《特集》創立五十年記念礼拝に際して
平和への意志　佐治健治郎
共助会創立五十年記念礼拝に際して
奥田　成孝
共助会と教会　石居英一郎
杜詩雑感　小笠原亮一
教科書裁判について　斎藤　末弘
ユリウス・ケストリン　マルチン・ルター伝
（八）　児玉　民子
たましいの足跡（十九）　浅野　順一
来信　大谷　朋生
来信　飯村　修兵

詩「追憶の日の中の峠」　大谷　朋生
読浅野順一『人はひとりである』
内田　文二

〈一九七〇年〉
【一月号　通巻二三一号】
福音的基盤の上で　島崎　光正
書簡（堀合道造宛）　澤崎　堅造
封印（イザ8）　加藤　武
贖罪的自由人の誕生のために　川田　殖
目白町教会四十周年記念会について
澤　正彦
たましいの足跡（二十）　浅野　順一
ファウストものがたり（十五）小塩　節
島崎宛の賀状　山本　茂男
読W・Eホーダン『現代キリスト教神学入門』（布施涛雄訳）　久米あつみ

【二月号　通巻二三二号】
眠りより醒むべき時　浅野　順一
三人の博士たち　小塩　節
ニューエージの開幕　水崎　明

共助会五十年史（その一）（ルカ12）
清水　二郎
「仁保事件」について　久米あつみ
読酒井幸男『安曇野の道祖神』島崎　光正

【三月号　通巻二三三号】
手塚儀一郎博士を憶う　山谷　省吾
アブラハムの信仰（ロマ4）　森　有正
共助会五十年史（その二）（ルカ12）
清水　二郎
ユリウス・ケストリン　マルチン・ルター伝
（九）　児玉　民子
ファウストものがたり（十六）小塩　節
私の後れ馳せ入会　深井良三郎
詩「ひとつの狭間から」　加瀬　昭

【四月号　通巻二三四号】
主にある喜びの共働　尾崎　風伍
番紅の花の如くに（イザ35）　加藤　武
山本（茂男）先生訪問記　成瀬　治
森明の著作に学んで（一）　田中　敦
丸の内集会のこと　浅野　恭三

懐疑・信仰・服従（ヨハ20）　石居英一郎
たましいの足跡（二十一）　浅野　順一
訪問伝道の旅から　佐古純一郎
ファウストものがたり（最終回）　小塩　節
読島崎光正『心をむすぶ人生論』　奥田　成孝

【五・六月号　通巻二三六号】
「日本と世界のこれから」について　関屋　光彦
切株（イザ11）　加藤　武
森明の著作に学んで（二）　田中　敦
喜寿の祝い　白澤　済
俳句「初夏」　深井　碧水
信仰と文学
斎藤　末弘　大岩　鉱　大塚野百合
小塩　節　久米あつみ　佐古純一郎
島崎　光正
たましいの足跡（二十二）　浅野　順一
読大塚野百合『生きがいの人生論』　佐古純一郎

【七月号　通巻二三七号】
信仰告白を生かすもの　川田　殖
アンテオケ教会に学ぶ（使11、使13）　松隈　敬三
史的イエスの問題　山谷　省吾
修養会に寄せる　存在の根　下村　喜八
修養会に寄せる　新たなるもの　宮崎　貞子
職業における虚と実について　中北　暘三
癩園訪問記　大谷　朋生

【八月号　通巻二三八号】
《特集》山本茂男先生追悼
嗚呼勇士はついに倒れた　山田　松苗
山本茂男先生略歴　清水　二郎
式辞　山本茂男先生の御葬儀に際して　奥田　成孝
弔辞　主の真実　大嶋　功
弔辞　先生を送る　鈴木　淳平
弔辞　先生のみ霊に　川田　殖
終りのころ　山本　孝
山本委員長のある手紙　山谷　省吾
追悼　和田　正
山本茂男先生の印象　橘　芳實
山本先生と共助会　伊藤　允喜
山本先生の純粋さ　大塚野百合
教会・山本先生・そして共助会　関屋　綾子
感謝をこめて　佐古純一郎
キリストの外自由独立　大濱　亮一
山本先生の祈り　石居英一郎
山本先生の横顔　松隈　敬三
山本先生が私に示されたもの　岡田　長保
山本先生を想う　田中　敦
先生に倣いて　白澤　済
「何時召されてもよいだけの心の準備は出来ています」　横井　克己
召天五日前のお便り　由井　千春
山本茂男先生について　関屋　光彦
打越の日　島崎　光正
外なる人は滅びても　尾崎　風伍

【九月号　通巻二三九号】
ニヒリズムの克服　斎藤　末弘
学びの道と生きる姿勢（マタ10）

『共助』総目次　1971年2・3月号　通巻244号

松村　克己
虚無に抗して　井上　良雄
あなたはわたしをだれと言うか（マコ8）
石居英一郎
随想　齋藤　成一
中北暘三氏へ　島崎　光正
媒煙の中で　島崎　光正
たましいの足跡（二十三）　浅野　順一
【一〇月号　通巻二四〇号】
《特集》夏期信仰修養会
靖国法案反対の祈り（コロ1）石居英一郎
二つの道（マコ14）　松隈　敬三
森明の信仰における人格主義・民族（一）
奥田　成孝
森明における信仰の中核―キリスト
松村　克己
修養会に参加して　薄井喜美子
「共助会」への出会い　安積　力也
友へのたより　本間　信一
たましいの足跡（終回）　浅野　順一
詩「焚火」　島崎　光正

【一一月号　通巻二四一号】
共助会と実業者　水崎　明
歴史の中にあって（フィリ3）田中　敦
森明の信仰における人格主義・民族（二）
奥田　成孝
福音の証しと利潤について　中北　暘三
森明の自然観　斎藤　末弘
読佐古純一郎『芭蕉』　島崎　光正
読J・ベイリー『眠りの神学』
（大塚野百合訳）　李　仁夏
【一二月号　通巻二四二号】
聞くということ　岡野　昌雄
まさしくわたしである（ルカ24）
三谷　健次
東アジア兄弟との交わり　澤　正彦
越路の旅　島崎　光正
足利・高崎・前橋　和田　正
和田正宛　金　允植
現代とキリスト教
森　有正　成瀬　治　川田　殖

内田　文二　岡野　昌雄
〈一九七一年〉
【一月号　通巻二四三号】
われわれの内なる「靖国問題」佐々田良勝
書簡　奥田成孝様　皆々様　澤崎　堅造
贖罪的自由人の奉仕（マコ2）石居英一郎
出入国管理体制の問題点　李　仁夏
三十年目の思い　島崎　光正
椎名麟三論　第一回
―「深夜の酒宴」について―　斎藤　末弘
靖国神社法案に反対する署名について
佐古純一郎
読島崎光正詩集『故園・冬の旅抄』を読む
藤沢　一二三
【二・三月号　通巻二四四号】
《特集》澤崎堅造二十五年記念
砂漠はよろこびて番紅の花の如く
奥田　成孝
彼は生きて今尚語る　福井　二郎
我渇く（ヨハ19、ヨハ1、ロマ6）

澤崎堅造の学問について　川田　殖
後を継いでくれる人がきっとあるだろう　飯沼　二郎
和田　正
澤崎堅造兄と共助会　鈴木　淳平
その人と共に　小笠原亮一
その跡を慕いゆき　山田　晴枝
澤崎先生の想い出　福富　春雄
思いいずるまま　澤崎　良子
椎名麟三論　第二回
—『赤い孤独者』について—　斎藤　末弘
読浅野順一『たましいの足跡』　大塚野百合
【四月号　通巻二四五号】
上着をも与えよ　石田　セツ
書簡　堀合道造様　澤崎　堅造
たとい死の陰の谷を歩むとも（詩23）　藪本　忠一
イエス・キリストへの忠誠　佐古純一郎
山本茂男先生のこと　尾崎　風伍
ルターとその時代（宗教改革の歴史一）
成瀬　治

椎名麟三論　第三回
—「邂逅」について—　斎藤　末弘
詩「鉄道公園」　島崎　光正
【五月号　通巻二四六号】
共に助け進まんこと　清水　二郎
巴林伝道記　澤崎　堅造
主よ、われらと共にいまし給え（フィリ1）　関屋　光彦
長島聖書学舎と原田季夫　松村　克己
福音主義の精神（宗教改革の歴史二）　成瀬　治
丸の内集会報告　浅野　恭三
椎名麟三論　第四回
—「懲役人の告発」について〈上〉—斎藤　末弘
読久木幸男『日本の宗教・過去と現在』　松村　克己
【六・七月号　通巻二四七号】
方向なき教育社会に在りて　藤沢一二三
祈りの山　澤崎　堅造
共助会総会に際して　奥田　成孝

小学校教育の問題点　大沢　胖
中学校教育の問題点　片岡　秀一
ロマ書概要（時代史の中で）　清水　二郎
修養会への期待と祈り　伊藤　允喜
慥かなる心　浅野　恒
清里をかえりみて　大沢　民子
夏期信仰修養会に向って　鈴木陽太郎
松本の地へ　加藤　葉子
ルターとエラスムス・再洗礼派
（宗教改革の歴史三）　成瀬　治
椎名麟三論　第五回—同前〈下〉—　斎藤　末弘
詩「こその五月」　島崎　光正
【八月号　通巻二四八号】
村の外へ　松木　信
曠野へ　澤崎　堅造
宣教の愚かさ　澤　正彦
夕映の美しさを思う　奥田　成孝
再び長島にて　小笠原亮一
手紙二通（原田季夫より）　奥田　成孝
カルヴィンの信仰（宗教改革の歴史四）

椎名麟三論　最終回　成瀬　治
—「自由の彼方で」—　斎藤　末弘
[詩]「蝕ばまれた魂」　大谷　朋生

【九月号　通巻二四九号】

教・育　久米あつみ
祈りの山　澤崎　堅造
キリストの弟子の選択とその教育　児玉　民子
知恵の知恵　澤　纓
プロテスタンティズムと近代社会
（宗教改革の歴史五）　成瀬　治
愛は絶ゆることなし（大嶋功）　島崎　光正
仁保事件についてのお願い　佐古純一郎
丸の内集会報告　浅野　恭三
[読]カメン『寛容思想の系譜』（成瀬治訳）　千野満佐子

【一〇・一一月号　通巻二五〇号】

《特集》夏期信仰修養会
ロマ書に聴く（ロマ３）　中沢　宣夫
ローマ書に聴く（ロマ１）　西村　一之
愛とずくの教育　宮嶋　芳人
一主婦の立場から—ベトナムから来た子等
と共に　尾崎マリ子
三城ロッジの三日間　鈴木　脩
国家権力とキリスト教　飯沼　二郎
[詩]「故郷」　島崎　光正
[詩]「目覚めて」　菊地　泰
[読]平田清明・菊地昌典『現代の変革と人間』　山谷　朗

【一二月号　通巻二五一号】

現実感覚について—クリスマスにおもう—　大塚野百合
（使２）
土の器に　（二コリ４）　森　有正
吉谷啓作氏をしのぶ　今村　正夫
吉谷さんの思い出　三谷　幸子
ある春の夜の集い（遺稿）　吉谷　啓作
「黄色染みし灯」（定時制高校教師として
一九六〇年頃）　吉谷　啓作
丸の内集会報告　浅野　恭三
[詩]「聖夜」　島崎　光正
[読]三宅廉・黒丸正四郎『新生児』　松村　克己

〈一九七二年〉

【一月号　通巻二五二号】

基本的人権の問題　斎藤　末弘
曠野へ　澤崎　堅造
深き淵より（詩130）　澤　正彦
聖国への出立　齋藤　成一
羽田智夫氏の思い出　山田　松苗
究極の望　羽田　智夫
流動社会における企業の心情　水崎　明
ひとつの立場　澤　纓
玉木愛子の世界　島崎　光正
[読]ポール・トゥルニエ『生の冒険』
（久米あつみ訳）　島崎　光正

【二・三月号　通巻二五三号】

《特集》京阪神修養会（高倉徳太郎と森明）
エパタ　大嶋　功
高倉徳太郎と森明　川田　殖
高倉先生の信仰と思想　福田　正俊

森明　奥田 成孝
阪神共助会について　浅野 恒
私たちは高倉、森両先生をいかに
受けつぐか　飯沼 二郎
一読者より　藤田 タカ
消息　石居英一郎　飯村 修兵
詩「つるばら」　加瀬 昭

【五月号　通巻二五四号】

平和国家と基本的人権　山谷 朗
曠野へ　澤崎 堅造
むだになることのない労苦　尾崎 風伍
基本的人権をめぐって　西村 一之
梅沢寛二兄を偲ぶ　一川 一秀
ジョゼフ・ド・ヴェスター・ダミエンの生涯
（一）　関屋 綾子
二月丸の内集会報告　浅野 恭三
詩「終らないもの」　大谷 朋生
詩「ベタニヤの村」　島崎 光正

【六月号　通巻二五五号】

ぼくにとっての基本的人権　小塩 節
巴林伝道記　澤崎 堅造
滅びのなわめを解き放つ（ロマ8）　櫻井 淳司
解放の福音　李 仁夏
「ことば」をめぐって（マタ3）　岡本 敏雄
ジョゼフ・ド・ヴェスター・ダミエンの生涯
（二）　関屋 綾子
詩「去冬来春」　深井 碧水

【七月号　通巻二五六号】

変らざる真理を　成瀬 治
『新約聖書に於ける耶蘇と其の弟子』より　森 明
土の器におさめられた証書　奥田 成孝
碌山のこと　久米あつみ
夏期信仰修養会に想う　由井 千春
初めて修養会に参加して　松橋 幸江
ふるさとへの想い　島崎 光正
ジョゼフ・ド・ヴェスター・ダミエンの生涯
（三）　関屋 綾子
詩「病床絶詠」　杉山 筬江
読ヘルムード・ティーリケ『アメリカ人と
の対話』（佐伯晴郎訳）　大塚野百合

【八月号　通巻二五七号】

罪なきもの石をもて打て　大濱 亮一
『基督復活とその信仰』　山本 茂男
義人はその信仰によって生きる
（ハバ2、ロマ1）　松隈 敬三
川端康成の死生観　佐古純一郎
死生観　浅野 恒
ジョゼフ・ド・ヴェスター・ダミエンの生涯
（四）　関屋 綾子
詩「源流―日原抄―」　島崎 光正
読中川恒子『ベテスダの池のほとりで』　斎藤 末弘

【九月号　通巻二五八号】

《特集》宗教と科学
宗教と科学　田中平次郎
「秋」　本間 誠
被造物のうめき（ロマ8）　藪本 忠一
まえがき　藪本 忠一
宗教・科学・政治　佐治健治郎

現代科学に想う　津田　充宥
ジョゼフ・ド・ヴェスター・ダミエンの生涯（五）　関屋　綾子
詩「美ヶ原にて」　大谷　朋生
読鈴木伝助『真理の旗手』（鈴木寿一の生涯）　松村　克己

【一〇月号　通巻二五九号】
《特集》夏期信仰修養会
ただ平和なるは戦いに勝ち給える主イエスのみ陰によるときのみである（ロマ5）　奥田　成孝
現代における信仰の意義（ロマ8、ロマ11）　森　有正
死のからだ（ロマ7）　佐古純一郎
栂の木　小塩　れい
福音的人格の誕生と私（ロマ8）　川田　殖
ふたたび三城ロッジに会して　大沢　正
美ヶ原自句自解　深井　碧水
詩「三城にて」　島崎　光正

【一一月号　通巻二六〇号】
伝道とは何か　石居英一郎
「東都の一隅より」　山本　茂男
希望　成瀬　治
贖罪的自由人―ロマ書研究―（ロマ7、ロマ13、ロマ15）　清水　二郎
矢内原忠雄先生　島崎　光正

【一二月号　通巻二六一号】
《特集》クリスマス
人間の復興　大谷　朋生
天と地を結ぶ人の子（ヨハ3）　中沢　宣夫
知るということ　岡野　昌雄
海老名のひこばえ（尾崎風伍）　島崎　光正
神の知恵と知識との富（ロマ11）　森　有正
丸の内集会報告　浅野　恭三
詩「降誕節」　寺島　保夫
詩「呼び声」　堀　信一
読佐竹明『人間の生き方としてのイエスの思想の意味』　櫻井　淳司

〈一九七三年〉
【一月号　通巻二六二号】
障害児教育の側面から　大嶋　功
主の祈り　和田　正
ピレモン書を読む（フィレ）　山谷　省吾
ある部落民の生涯から　小笠原亮一
森有正覚書　斎藤　末弘
詩「新春」　深井　碧水
読小塩節『ファウスト』　岡野　昌雄

【二・三月号　通巻二六三号】
《特集》京阪神修養会
（原田季夫先生召天五年記念）
日本を支えるもの　飯沼　二郎
よみがえるもの　奥田　成孝
使命への道　大日向　繁
キリスト者の奉仕　大日向　繁
原田季夫遺稿　原田　季夫
原田季夫著「文化と福音」について　松村　克己
原田先生を語る
飯沼　二郎　神子沢新八郎　播磨　醇

大日向　繁　松村　克己　鈴木洋太郎
奥田　成孝　和田　正　島崎　光正
原田先生追悼句抄　播磨　醇
天の故郷を求める旅人　小笠原亮一
読ティーリケ『人生に意味を』
（大塚野百合訳）　尾崎　風伍

【四月号　通巻二六四号】
「人」　奥田　成孝
祈り―恩恵と特権―（詩8、ロマ8）　佐藤　光子
裁判と人権　佐古純一郎
カナンへ　島崎　光正
句「雪解」　深井　碧水
共助会に賭けて（第一回）　鈴木　淳平
詩「ばらの内部」　加瀬　昭
読大塚野百合・加藤常昭編
『愛と自由のことば』　内田　文二

【五月号　通巻二六五号】
ゆるし　西川　哲治
悔改めと聖書　辻　亮吉
キリスト者と人権　成瀬　治
女子教育の問題点（フィリ2）　清水　二郎
共助会に賭けて（第二回）　鈴木　淳平
決意表明　澤　正彦
澤正彦氏後援会趣意書　福田　正俊
読キリスト教学校教育同盟編
『心をうたれた話』　尾崎マリ子

【六月号　通巻二六六号】
基本的人権とその担い手　西村　一之
燃えよ、教会（使2）　石居英一郎
開拓伝道を始めるに当って　藪本　忠一
海老名からの報告　尾崎　風伍
椎名麟三の文学とキリスト教
佐古純一郎　斎藤　末弘　島崎　光正
共助会に賭けて（第三回）　鈴木　淳平

【七月号　通巻二六七号】
一緒にお泊り下さい　清水　二郎
あなたの罪はゆるされた（マタ9、ルカ7）
齋藤　成一
韓国便り　澤　正彦
主題と変奏（一）―時間1―　加藤　武
「イエスがお求めになった我が人格の再考」
に向けて（修養会に寄せて）安積　力也
勝利の主に出会いたい（修養会に寄せて）
鈴木　律子
修養会は年輪のように（修養会に寄せて）
水崎　明
共助会に賭けて（第四回）　鈴木　淳平
詩「G線上のアリア」　島崎　光正

【八月号　通巻二六八号】
《特集》死生観
言葉・言葉・言葉　小塩　節
聖霊降臨　和田　正
木にのぼったザアカイ　島崎　光正
主題と変奏（二）―時間2―　加藤　武
共助会に賭けて（第五回）　鈴木　淳平
読飯沼二郎『見えない人々』
読佐古純一郎『何を信じて生きるのか』
田中　信子

【九月号　通巻二六九号】

よみにくだり……　浅野　恒
ニューライフ・スタイル（出10）
櫻井　淳司
主に在りて忘れえぬ思い出の友ふたり
（小塩力・公江哲二）　奥田　成孝
公害問題雑感　梅沢　浩二
主題と変奏（三）—時間3—　加藤　武
共助会に賭けて（第六回）　鈴木　淳平
詩「闇の果て」　加藤　昭
読 斎藤末弘『太宰治と椎名麟三』
島崎　光正

【一〇月号　通巻二七〇号】
《特集》夏期信仰修養会（I）
主よわたしたちは誰のところに行きましょう
（ヨハ6）　奥田　成孝
ドイツ宗教改革における信仰告白
成瀬　治
お前の神はどこにいるのか（詩42）
下村　喜八
共助の重みの中で（修養会感想）
三沢八重子
共助会に賭けて（第七回）　鈴木　淳平
詩「仰牧場の日」　島崎　光正

【一一月号　通巻二七一号】
《特集》夏期信仰修養会（II）
改革されつづける教会　山谷　朗
聖霊によらなければ（一コリ12）
佐古純一郎
主よわが信仰を告白せしめ給え（前篇）
福田　正俊
主題と変奏（四）—時間4—　加藤　武
共助会に賭けて（第八回）　鈴木　淳平
読 身体障害者キリスト教伝道協力会編
『証集蘖』（ひこばえ）　斎藤　末弘

【一二月号　通巻二七二号】
見えないクリスマス　清水　二郎
光は今日も暗の中に輝いている（ヨハ1）
藪本　忠一
西田（真輔）君と共助会　齋藤　成一
山田晶先生「アウグスティヌスと女性」
へのレポート　小笠原亮一
丸の内集会　浅野　恭三
主題と変奏（五）—時間5—　加藤　武
共助会に賭けて（第九回）　鈴木　淳平
詩「波」　大谷　朋生

〈一九七四年〉
【一月号　通巻二七三号】
汝盗むなかれ　奥田　成孝
心に碑を立てる　西川　哲治
主よわが信仰を告白せしめ給え（後篇）
福田　正俊
通信　澤　正彦
主題と変奏（六）—時間6—　加藤　武
共助会に賭けて（第十回）　鈴木　淳平
通信　益子　道子
詩「椿」　島崎　光正
読 森有正・加藤常昭・古屋安雄
『現代のアレオパゴス』　久米あつみ
読 小川圭治『日本人とキリスト教』
田中　敦

【二・三月号　通巻二七四号】

《特集》京阪神修養会
池明観先生からのお手紙　飯沼　二郎
基督に直面して　小塩　力
東方から来た博士たち（マタ2）　松村　克己
隣邦キリスト者との主にある交わりを求めて（ガラ3）　和田　正
或る回想　島崎　光正
韓国の教会と私の信仰・実践　池　明観
読R・ベイントン『宗教改革の女性たち』（大塚野百合訳）　小塩　節

【四月号　通巻二七五号】
義しい人がいなくては大地はたちゆかぬ　小笠原亮一
迫り給ふ復活の主　小塩　力
句「受難週」　深井　碧水
主の僕の歌の意味するもの（イザ42、マタ12）　松隈　敬三
クリスチャニゼイションとヒューマニゼイション（池先生へのコメント）　飯沼　二郎
祈り　西田　真輔
共助会に賭けて（第十一回）　鈴木　淳平

【五月号　通巻二七六号】
人格の尊厳　尾崎　風伍
神はつよし　小塩　力
ヤコブの至聖所（創32）　大日向　繁
女性　このつながれたもの　久米あつみ
靖国神社法案の問題点
復活祭前　斎藤　末弘
信愛荘を訪ねて　島崎　光正
共助会に賭けて（終回）　鈴木　淳平
詩「闇のなかの薔薇」　加瀬　昭

【六月号　通巻二七七号】
存在は教育なり　藤沢一二三
聖前の交　小塩　力
成長させて下さる神（一コリ3）　中沢　宣夫
白沢済翁履歴　百瀬　一清
我にとりて生くるはキリストなり、死ぬるもまた益なり　和田　正
癩者と共に（一）　塩沼英之助
生徒が必要とするならば　桑原清四郎
読大岩鉱『ある出会い』　久米あつみ

【七月号　通巻二七八号】
一九四七『アバ父よ』より　小塩　力
人間らしさを支えるもの（二コリ10）　西村　一之
和解の砦（李仁夏）　島崎　光正
修養会と私　石川　忠義
八月の暦の中で　酒井　幸男
癩者と共に（二）　塩沼英之助

【八月号　通巻二七九号】
石の思想　斎藤　末弘
いかにか生くる　小塩　力
神の信仰（一テモ6）　山谷　省吾
人権の視点からの老人問題　佐古純一郎
聖隷の園で（長谷川保）　島崎　光正
癩者と共に（終回）　塩沼英之助
読閔庚培『韓国キリスト教史』（澤正彦訳）　和田　正

【九月号　通巻二八〇号】
キリストのめぐみ　大塚野百合
聖寵光被　小塩　力
恐れるな小さき群よ（ルカ12）　川田　殖
泰山木の木の下で（劇団民芸公演）　島崎　光正
ぽんこつと栄光（使3）　島崎　光正
読飯沼二郎篇『澤崎堅造の信仰と生涯』　本間浅治郎

【一〇月号　通巻二八一号】
《特集》夏期信仰修養会
さめるべき時（ロマ13）　西村　一之
この世にあって、この世をこえ　川田　殖
聖隷の三日（修養会報告）　戸口日出夫
詩「聖隷にて」　島崎　光正

【一一月号　通巻二八二号】
破局のさなかでの希望　成瀬　治
福音的集合原理　小塩　力
時を知る者（ロマ13）　大日向　繁
「告白」を学ぶために　岡野　昌雄
魂の深みを問い求める人（『告白』第十巻）

読菊田義孝『神の罠』　中沢　宣夫
　石川　忠義

【一二月号　通巻二八三号】
《特集》クリスマス
聖しこの夜　小塩　節
主よ来り給え　小塩　力
クリスマスに向っての祈り　西田　真輔
降誕において何が始まったか　北森　嘉蔵
田中正造の軌跡　大谷　朋生
石が叫ぶであろう（ルカ19、ヨハ1）　清水　二郎
神は愛なり（一）　石居英一郎
読浅野順一『ヨブ記注解』　奥田　成孝

〈一九七五年〉

【一月号　通巻二八四号】
神の前にたつ人　奥田　成孝
幸福　小塩　力
贖罪　森　明
リアルなキリスト（イザ42）　大塚野百合
教育を受ける権利と教科書問題

裾野記（大日向繁）　山谷　新子
神は愛なり（二）　島崎　光正
　石居英一郎
読福田正俊『福音の信仰』　成瀬　治

【二月号　通巻二八五号】
ルターに学ぶ　京都共助会委員会
アバ父よ　小塩　力
おのが日を数える（詩90）　松隈　敬三
ルターの福音再発見の年代決定の問題（一）　北森　嘉蔵
聖書と私　小塩　節
神は愛なり（三）　石居英一郎
読MOL証詞集2『終末を告げる群れ』　内田　文二

【三・四月号　通巻二八六号】
《特集》京阪神修養会（ルターに学ぶ）
二本の糸　井川　満
足利東教会祈祷会御出席の皆様　西田　真輔
詩篇三八篇　和田　正

ルターの福音再発見の年代決定の問題（二）　北森　嘉蔵
ルターにおけるＳＯＬＡ（「信仰のみ」）の
　意味と教会の問題　福田　正俊
修養会報告　小笠原亮一
ブルンナー先生の思い出　奥田　成孝
軽費老人ホーム亀岡友愛園に関係して
　鈴木　淳平
神は愛なり（四）　石居英一郎
[読]飯沼二郎『イエスの言葉による行動のため
　の手引き』　大沢　正
[読]中沢洽樹・川田殖
　『日本におけるブルンナー』　関屋　光彦

【五月号　通巻二八七号】
恩寵は人生究極の実在なり　藤沢一二三
聖なる召命　小塩　力
「主の祈り」（一）―その構造―
　福田　正俊
キリストに生かされて五十年　松村　克己
神のさびしさの中で（小笠原亮一）
　島崎　光正

神は愛なり（五）　石居英一郎
[読]山谷省吾『エペソ・ピリピ・コロサイ・
　ピレモン』　和田　正

【六月号　通巻二八八号】
葡萄樹　小塩　力
「主の祈り」（二）―「我らの父」―
　福田　正俊
恵み多き修養会　本間浅治郎
祈りの友垣　池上　すえ
現代の孤独（一）―『罪と罰』について―
　斎藤　末弘
[読]金子晴勇『ルターの人間学』　成瀬　治
[読]カルヴァン『ヘブル書・ヤコブ書』
　（久米あつみ訳）　加藤　武

【七月号　通巻二八九号】
歴史状況に関わる福音　李　仁夏
足利東教会祈祷会御出席の皆様
　西田　真輔
恩寵の自由（ガラ５）　藪本　忠一
清水二郎著『森明』　松村　克己

「荒野のイエス」と「共自存」　成瀬　治
神は愛なり（六）　石居英一郎
[詩]「雪形」　島崎　光正
[読]『椎名麟三初期作品集』　佐古純一郎

【八月号　通巻二九〇号】
現代における人間の分裂　内田　文二
足利東教会祈祷会御出席の皆様
　西田　真輔
「主の祈り」（三）　福田　正俊
教育雑感　共に生きる教育　藤沢一二三
共助会丸の内集会　浅野　恭三
現代の孤独（二）―同前―　斎藤　末弘
神は愛なり（七）　石居英一郎
[読]大塚野百合・保田井進『私たちの信仰』
　石川　忠義

【九月号　通巻二九一号】
イエスの死と復活（上）　飯沼　二郎
足利東教会祈祷会御出席の皆様
　西田　真輔
「主の祈り」（四）　福田　正俊

友への手紙　下村　喜八
榛名紀行（宮崎貞子）　島崎　光正
読池明観『韓国現代史と教会史』　李　仁夏

【一〇月号　通巻二九二号】
《特集》夏期信仰修養会（1）
霊魂の記録（箴19、ルカ7）　奥田　成孝
キリスト者の闘い　中沢　宣夫
主に従いゆく道　成瀬　治
詩「紀の森」　島崎　光正

【一一月号　通巻二九三号】
《特集》夏期信仰修養会（2）
母に寄せて　岡野　昌雄
「主の祈り」（五）　福田　正俊
アウグスティヌスの歴史的位置づけ　松村　克己
神は愛なり（八）　石居英一郎
詩「夜の道」　大谷　朋生
読『近代日本キリスト教文学全集（九）』　大塚野百合

【一二月号　通巻二九四号】
《特集》森明召天五十年記念
ひとりの人イエス・キリスト　清水　二郎
巌頭の感　森　明
ただこの一事を努めている　佐古純一郎
森先生の思い出　上遠　章
森明先生　山本　孝
一粒の麦地に落ちて　鈴木　淳平
思い出の中から　宮崎　貞子
追憶の中の森先生　本間　利
森先生の思い出　竹内てるよ
主にある友情　齋藤　成一
「思い出」　関屋　綾子
森明を語る
浅野　順一　奥田　成孝　川田　殖
清水　二郎　田中　敦　山田　松苗
斎藤　末弘
森明における信仰と文化　川田　殖
『霊魂の曲』小論　久米　博
「森明の神学」雑感　石居英一郎
森明研究年譜　その一

岡野　昌雄　久米あつみ
読森有正『古いものと新しいもの』　松村　克己

〈一九七六年〉
【一月号　通巻二九五号】
無から有を呼び出される神　奥田　成孝
「主の祈り」（六）　福田　正俊
名月や　座に美しき　顔もなし　小笠原亮一
神は愛なり（九）　石居英一郎
詩「冬枯幻想」　加瀬　昭
読ゲース「祈りの声」　小塩　節
読四竈揚・関田寛雄編『キリストの証人たち』　久米あつみ
一・二巻

【二月号　通巻二九六号】
別な道　浅野　順一
足利東教会祈祷会御出席の皆様　西田　真輔
イエスの父ヨセフ（マタ1）　松隈　敬三
「主の祈り」（七）　福田　正俊
「落ちこぼし」教育を考える　久米あつみ

神は愛なり（十）　石居英一郎
読佐古純一郎『人生を支えることば』　尾崎　風伍

【三月号　通巻二九七号】
感謝・祈祷・讃美　鈴木　脩
足利東教会祈祷会御出席の皆様　西田　真輔
主よ秋《とき》が来ました（ルカ12）　加藤　武
森明先生逝去五十年　奥田　成孝
飯沼二郎氏の市民運動　島崎　光正
神は愛なり（十一）　石居英一郎
読浅野順一『希望はどこにあるか』　奥田　成孝

【四月号　通巻二九八号】
イエスの死と復活（下）　飯沼　二郎
勝利者イエス（ヨハ20）　中沢　宣夫
『森明』第六章補遺　清水　二郎
現代のユーモア　斎藤　末弘
渓流（一）　山谷　省吾
詩「欅」　島崎　光正

読バジレア・シュリンク『キリストの花嫁』（大塚野百合訳）　島崎　光正

【五月号　通巻二九九号】
みこころを地にも　水崎　明
足利東教会祈祷会御出席の皆様　西田　真輔
わたしにあるものを（使3）　大日向　繁
暗い時の跫音　大谷　朋生
渓流（二）　山谷　省吾
詩「グレゴリアン聖歌（前）」　室崎　陽子
読小塩節随想集『春近く』　大塚野百合

【六月号　通巻三〇〇号】
告発主義と人格主義　清水　二郎
ゲッセマネとゴルゴタ（マコ14）　和田　正
佐久への招き　志垣　暹
聴く者でいたい　千野満佐子
渓流（三）　山谷　省吾
足利東教会祈祷会御出席の皆様　西田　真輔
詩「グレゴリアン聖歌（後）」　室崎　陽子

読大岡昇平『少年』　橋本　洽二
読小塩節『春近く』　飯沼　二郎

【七月号　通巻三〇一号】
夜はふけ、日が近づいている　尾崎　風伍
足利東教会祈祷会御出席の皆様　西田　真輔
心、内に燃えたではないか（ルカ24）　福田　正俊
一つ手紙　益田　健次
心の対話（放送）　大嶋　功
渓流（四）　山谷　省吾
決意表明　澤　正彦
読島崎光正詩集『分水嶺』　小塩　節

【八月号　通巻三〇二号】
祈りに支えられる　小笠原亮一
足利東教会祈祷会御出席の皆様　西田　真輔
心、内に燃えたではないか（完）（ルカ24）　福田　正俊
遊びをせんとや生れけん　橋浦　兵一

十字架上のイエスと二人の犯罪人　豊田　寛
渓流（五）　山谷　省吾
読埴谷雄高『死霊』　斎藤　末弘

【九月号　通巻三〇三号】
愛するということ　大濱　亮一
足利東教会祈祷会御出席の皆様　西田　真輔
残る者（イザ6）　西村　一之
石原謙先生の追憶　福田　正俊
共助会顧問　石原謙先生　清水　二郎
渓流（六）　山谷　省吾
詩「赤とんぼ」　深井良三郎
読松村克己『根源的論理の探求』　三谷　健次

【一〇・一一月号　通巻三〇四号】
《特集》夏期信仰修養会
キリスト・イエスにあって持っているわたしたちの自由（ガラ2）　奥田　成孝
許されて立つ　安積　力也
互に重荷を負い合う　佐古純一郎
あなたがたの召されたのは　島崎　光正
共助会に導かれた頃のこと　和田　正
キリスト我が内に在りて生き給う（ガラ2）　中沢　宣夫
今の教育を考える
丹羽　彬　宮嶋　芳人　和田　正
岡野　昌雄　久米あつみ　島崎　光正
主にある対話（佐久高原）　水崎　明
詩「夏信」　島崎　光正
読森有正『土の器に』　川田　殖

【一二月号　通巻三〇五号】
《特集》石原謙先生追悼
宣教の急を告げるクリスマス　石居英一郎
「主の祈り」（八）　福田　正俊
石原謙先生を偲びて　奥田　成孝
この道を　浅野　順一
石原謙先生と私の病気　松村　克己
伯父の思い出　松川　ゆか
死のさ中に　加藤　武
石原謙先生とルターの詩篇講解　金子　晴勇
障害児教育について　大沢　正
渓流（七）　山谷　省吾
詩「聖誕」　島崎　光正

〈一九七七年〉
【一月号　通巻三〇六号】
御霊の呻き　奥田　成孝
キリストの形成るまで（ガラ4）　川田　殖
教育について考えること　尾崎　風伍
共助会と私　齋藤　成一
編集ノート　島崎　光正
ジャン・カルヴァン（一）　久米あつみ
渓流（八）　山谷　省吾
詩「頌」　島崎　光正
読ジャン・バニエ『希望にあふれて』（長沢巌・矢口以文訳）　島崎　光正

【二月号　通巻三〇七号】
《特集》森有正追悼
一九五七年五月三十日（木）パリにて　森　有正
前夜祭に際して　奥田　成孝

森有正先生略歴　成瀬　治
弔辞　清水　二郎　中川　秀恭
森先生を追悼する辞　垣花　秀武
森有正よ　木下　順二
森有正先生を悼む　阿部　良雄
駐日仏大使からの弔慰文
　ジャン＝ピエール・ブリュネ
十一月四日の記　島崎　光正
森有正先生の信仰　佐古純一郎
そうなればどんなにか　加藤　武
森有正兄の病気と逝去　清水　二郎
森君とわたくし　関根　正雄
一九五七年九月一三日　西村　一之
森さんと私、そしてオルガン　成瀬　治
兄とわたくし　関屋　綾子
[詩]「墓前」　島崎　光正
[読]森有正『バビロンの流れのほとりにて』　斎藤　末弘
[読]森有正『いかに生きるか』　清水　二郎

【三月号　通巻三〇八号】
登校拒否児に学ぶ　松木　信
「主の祈り」（九）　福田　正俊
深大寺学寮　島崎　光正
ジャン・カルヴァン（二）　久米あつみ
一冊の本（一）
　松村　克己　浅野　恭三　室崎　陽子
　牧野　孝安　鈴木　節三　上遠　章
　金子　晴勇　大嶋　功　佐治健治郎
渓流（九）　山谷　省吾
[詩]「立春」　島崎　光正
[読]ＭＯＬ（日本ハンセン氏病者福音宣教協会）編
　『地の果ての証人たち』　大塚野百合

【四・五月号　通巻三〇九号】
《特集》京阪神修養会（植村正久に学ぶ）
植村正久に学ぶ　飯沼　二郎
植村正久の「志」　川田　殖
植村正久の日本におけるキリスト教会の形成
　大内　三郎
植村正久の思想　大内　三郎
京阪神共助会修養会から　田中　敦
汝われを愛するや　小笠原亮一
一冊の本（二）
　川田　殖　大岩　鉱　飯島　信
渓流（十）　山谷　省吾
[読]小笠原亮一『ある被差別部落にて』　下村　喜八

【六月号　通巻三一〇号】
「主の祈り」（十）　福田　正俊
ジャン・カルヴァン（三）　久米あつみ
はじめの思いに　波田野靖子
野辺山高原センターへの誘い　由井　千春
日本聾話学校卒業式（中学部）式辞　大嶋　功
一冊の本（三）
　西村　一之　本間浅治郎　田中　嘉忠
渓流（十一）　山谷　省吾
尾崎風伍さんへの返信　桑原清四郎
[詩]「蝶」　島崎　光正
[読]中北暘三『職業への実存』　尾崎　風伍

【七月号　通巻三一一号】
ほんもののキリスト者　大塚野百合
十字架の外には誇りとするものがあっては

ならない（ガラ6）　井川　満
史的イエスとケーリュグマのキリスト　山谷　省吾
海老名のパン種（尾崎風伍）　島崎　光正
一冊の本（四）
松隈　敬三　千野満佐子　大日向　繁
由井　千春　藤沢一二三　山谷　朗
詩「風景」　島崎　光正
読佐古純一郎『椎名麟三と遠藤周作』　小塩　節

【八月号　通巻三一二号】
八月を迎えて思う　奥田　成孝
「主の祈り」（十一）　福田　正俊
ジャン・カルヴァン（四）　久米あつみ
内田文二氏の日常　島崎　光正
一冊の本（五）
飯沼　二郎　橋本　敬祐　谷　明生
渓流（十二）　山谷　省吾
詩「ペテロ」　島崎　光正
読金子晴勇『宗教改革の精神』　久米あつみ

【九月号　通巻三一三号】
《特集》森有正記念
隠れた秩序　佐古純一郎
『遠ざかるノートル・ダム』より　森　有正
神を呼ぼう　福田　正俊
森有正の死　久米あつみ
森有正氏記念会に際して　奥田　成孝
森君へ　高田　博厚
汝―汝関係と「愛の構造」　中村雄二郎
森先生との邂逅　中沢　宣夫
思索と音楽と　成瀬　治
病床の頃の兄　関屋　綾子
森有正覚書　斎藤　末弘
ノートル・ダムと森先生　久米あつみ
森有正先生について　片柳　榮一
読森有正『光と闇』　岡野　昌雄

【一〇・一一月号　通巻三一四号】
《特集》夏期信仰修養会
かくれた罪　岡野　昌雄
森明の贖罪論　清水　二郎
不思議な見えない糸　浅野　恭三
イスラエルより帰りて　山崎　保興
共に支えられて　神戸　信行
主の前に　大沢　正
詩篇における罪の問題（詩51）　和田　正
聖所に行って（詩73）　志垣　暹
「主の祈り」（十二最終回）　福田　正俊
一冊の本（六）　大塚野百合　安積　力也
中北　暘三　島崎　光正
渓流（十三）　山谷　省吾
詩「野辺山」　島崎　光正
詩「私」　原　毅
読小塩力『小塩力説教集Ⅰ』　小淵　康而
読オーステルハイス『神の言葉は近い』
（ヤン・スインゲドー　島崎光正訳）　尾崎マリ子

【一二月号　通巻三一五号】
生誕の詩魂　斎藤　末弘
降誕のおとずれ（ルカ2）　福田　正俊
ジャン・カルヴァン（五）　久米あつみ
共に生きる（長沢　巖）　島崎　光正
不信という罪　大塚野百合

或る導き　牧野 孝安
海老名小園伝道所のこと　鈴木 哲郎
渓流（十四）　山谷 省吾
[読]柴崎聰詩集『伏流の石』　森田 進

〈一九七八年〉

【一月号　通巻三一六号】
永遠の影をやどす者　川田 殖
詩篇一四三（上）（詩143）　和田 正
ジャン・カルヴァン（六）　久米あつみ
石原吉郎氏葬儀の辞　池田 伯
P・リクールの示唆するもの　西村 俊昭
異質の時間　内田 文二
渓流（十五）　山谷 省吾
[読]小塩節『朝の光のさすときに』　室崎 陽子

【二月号　通巻三一七号】
生と死　松村 克己
詩篇一四三（下）（詩143）　和田 正
教育と人間　尾崎 風伍　桑原清四郎
一冊の本（七）　李 仁夏　小塩 節
松木 信　石川 忠義
渓流（十六）　山谷 省吾
[詩]「信濃路」　島崎 光正
[読]原田季夫『遺稿集』　齋藤 成一

【三月号　通巻三一八号】
復活の愛　北森 嘉蔵
詩篇一九（上）（詩19）　和田 正
ジャン・カルヴァン（七）　久米あつみ
登校拒否　大谷 朋生
海老名伝道所献堂式　大崎 敬子
思索と音楽と　成瀬 治
渓流（十七）　山谷 省吾
[読]ドゥメルグ『カルヴァンの人と神学』（益田健次訳）　井川 満
[読]小塩れい『ヨーロッパの岸辺にて』　島崎 光正

【四月号　通巻三一九号】
少人数学級を！　大嶋 功
詩篇一九（下）（詩19）　和田 正
神のあわれみと人間の罪（詩31）　中沢 宣夫
ジャン・カルヴァン（八）　久米あつみ
渓流（十八）　山谷 省吾
[読]赤木善光『教会的キリスト教』　金子 晴勇

【五月号　通巻三二〇号】
幻と夢を見るだろう　李 仁夏
イエスにおける神の愛（マコ12）　金子 晴勇
植村正久を語る
飯沼 二郎　大内 三郎　三谷 健次
松原 武夫　小笠原亮一　麻生 泰弘
飯島 信　杉山 裕之　奥田 成孝
川田 殖
渓流（十九）　山谷 省吾

【六月号　通巻三二一号】
詩篇四六（上）（詩46）　和田 正
旧約聖書の背景　小野寺幸也
友と共に学ぶ恵み　齋藤 成一
嫉む神　當間喜久雄
大谷朋生氏の「登校拒否」を読んで

『共助』総目次　1978年12月号　通巻326号

松木　信
福原譲蔵兄を偲んで　四竈　揚
ジャン・カルヴァン（九）　久米あつみ
読矢島麟太郎『遺稿集』　飯島　信

【七月号　通巻三二二号】
一日是審判　村井長正
詩篇四六（下）（詩46）　和田　正
教育の「根」　藤沢一二三　神戸信行
渓流（二〇）　山谷省吾
読菅沢進・石田皎編『苦しみの雲を越えて』　島崎光正

【八月号　通巻三二三号】
《特集》京阪神修養会
旧約に学ぶ　奥田成孝
エレミヤの「告白録」に学ぶ　吉田昌市
ヨブ記の解釈をめぐって（ヨブ）　中沢洽樹
読成瀬治『世界史の意識と理論』　松木　信
読中沢洽樹『ヨブ記のモチーフ』　片柳榮一

【九月号　通巻三二四号】
変貌　小塩　力
主のまなざし（ルカ22）　佐藤光子
小塩力牧師の想い出　福田正俊
小塩力兄の思い出　鈴木淳平
共助会と私　藤本陽一
渓流（二一）　山谷省吾
詩「その人」　島崎光正
読小塩力『説教集（三）』　川田　殖

【一〇・一一月号　通巻三二五号】
《特集》夏期信仰修養会
人格の確立（エゼ37）　川田　殖
あなたがご存じです（ヨハ21）　安積力也
実業分団報告　内田文二
政治・社会分団報告　中西　博
家庭分団より　神山玲子
教育分団に出席して　大塚野百合
尹牧師を囲んで　島崎光正
あなたの信仰（マコ5、マタ7、ロマ8）　清水二郎

共助会に入会して
尹　鍾倬　藤本陽一　市川　邁
笠井裕泰　小池逸朗
ジャン・カルヴァン（十）　久米あつみ
渓流（二二）　山谷省吾
詩「野辺山」　島崎光正
読岩本助成『イエスはわれのすべてなりき』　大塚野百合
読島崎光正編『虹のたてごと』　柴崎　聰
読山本誠作『ホワイトヘッドの宗教哲学』　三谷健次

【一二月号　通巻三二六号】
《特集》クリスマス
老女アンナの立証（ルカ2）　松隈敬三
飼葉おけのキリスト（ルカ2）　西村一之
クリスマス　松村克己
ジャン・カルヴァン（十一）　久米あつみ
渓流（二三）　山谷省吾
読矢内原忠雄『嘉信』　小岩井徳子
読石原吉郎『一期一会の海』　斎藤末弘

〈一九七九年〉

【一月号　通巻三二七号】
起きよ、光を放て　奥田　成孝
隣人は誰か（ルカ10）　尹　鍾倬
主にあるものの香り　飯村　修兵
北条民雄を語る（一）　斎藤　末弘
渓流（二四）　光岡　良二
お便り　山谷　省吾
読福田佳也『あかいほっぺ』　尹　鍾倬
　島崎　光正

【二月号　通巻三二八号】
共助会の歩みに思う　尾崎　風伍
共に在ること（ロマ8）　小笠原亮一
北条民雄を語る（二）　斎藤　末弘
渓流（二五）　光岡　良二
ジャン・カルヴァン（十二）　山谷　省吾
読石原謙『著作集第一巻』　久米あつみ
　水垣　渉

【三月号　通巻三二九号】
すべてを主の御手の中に　藪本　忠一
マルタとマリヤ（ルカ10）　島崎　光正
パーソナリティと信仰　赤星　進
読佐古純一郎『聖書をどう読むか』　川田　殖

【四・五月号　通巻三三〇号】
《特集》京阪神修養会
現代と黙示　片柳　榮一
イザヤとエレミヤ―正統と異端―（イザ、エレ）　飯沼　二郎
初期黙示について　関根　正雄
ネヘミヤ記に学ぶ（ネヘ）　井川　満
追悼・鈴木節三氏　小田丙午郎　宮本　潔
渓流（二六）　山谷　省吾
ジャン・カルヴァン（十三）　久米あつみ
詩「芽」　志樹　逸馬
読ボヴェー『世にあるキリスト者』（松村克己訳）　大塚野百合
読久米博『象徴の解釈学』　金子　晴勇
読小河陽『イエスの言葉―その編集史的考察』　中村　克孝

【六月号　通巻三三一号】
おそれるな、小さき群よ―現代での答責と共助会　藤沢一二三
復活の主とトマス（ヨハ20）　大沢　正
耳の障害者と共にありて　内田　文二
創立六十周年修養会を迎えんとして　土谷　長子
どうぞ野辺山へ　山谷　省吾
渓流（二七）　島崎　光正
「身体障害者（児）と教会の関わりについてのアピール」について　島崎　光正
詩「花樹」　小泉久美子
読田辺保『光は暗きに照る』　鈴木　孝二
読吉野登美子『琴はしずかに』『わが胸の 底ひに』

【七月号　通巻三三二号】
人格から人格へ　李　仁夏
イエスの御名　佐古純一郎
性教育への提言　清水　二郎
ジャン・カルヴァン（十四）　久米あつみ

静岡訪問記　浅野　恭三
渓流（二八）　山谷　省吾
読 原崎百子『わが涙よわが歌となれ』　尾崎　風伍

【八月号　通巻三三三号】

信仰生活の原点に帰れ　横井　克己
キリストに見つめられる（ルカ22）小笠原亮一
ジャン・カルヴァン（十五）　久米あつみ
渓流（二九）　山谷　省吾
詩「今も高く」　島崎　光正
読 小塩節『モーツァルトへの旅』　戸口日出夫

【九月号　通巻三三四号】

六十年の意味　水崎　明
静かな細きみ声（王上19）　大日向　繁
ドストエフスキイと椎名麟三　斎藤　末弘
ジャン・カルヴァン（十六・終）久米あつみ
その尊い美しい信仰の生涯（塩沼英之助）　播磨　醇
手をさきにさしのべるもの　原田　昂
詩「台風の次の日」　林　久見
読 佐古純一郎対談集『キリストと日本人』　石川　忠義

【一〇・一一月号　通巻三三五号】

《特集》創立六十周年記念
日本伝道への呻き　奥田　成孝
おそれるな、小さき群よ（フィリ3）　清水　二郎
座談会（一）
尾崎　風伍　齋藤　成一　和田　正
石居英一郎　佐古純一郎
悪魔的なるもの（マコ5）　片柳　榮一
私の見たもの、聞いたもの、受けたもの（マコ10）　小笠原亮一
座談会（二）
飯島　信　松橋　幸江　大沢　正
牧野　孝安　内田　文二
わたしである。恐れることはない。（創1、マコ4、マコ6）　松木　信
グループ別懇談会
薄井喜美子　安積　力也　井川　満
鈴木　脩　中村　正孝　伊藤　允喜
今年の野辺山の三日間　島崎　光正
イエスを仰ぎ見つつ（ヘブ12）川田　殖
訪日記　尹　鍾倬
靖国法案以後　飯島　信
入会・感謝　村上三佐保
ニューライフ通信　櫻井　淳司
渓流（三〇）　山谷　省吾
読 日本キリスト教文学会編『罪と変容』　斎藤　末弘
読 大塚久雄『意味喪失の時代に生きる』　本井　康弘

【一二月号　通巻三三六号】

《特集》クリスマス
クリスマスに思う（ヨハ1）　松村　克己
アウグスティヌスと女性（1）　山田　晶
レンブラントへの旅（1）　室崎　陽子
韓国旅行　土谷　長子
渓流（三一）　山谷　省吾
詩「生誕」　島崎　光正
読 李仁夏『寄留の民の叫び』　小笠原亮一

〈一九八〇年〉

【一月号　通巻三三七号】

夜はふけ日が近づいている　奥田　成孝
主を喜びたのしめ（詩32）　小塩　節
アウグスティヌスと女性（2）　山田　晶
レンブラントへの旅（2）　室崎　陽子
渓流（三二）　山谷　省吾
[詩]「冬の章」　島崎　光正
[読]島崎光正『からたちの小さな刺』　内田　文二

【二月号　通巻三三八号】

十年間の回顧と展望　尾崎　風伍
弟子たちの願いとイエスの道（マコ10）　澤　正彦
アウグスティヌスと女性（3）　山田　晶
レンブラントへの旅（3）　室崎　陽子
夏期修養会への心の準備　佐伯　邦男
混声合唱組曲「武蔵野」（島崎光正）　本間浅治郎
渓流（三三）　山谷　省吾
[詩]「春の章」　島崎　光正
[読]小塩力『神学論集』　橋本　光男

【三月号　通巻三三九号】

自然に学ぶ　西川　哲治
新しい契約　飯沼　二郎
レンブラントへの旅（4）　室崎　陽子
戒厳令下の韓国　飯島　信
渓流（三四）　山谷　省吾
由井千春氏　島崎　光正
[読]佐古純一郎『豊饒の季節』　浅野　恭三
[読]並木浩一『古代イスラエルとその周辺』　川田　殖
[読]安西均編『詩集イエスの生涯』　永野　昌三

【四・五月号　通巻三四〇号】

《特集》京阪神修養会
ブルンナーに学ぶ　小笠原亮一
人格の原型（二コリ3）　西村　一之
ブルンナーにおける「正義」の概念　竹内　寛
ブルンナー神学の意義　竹内　寛
記念写真によせて　澤崎　良子
戦後日本のキリスト教史上における
　ブルンナーの意義　中沢　洽樹
一学生から見たブルンナー先生（1）　川田　殖
レンブラントへの旅（5）　室崎　陽子
アウグスティヌスと女性（4）　山田　晶
渓流（三五）　山谷　省吾
薄井喜美子姉　浅野　恭三
琵琶湖のほとりで　井川　満
[読]松隈敬三『創世記講解説教』　加藤　武
[読]福田正俊『主の祈り』　戸口日出夫
[読]柴崎聰『溺れ滝』　斎藤　末弘

【六月号　通巻三四一号】

新しく生きる　斎藤　末弘
神の怒りと神の祟り　飯沼　二郎
心身障害児教育を語る
　大沢　正　大嶋　功　渋沢　久
　山谷　知子　島崎　光正
[読]山谷省吾『渓流』　和田　正

【七月号　通巻三四二号】
神の永遠の御計画　藪本　忠一
エゼキエルの神（エゼ）　小淵　康而
煉獄と地獄（1）　山田　晶
一学生から見たブルンナー先生（2）　川田　殖
渓流（三六）　山谷　省吾
山田松苗先生を仰慕して　伊藤満寿一
詩「梁の下」　島崎　光正
読斎藤末広『椎名麟三の文学』　大沢　正

【八月号　通巻三四三号】
祈り（ヨハ21）　鈴木　脩
あなたはわたしを愛するか　疋田國磨呂
渓流（三六）　山谷　省吾
アメリカの旅より帰って　島崎　光正
山田松苗先生弔辞　清水　二郎
山田松苗先生と海老名の群　尾崎マリ子
韓国―軍政への復帰―　飯島　信
一学生から見たブルンナー先生（3）　川田　殖
読檜野里夫『おかあさん命をありがとう』
MOL編『いのちの水は流れて』　石川　忠義

【九月号　通巻三四四号】
ディアスポラの教会　成瀬　治
心の空虚（ロマ8）　下村　喜八
煉獄と地獄（2）　山田　晶
一学生から見たブルンナー先生（4）　川田　殖
松江訪問　齋藤　成一
渓流（三七）　山谷　省吾
読久米あつみ『カルヴァン』　金子　晴勇

【一〇・一一月号　通巻三四五号】
《特集》夏期信仰修養会
自由と独立　佐古純一郎
日本伝道への呻きと幻（マタ24、二コリ5）　福田　正俊
あなたがたはわたしを誰というか（マタ16）　石居英一郎
このたぐいは祈りによる以外はない
（マコ9、使4）　室崎　陽子
韓国と私（エレ29、ロマ5）　澤　正彦
グループ別懇談会報告
（福田、石居、澤、各講演をめぐって）
思いを新たにして（ロマ1）　松隈　敬三
大磯の夏の三日間　島崎　光正
希望なき日日　飯島　信
森有礼と新井奥邃　大岩　鉱
渓流（三九）　山谷　省吾
編集委員会のテーブルより　岡野　昌雄
読佐古純一郎編『恐れるな小さい群れよ』
（山本茂男記念）　横井　克己

【一二月号　通巻三四六号】
受肉　北森　嘉蔵
祭司エリ（サム上1、サム上2、サム上3、
サム上4）　小笠原亮一
神の言葉と時（ルカ14）　田中　邦夫
一学生から見たブルンナー先生（5）　川田　殖
渓流（三九）　山谷　省吾
降誕節　深井　碧水

読浅野・大内・雨宮・木田『日本のキリスト教と旧約聖書』　島崎　光正

〈一九八一年〉

【一月号　通巻三四七号】
新年と自己革新（ルカ12）　清水　二郎
真理は自由を与える（ヨハ8）　金子　晴勇
ある結婚式　小笠原亮一
煉獄と地獄（三）　山田　晶
田中一三兄を偲ぶ　松隈　敬三
関西の旅から　島崎　光正
詩「裸木」　志樹　逸馬
読『森有正記念論文集―経験の水位から―』　久米あつみ

【二・三月号　通巻三四八号】
《特集》京阪神修養会
主に在る友情と対話　小笠原亮一
日本のキリスト教と共助会　松村　克己
座談会から　小笠原亮一
大津より　片柳　榮一
樋野達正氏の急逝　浅野　恒
一学生の見たブルンナー先生（6）　川田　殖
改憲への危険な動き　飯島　信
渓流（四十一）　山谷　省吾
詩「頌」　島崎　光正
読森有正『アブラハムの生涯』　岡野　昌雄

【四月号　通巻三四九号】
舞台の道化師のごとく　斎藤　末弘
忠実（マタ25）　金子　晴勇
傷める葦を折ることなく　島崎　光正
煉獄と地獄（四）　山田　晶
田中嘉忠氏　葬送の辞　和田　正
渓流（四十二）　山谷　省吾
読竹内英子詩集『心の灯火』　室崎　陽子

【五月号　通巻三五〇号】
祈りによらなければ　大嶋　功
ペンテコステに向って（使20）　加藤　武
森有礼・根底なるもの・障害児教育　林　竹二　島崎　光正
一学生の見たブルンナー先生（7）　川田　殖
渓流（四十三）　山谷　省吾
詩「鉢の木」　室崎　陽子
詩「主の訓練」　飯村　修兵
読『北条民雄全集』上・下巻　斎藤　末弘

【六月号　通巻三五一号】
「聴く者」へ　安積　力也
邂逅の恩恵（詩102）　金子　晴勇
平和・社会問題への共助会らしい取り組み方　清水　二郎
一川一秀兄を偲んで　齋藤　成一
改憲への危険な動き（二）―改憲案の青写真―　飯島　信
渓流（終回）　山谷　省吾
読J・ハガイ『もはや悲しみもなく』（山本俊一・あや子訳）　石川　忠義
読安西均『遠い教会』　柴崎　聰

【七月号　通巻三五二号】
自己愛と隣人愛　李　仁夏
慈しみ深い神（詩103）　金子　晴勇

アウグスティヌス連続講演
―ペルソナと人格神（一）―　山田　晶
地の塩として（ひかりの家学園）　島崎　光正
琴座（一）　本間　利
新潟の旅　島崎　光正
[読]アウグスティヌス『神の国』15～18巻
（大島春子・岡野昌雄訳）　片柳　榮一

【八月号　通巻三五三号】
いわゆる「同志的結合」ということについて
　飯沼　二郎
人間の医者・キリスト　福田　正俊
「核」―人間と文明―　関屋　綾子
琴座（二）　本間　利
松本訪問記　松隈　敬三
[読]斎藤末弘『影と光と』　永野　昌三

【九月号　通巻三五四号】
浅野先生の思い出　宮原　守男
野の草でさえ（マタ6）　西村　一之
アウグスティヌス連続講演
―ペルソナと人格神（二）―　山田　晶
浅野先生をしのぶ　奥田　成孝
浅野順一兄を想う　上遠　章
求道的伝道者―浅野順一先生をしのぶ
　武田　清子
右傾化の中の教科書問題　飯島　信
琴座（三）　本間　利
[読]「二枚のサリーと一ヶのバケツ」
　室崎　陽子
[読]WCC信仰職制委員会・NCC障害者と教会問題委員会共編『神の家族―障害者と教会』　大塚野百合
[読]小塩節『ドイツの四季』　戸口日出夫

【一〇・一一月号　通巻三五五号】
《特集》夏期信仰修養会
わたしはあなたがたを友と呼んだ（ヨハ15）
　成瀬　治
苦難と栄光の共同体（ロマ8）　小笠原亮一
韓国の友を迎えて　尾崎　風伍
ザアカイよ、急いで下りてきなさい（ルカ19）
　佐古純一郎
グループ別分団会報告
統制下におかれる教科書　飯島　信
琴座（四）　本間　利
[詩]「大磯」　島崎　光正
[読]金子晴勇『ルターの宗教思想』　成瀬　治
[読]西ひろ子『ナルドの壺』　室崎　陽子
[読]川田殖『信州の片隅から』　安積　力也

【一二月号　通巻三五六号】
クリスマスに思う　川田　殖
わが救いの神（ハバ3）　澤　正彦
アウグスティヌス連続講演
―ペルソナと人格神（三）―　山田　晶
鎮魂の曲をたずねて（一）　浅野　恒
琴座（五）　本間　利
[詩]「入場」　島崎　光正
[読]島崎光正『傷める葦を折ることなく』
　清水　二郎

〈一九八二年〉
【一月号　通巻三五七号】

御霊に迫られて　佐古純一郎
ろばの子に乗って　小笠原亮一
主にある自由（ヨハ8、一コリ9）　下村　喜八
鎮魂の曲をたずねて（二）　浅野　恒
在日韓国・朝鮮人の国民年金を求めて　山谷　新子
琴座（六）　本間　利
詩「幻ならぬ」　島崎　光正
読福田正俊『望みへの勇気』　藤沢一二三

【二・三月号　通巻三五八号】
《特集》京阪神修養会（隣人とは誰か）
隣人とはだれか　飯沼　二郎
隣人とは誰か　李　仁夏
私と韓国の人々　和田　正
「日本聾話学校の教育」について学ぶ集会　成瀬　治
辻亮吉氏を天に送る　浅野　恭三
琴座（七）　本間　利
訪問記　浅野　恭三
甲斐路の共助会　齋藤　成一
読ゴードン『死の谷をすぎて　クワイ河収容所』（斎藤和明訳）　石川　忠義
読関屋綾子『一本の樫の木―淀橋の家の人々』　清水　二郎

【四月号　通巻三五九号】
復活節を迎えて　和田　正
隣り人とはだれか　飯沼　二郎
アウグスティヌス連続講演
―ペルソナと人格神（四）―　山田　晶
鎮魂の曲を訪ねて（三）　浅野　恒
在日韓国人生徒O・S・Kのこと　飯島　信
琴座（八）　本間　利
読『神田盾夫著作集』完結に寄せて　野本　和幸

【五月号　通巻三六〇号】
聖霊降臨　北森　嘉蔵
知りたもう神（ルカ22）　吉田　昌市
アウグスティヌス連続講演
―創造と悪（一）―　山田　晶
人の生涯の意味と教育　清水　二郎
鎮魂の曲を訪ねて（四）　浅野　恒
琴座（九）　本間　利
交わりの中で（一）　山田八重子
詩「母の日に」　島崎　光正
読中島美知子・白井幸子
『死と闘う人々に学ぶ』　江原　貞博

【六月号　通巻三六一号】
空の鳥、野の花によせて　薄井喜美子
アブラハムの希望（ロマ14）　福田　正俊
日本の学校教育の再生を祈る　清水　二郎
大磯への想い　島崎　光正
日本の再軍備とアジアの軍事化　池　明観
交わりの中で（二）　山田八重子
琴座（十）　本間　利
詩「あじさい」　島崎　光正
読澤正彦『南北朝鮮キリスト教史論』　飯島　信

【七月号　通巻三六二号】
弟子と群衆　佐伯　邦男
隅のかしら石（一ペト2）　西村　一之

戦う教会の神学　池　明観
アウグスティヌス連続講演
—創造と悪（二）—　山田　晶
川勝将治兄を天に送る　橘　芳實
琴座（十一）　本間　利
交わりの中で（三）　山田八重子
読柴崎聡『裸形の耳』　安西　均
読林竹二『いま、人間として』　島崎　光正

【八月号　通巻三六三号】
伝統の継承ということについて　山崎　保興
死と復活をめぐって（ヘブ11）　久米あつみ
アウグスティヌス連続講演
—創造と悪（三）—　山田　晶
原田先生の思い出　大日向　繁
琴座（十二）　本間　利
ベツレヘムとヘブロンの旅　堀合　道三
国連軍縮会議に出席して　関屋　綾子
森有正の日記1　佐古純一郎
詩「回帰」　島崎　光正
読小塩れい『おばあちゃんの八十のポケット』　安西　貞子
読婦人之友社編『聖書にみるドラマ』　森田　進

【九月号　通巻三六四号】
《特集》山谷省吾追悼
告別の祈祷　福田　正俊
「終りの時」に生きる（ロマ5）　成瀬　治
アウグスティヌス連続講演
—終末と希望（一）—　山田　晶
追悼　山谷省吾先生を偲びて　奥田　成孝
追悼　山谷先生の思い出の中から　和田　正
弔辞　山谷省吾　竹森満佐一
光の球根（桜井淳司）　島崎　光正
琴座（十三）　本間　利
森有正の日記2　佐古純一郎
読エミール・ブルンナー『キリスト教と文明の諸問題』（川田殖・川田親之訳）　戸口日出夫

【一〇・一一月号　通巻三六五号】
《特集》夏期信仰修養会
夏期修養会特集号に寄せて　松木　信
日本の学校教育の再生を祈る（マタ18、ガラ4）　清水　二郎
定点に佇つ（ロマ11）　浅野　恒
教育の根底にあるもの　林　竹二
教育の荒廃を救うもの　川田　殖
アウグスティヌス連続講演
—終末と希望（二）—　山田　晶
教科書検定をめぐる問題　成瀬　治
森有正の日記3　佐古純一郎
詩「勝弘君」　島崎　光正
読小笠原亮一『共に在ること』　水崎　明
読三田和男『エレミヤ、哀歌』　西村　一之
読金子晴勇『アウグスティヌスの人間学』　加藤　武

【一二月号　通巻三六六号】
気が狂っているのなら　内田　文二
大きな喜び　大塚野百合
斎藤勇先生の追憶　福田　正俊
アウグスティヌス連続講演
—終末と希望（三）—　山田　晶

鐘塔からの眺め　加藤　武
ニュー・ヘイヴィンだより1　大塚野百合
森有正の日記4　佐古純一郎
「十字架とその前後」考　神部　信雄
詩「柊の花」　島崎　光正
読関屋綾子『女たちは核兵器をゆるさない』　佐伯　邦男
読『田中一三先生追悼・遺稿集』　松隈　敬三

〈一九八三年〉

【一月号　通巻三六七号】
希望　岡野　昌雄
あとの者が先になり先の者があとになるで
　あろう　飯沼　二郎
浅野順一論（一）　大内　三郎
ニュー・ヘイヴィンだより2　大塚野百合
柏崎から新潟へ　松隈　敬三
森有正の日記5　佐古純一郎
日曜日訴訟　澤　正彦
読シュミット編『われ弱き時に強し』
（畑祐喜訳）　渋沢　久

【二月号　通巻三六八号】
Heart to Heart　斎藤　末弘
信仰のわざとしての悔い改め（詩51）　金子　晴勇
浅野順一論（二）　大内　三郎
バルト先生訪問からイゼンハイムの祭壇画へ　福田　正俊
アウグスティヌス連続講演
―神の憩い（一）―　山田　晶
鐘塔からの眺め2　加藤　武
ニュー・ヘイヴィンだより3　大塚野百合
森有正の日記6　佐古純一郎
読矢内原忠雄『信仰と学問』　成瀬　治
読『浅野順一著作集』に寄せて　伊藤　虎丸

【三・四月号　通巻三六九号】
《特集》京阪神修養会
宮田先生と一麦学寮　小笠原亮一
死人を活かす神への信仰（ロマ4）　片柳　榮一
佐久学舎草創のころ　川田　殖
解放としての笑い　宮田　光雄
歳月の中で　島崎　光正
田中平次郎氏を偲ぶ
　藪本　忠一　内田　文二
アウグスティヌス連続講演
―神の憩い（二）―　山田　晶
ニュー・ヘイヴィンだより4・5　大塚野百合
日曜日訴訟「第一回公判における意見陳述」　澤　正彦
森有正の日記7　佐古純一郎
読池明観『現代史を生きる教会』　久米あつみ
読島崎光正詩集『柊《ひいらぎ》の花』　安西　均

【五月号　通巻三七〇号】
「植物人間」と言わないで下さい　大濱　亮一
神のエベネゼル（サム上7）　小淵　康而
新しい天と地とを見た　関屋　綾子
アウグスティヌス連続講演
―神の憩い（三）―　山田　晶

庭に来る鳥　小塩　れい
宮崎貞姉を偲んで　上遠　章
ニュー・ヘイヴィンだより6　大塚野百合
森有正の日記8　佐古純一郎
読小塩節『ブレンナー峠を越えて』　加藤　武

【六月号　通巻三七一号】

祈って待つ　尾崎　風伍
親切なサマリヤ人（ルカ10）　島崎　光正
生命科学と環境科学を支えるもの　佐治健治郎
益田健次兄を偲んで　奥田　成孝
私と共助会　澤　纓
T男の問うていること　飯島　信
ニュー・ヘイヴィンだより7　大塚野百合
森有正の日記9　佐古純一郎
読高瀬善夫『一路白頭に到る―留岡幸助の生涯』　山谷　朗
読佐古純一郎『祈る人―キリスト教入門』　橋本　治二

【七月号　通巻三七二号】

祈りの人　飯沼　二郎
沖へこぎ出す（ルカ5）　櫻井　淳司
ヤスクニと鎮魂（一）　角田　三郎
創氏改名　小笠原亮一
追悼　福井二郎先生の御生涯から学んだこと　奥田　成孝
追悼　福井二郎　先生の遺されたもの　澤崎　良子
ニュー・ヘイヴィンだより8　大塚野百合
二人の子供のこと　尾崎マリ子
新潟の大西、飯村両兄を見舞う　松隈　敬三
森有正の日記10　佐古純一郎
読塩入隆『信州教育とキリスト教』　永野　昌三

【八月号　通巻三七三号】

永遠と時　李　仁夏
御霊よ我らを生かしめ給え　牧野　信次
ヤスクニと鎮魂（二）　角田　三郎
福井二郎先生の追憶　和田　正
飯村修兵先生の信仰による御生涯　室崎　陽子
アーミシュの人々　佐伯　邦男
松本訪問　齋藤　成一
ニュー・ヘイヴィンだより9　大塚野百合
森有正の日記11　佐古純一郎
読川島重成『ギリシア悲劇の人間理解』　川田　殖

【九月号　通巻三七四号】

眼を開く　三谷　健次
切なる招き（マタ11）　藤沢一二三
信教の自由と政教分離　佐古純一郎
私の聖句（詩119、二コリ8、一コリ9）　松隈　敬三
ニュー・ヘイヴィンだより10　大塚野百合
詩「その一樹」　島崎　光正
読佐古純一郎編『太宰治と聖書』　大沢　正
読玉木愛子句集『真夜の祈』　島崎　光正
読松浦基之『父から子に語る憲法のはなし』　内田　文二
読島崎光正他『主の肢々として』　久米あつみ

【一〇・一一月号　通巻三七五号】
《特集》夏期信仰修養会
日本キリスト教史における森明と共助会　奥田　成孝
キリストの愛、我に迫れり　小笠原亮一
歴史の中の隣人愛の小さい群　清水　二郎
森明・共助会　大内　三郎
森明の示したもの　岡野　昌雄
ニュー・ヘイヴィンだより11　大塚野百合
森有正の日記12　佐古純一郎
ヒロシマにて　飯島　信
修養会に参加して　下村　喜八
[読]福田正俊・千恵子『巡礼の旅』　戸口日出夫
[読]安西均詩集『暗喩の夏』　柴崎　聰
[読]林竹二『若く美しくなったソクラテス』　川田　殖

【一二月号　通巻三七六号】
今日の三人の博士　福田　正俊
死の陰の谷を歩む時（詩24）　横井　克己
平和への願いと責任　関屋　綾子
学生伝道を考える　宮田　光雄
ニュー・ヘイヴィンだより12　大塚野百合
[詩]「受胎告知」　島崎　光正
[読]藤田四三雄『水と環境』　和田　正

〈一九八四年〉

【一月号　通巻三七七号】
国家の人為性　成瀬　治
全知遍在の神（詩139）　下村　喜八
主に在る友情に支えられて二十年　小川　隆雄
福井二郎先生を憶う　本間浅治郎
兄、森有正を語る　関屋　綾子
指紋押捺拒否訴訟について　飯島　信
森有正の日記13　佐古純一郎
[詩]「群馬へ」　島崎　光正
[詩]「一月の庭」　島崎　光正
[読]にじの会編『私たちの浅野先生』　牧野　信次
[読]伊藤虎丸『魯迅と日本人』　久米あつみ

【二・三月号　通巻三七八号】
《特集》京阪神修養会
人格の根源から　片柳　榮一
みわざとして受けとめる　高橋　由典
矢内原忠雄　富田　和久
矢内原忠雄先生の思い出　和田　正
剣を鋤に打ちかえ　小笠原亮一
京阪神共助会修養会閉会に際して　奥田　成孝
森林のこと　小塩　節
性教育と聖書（その一）　清水　二郎
T男のその後　飯島　信
森有正の日記14　佐古純一郎
[読]金子晴勇『キリスト教思想史入門』　野本　和幸
[読]小山晃祐『時速五キロの神』
（望月賢一郎訳）　石川　忠義
[読]北森嘉蔵『文学と神』　島崎　光正
[読]林竹二『運命としての学校』　藤沢一二三

【四月号　通巻三七九号】
平信徒の祈り　水崎　明
復活の時（ルカ24）　島崎　光正

「キリスト教の朋友道」の再発見　大塚野百合
蝉をめぐって　橋本　治二
性教育と聖書（その二）　清水　二郎
私の出エジプト記1　櫻井　淳司
森有正の日記15　佐古純一郎
詩「復活祭」　深井　碧水
読飯沼二郎『わたしの歩んだ現代』　飯島　信
読ホーリネス・バンド弾圧史刊行会編『ホーリネス・バンドの軌跡』　村上三佐保

【五月号　通巻三八〇号】
人類への奉仕者として生きる　関屋　光彦
神の深みまでも（一コリ2）　西村　一之
障害者と教会　島崎　光正
聖書とパン　西川多紀子
性教育と聖書（その三）　清水　二郎
私の出エジプト記2　櫻井　淳司
森有正の日記16　佐古純一郎
詩「ゼンソクとマオ」　西　ひろ子
読大江健三郎『ヒロシマ・ノート』　斎藤　末弘
読島崎光正編『風のきらめき』　大塚野百合

【六月号　通巻三八一号】
老神父の思い出　松木　信
神と共に歩む（出2）　及川　信
主の十字架を仰ぎて（マコ14、マコ15）　和田　正
源流　内川　千治
フランス便り　加藤　武
私の出エジプト記3　櫻井　淳司
森有正の日記17　佐古純一郎
読ゴットホルト・ミューラー『現代人にとってキリスト教信仰とは何か』（宮田光雄訳）　山本　精一

【七月号　通巻三八二号】
真の主を仰ぐ　伊藤　允喜
神は真実である（一）（一コリ1）　小笠原亮一
在日韓国・朝鮮人の直面する諸問題（指紋押捺）　李　相鎬
一筋の道1　奥田　成孝
ラ・フォルスにて　加藤　慎子
日曜日訴訟を歩む　澤　正彦
私の出エジプト記4　櫻井　淳司
森有正の日記18　佐古純一郎
詩「聖餐」　島崎　光正
読高倉徳太郎『恩恵の栄光』　川田　殖

【八月号　通巻三八三号】
敗戦記念日に想う　飯沼　二郎
神は真実である（二）　小笠原亮一
平和について　関屋　綾子
ドイツのキリスト教会　フェルト
家畜の鳴き声　浅野　恭三
私の出エジプト記5　櫻井　淳司
広島修学旅行のとりくみ1　飯島　信
一筋の道2　奥田　成孝
詩「店」　島崎　光正
読『カルヴァン新約聖書註解・共観福音書上』（森川甫訳）　久米あつみ
読水野源三『み国を目ざして』　大塚野百合

【九月号　通巻三八四号】
ひとりの魂のために　岡野　昌雄

神は真実である（三）　小笠原亮一
一筋の道3　奥田成孝
広島修学旅行のとりくみ2　飯島　信
先人の人間性に学ぶ　梅沢貞子
ルディと共に　カイテン・ルドルフ
私の出エジプト記6　櫻井淳司
森有正の日記19　佐古純一郎
詩「雨だれの音」　岡井久子
読矢内原忠雄『エゼキエル書』牧野信次
読植村環著作集2『主は生きておられる』　澤　敦子
読川勝将治追悼『神はわが櫓』
宮崎貞子追悼『されどわれみことばによりて望みをいだく』　島崎光正

【一〇・一一月号　通巻三八五号】
《特集》夏期信仰修養会
共なる前進のために（ヘブ12）川田　殖
昭和史の諸問題　成瀬　治
「共助会と日本のキリスト教」の主題の下
「共助会と私」　奥田成孝
共助会とともに（二コリ5）　清水二郎
熱河宣教について（上）　和田　正
必要であること（マタ6）　西村一之
森有正の日記20　佐古純一郎
詩「大磯にて」　島崎光正
読無教会史研究会編『無教会キリスト教信仰を生きた人々』　大沢　正
読林竹二『明治的人間』　小笠原亮一

【一二月号　通巻三八六号】
クリスマス　受肉のとき　久米あつみ
十字架の主のクリスマス（マタ2）尾崎風伍
長崎で平和を想う　足利義弘
一筋の道4　奥田成孝
「いのち」を育てる使命を託されて　櫻井淳司
塩谷惣次氏　葬送の辞　斎藤道雄
塩谷惣次　共助とともに　塩谷しげ子
森有正の日記21　佐古純一郎
詩「聖誕」　島崎光正
読澤正彦『ソウルからの手紙』内田文二

〈一九八五年〉

【一月号　通巻三八七号】
人格の共同と責任　成瀬　治
死人のよみがえり（一コリ15）小笠原亮一
一筋の道5　奥田成孝
追悼　草間光子姉　田中はる
ワークキャンプ　千野満佐子
熱河宣教について（中）　和田　正
十字架の主　村上三佐保
私の出エジプト記7　櫻井淳司
森有正の日記22　佐古純一郎
詩「祈禱」　島崎光正
読雨宮育造・淑子『この一日を永遠に』　山田八重子

【二・三月号　通巻三八八号】
《特集》京阪神修養会
神はこれらの石ころからでも　小笠原亮一
聖霊について　横井克己
京都共助会の六十年に際して　奥田成孝
回顧　鈴木淳平
戦前・戦中における京都共助会（北白川教会）　村上フミ

佐久学舎聖書研究会について　井川　満
「主に在る友情」について　飯沼　二郎
一片の志を大切していただいて　川西　健登
熱河宣教について（下）　和田　正
篠原登　清水　二郎
原子力発電を考える　加藤　葉子
奇跡の歌声　大塚野百合
私の出エジプト記8　櫻井　淳司
森有正の日記23　佐古純一郎
詩「私も歯車」　西　ひろ子
読福田正俊『先師の追憶』　尾崎マリ子

【四月号　通巻三八九号】
キリストはよみがえり給えり　佐古純一郎
死人のよみがえり（一コリ15）　小笠原亮一
浅野順一論（三）　大内　三郎
共に生きる架け橋　大日向　繁
一筋の道（6）　奥田　成孝
草間修二氏―イエスの印を身に佩びて―　橘　芳實
私の出エジプト記9　櫻井　淳司
韓国問安より帰りて　尾崎マリ子
森有正の日記24　佐古純一郎
読NCC障害者教会問題委員会編『みわざの現れるために』　木村　一雄

【五月号　通巻三九〇号】
ニュージーランド外交に思う　清水　武彦
恐れるな（ルカ21）　小笠原亮一
一筋の道7　奥田　成孝
バイオテクノロジーについて　橋爪　裕司
十字架、愛の極み　下村　喜八
ソ連・東ヨーロッパの教会問安（その一）　播磨　醇
森有正の日記25　佐古純一郎
読「存在の梢からF・H姉の一周年に」　島崎　光正
読矢内原忠雄『イザヤ書・ミカ書』　片柳　榮一
読室崎陽子『雪割草』　加藤　武

【六月号　通巻三九一号】
主のわざが起る時　飯島　信
さばくは喜びて花咲き（一コリ15）　小笠原亮一
一筋の道8　奥田　成孝
林竹二先生　島崎　光正
『バルメン宣言』について　雨宮　栄一
ソ連・東ヨーロッパの教会問安（その二）　播磨　醇
共に生きる社会を目指して　李　仁夏
読藤田美実『明治女学校の世界』　北原　明文

【七月号　通巻三九二号】
すぐ　佐伯　邦男
我信ず1（使徒信条講解一）　藤本　陽一
一筋の道9　奥田　成孝
ローマ便り　岡野　昌雄
浅野順一論4　大内　三郎
ソ連・東ヨーロッパの教会問安（三）　播磨　醇
私の出エジプト記10　櫻井　淳司
追悼岩倉櫻子姉　ヨブの信仰に支えられて　木村　一雄

森　有正の日記26　佐古純一郎
詩「風景」　島崎　光正
読永岡薫『デモクラシーへの細い道』
谷口　稔
【八月号　通巻三九三号】
《特集》韓国の友を訪ねて
ただキリストの十字架によって
川田　殖
キリストにあってひとつ（創50、ガラ3）
澤　正彦
共助会とアジア（上）
李　仁夏　小笠原亮一　川田　殖
和田　正　飯島　信
韓国の友垣
洪　彰義　裵　興稷　金　允植
郭　商洙　李　台現　尹　鍾倬
朴　錫圭　李　英環
一九八五年三月訪韓報告　山本　精一
出会いを新たにして　和田　正
韓国の共助会員たち　小笠原亮一
キリストにある友情を求めて　澤　正彦

韓国の教会　尾崎マリ子
主にある兄弟たちのぬくもり　李　仁夏
詩「野辺山」　島崎　光正
読金纓『チマ・チョゴリの日本人』
大島　長子
【九月号　通巻三九四号】
自閉の害　尾崎　風伍
我信ず2（使徒信条講解二）　藤本　陽一
一筋の道10　奥田　成孝
讃美歌・祈り
小塩　節　ブライアン・バード
山本　義彰　岡野　昌雄
岩渕トシ姉を天に送る　小淵　康而
私の出エジプト記11　櫻井　淳司
森有正の日記27　佐古純一郎
読飯沼二郎『転換期の日本農業』　保田　茂
【一〇月号　通巻三九五号】
教育は愛の実践なり　藤沢一二三
キリストを信ず（使徒信条講解三）　藤本　陽一
一筋の道11　奥田　成孝

共助会とアジア（下）
李　仁夏　小笠原亮一　川田　殖
和田　正　飯島　信
私の出エジプト記12　櫻井　淳司
小笠原先生の「人間と自然の関係」に
ふれて　小林　裕
森有正の日記28　佐古純一郎
台湾の旅から　島崎　光正
読韓哲曦・飯沼二郎『日本帝国主義下の
朝鮮伝道』　澤　正彦
読永野昌三詩集『遍歴の海』　高堂　要
【一一・一二月号　通巻三九六号】
《特集》夏期信仰修養会
クリスマスと贖罪　清水　二郎
十字架の主に従う（マコ8）　尾崎　風伍
森明とその直弟子たち　飯沼　二郎
主に生かされて　澤崎　良子
先立ち給う主　飯島　信
全世界の全ての民に福音の証しを
（マタ24）　李　仁夏
全体懇談会（一）（二）　小笠原亮一

修養会報告　内田　文二
入会にあたって　大木　松子
読並木、川島、絹川、川田、荒井
『ヘブライズムとヘレニズム』　戸口日出夫

〈一九八六年〉

【一月号　通巻三九七号】
主の求め給う平和　成瀬　治
聖霊を信ず（使徒信条講解四）藤本　陽一
一筋の道12　奥田　成孝
キリスト者遺族としての証言　村上三佐保
主にあってひとつ（エレ1、ヨハ1）　木村　一雄
私の出エジプト記13　櫻井　淳司
森有正の日記29（終回）　佐古純一郎
詩「頌」　島崎　光正
詩「新春」　深井　碧水
読斎藤末弘『罪と死の文学』　永野　昌三

【二・三月号　通巻三九八号】
《特集》京阪神修養会
（在日大韓基督教会に学ぶ）
歴史の影　片柳　榮一
神の賜物（使徒信条講解五）　藤本　陽一
在日韓国・朝鮮人問題と日本人キリスト者　飯沼　二郎
日本と韓国のキリスト教　呉　允台
今問われるもの　山本　精一
指紋押捺について　金　在述
座談会　飯沼　二郎
在日大韓基督教会に学ぶ
―京阪神修養会報告―　片岡　秀一
共に学んで　佐伯　勲
京阪神修養会報告　片岡　秀一
座談会　飯沼　二郎
先生になりたいという夢を咲かせるために　小笠原亮一
私の出エジプト記14　櫻井　淳司
廻廊（1）恩寵の跡を顧みて　松隈　敬三
共助会に入会して　鈴木　哲郎
入会を許されて　橋本　治二
読関屋綾子『風の翼―はるかなる地平をめざして』　清水　二郎
読竹内寛『キリスト教と教育』　川田　殖
読鈴木淳平『恩寵の生涯―九十年の歩み』　川田　殖

【四月号　通巻三九九号】
彼は生きています　福田　正俊
五千人のパン（マタ14）　横井　克己
主、われらと共に（一ヨハ4）　牧野　信次
齋藤進氏　清水　二郎
18年ぶりのジュネーヴ　久米あつみ
果たしてキリスト教は自然破壊の元兇か　小林　裕
私の出エジプト記15　櫻井　淳司
有志による学びと集い―夏期信仰修養会の問題の整理のために―　飯島　信
廻廊（2）　松隈　敬三
詩「蝶」　島崎　光正
読徳善義和『ルター　キリスト者の自由・全訳と吟味』　川田　殖

【五月号　通巻四〇〇号】
聖霊降臨日を迎えて　山谷　朗
ただひとりの人（マタ23）　西村　一之

平和について1　関屋　綾子
森明先生と贖罪論　清水　二郎
私の出エジプト記16　櫻井　淳司
廻廊（3）　松隈　敬三
読カルヴァン『キリスト教綱要 初版』
（久米あつみ訳）　金子　晴勇
読東筑摩塩尻教育会編『手塚縫蔵遺稿集』
木村　一雄

【六月号　通巻四〇一号】
神の国はいつ来るのか（ルカ17）奥田　成孝
神の奥義を管理する者（一コリ4）
志垣　暹
平和について2　関屋　綾子
愛と希望の推進運動に当って　藪本　忠一
佐久学舎の二十年—中間報告　川田　殖
私の出エジプト記17　櫻井　淳司
廻廊（4）　松隈　敬三
詩「花と挽歌」　島崎　光正

【七月号　通巻四〇二号】
十戒を学んで　浅野　恭三
血みどろの十字架　広田　登
平和について3　関屋　綾子
ユーラシアの旅から　松木　信
レモンを活ける—兄の足の作品　西　ひろ子
韓国の教会を訪ねて1　木村　一雄
私の出エジプト記18　櫻井　淳司
橋爪久子夫人を偲ぶ　奥田　成孝
廻廊（5）　松隈　敬三
詩「双生児」　島崎　光正
読米谷ふみ子『過越しの祭』　斎藤　末弘

【八月号　通巻四〇三号】
罪責と悔い改めの道　飯島　信
地には平和（ルカ2）　小笠原亮一
クリス上等兵の「なぜ？」　松木　信
「お年寄りに直接仕える人」になるために　山川　文敏
聖国の門守り（一）　田中　はる
聖書における自然と人間の関係　小林　裕
韓国の教会を訪ねて2　木村　一雄
教科書検定の現実　飯島　信
私の出エジプト記19　櫻井　淳司
廻廊（6）　松隈　敬三
詩「受胎告知」　島崎　光正
読林竹二『森有礼—悲劇への序章』　清水　二郎
読佐古純一郎『森有正の日記』成瀬　治

【九月号　通巻四〇四号】
共助会の生命　宮本　潔
驚き怪しむ　大塚野百合
聖国の門守り（二）　田中　はる
私の出発を促したもの　脇坂　恵子
韓国の教会を訪ねて3　木村　一雄
私の出エジプト記20　櫻井　淳司
廻廊（7）　松隈　敬三
詩「新秋」　深井　碧水
読せせらぎ会編『せせらぎのほとり』　関屋　光彦

【一〇・一一月号　通巻四〇五号】
《特集》夏期信仰修養会

共同の祈りの課題　尾崎　風伍
苦しみて生くれども愛す（エレ18）　牧野　信次
朝の祈り（ヘブ12）　三沢八重子
キリストの贖罪愛の地平（ヨハ12）　小笠原亮一
共育・共生・共助　水崎　明
導かれて　山田　玲子
「用いつくさんとされる主」へ　安積　力也
よきサマリヤ人の譬　松木　信
自分のように隣り人を愛しなさい　島崎　光正
修養会報告　當間喜久雄
読木下順治『パウロ―回心の伝道者』　佐古純一郎

【一二月号　通巻四〇六号】

小さいわらべに導かれ　西村　一之
主の言葉を生きる（ホセ1、マタ16）　及川　信
原田季夫の病床日記1　播磨　醇
どこに指標を　原田　昂
鈴木淳平兄のご葬儀に際して　奥田　成孝
鈴木淳平氏　故人追憶　橘　芳實
モーセの足跡を訪ねて　木村　一雄
臨教審の本質　飯島　信
私の出エジプト記21　櫻井　淳司
廻廊（8）　松隈　敬三
詩「降誕節も近く」　島崎　光正
読矢内原忠雄『ヨブ記・詩篇』　牧野　信次

〈一九八七年〉

【一月号　通巻四〇七号】

時間は神のみ手にあり　成瀬　治
主の命令と審き　及川　信
原田季夫の病床日記2　播磨　醇
汝尚一つを欠く　鈴木　脩
今日の福音的キリスト教序説1　福田　正俊
私の出エジプト記22　櫻井　淳司
廻廊（9）　松隈　敬三
読加山久夫『使徒行伝の歴史と文学』　永田　竹司
読高見沢潤子『人生の午後の時間のために』　尾崎マリ子

【二・三月号　通巻四〇八号】

《特集》京阪神修養会（鶴見良行先生）
鶴見良行先生を京阪神修養会に迎えて　小笠原亮一
金持とラザロ　林　律
今、東南アジアをどう学ぶか　鶴見　良行
ナマコの見た世界　鶴見　良行
金龍成氏と慶州ナザレ園　和田　正
日本的賢さ（一コリ1）　片柳　榮一
植村・森明の台湾伝道　木村　一雄
修養会報告　小川　隆雄　牧野　信次
入会にあたって
嶋田　順好　小室雄一郎　角田　秀明
詩「再会」　島崎　光正
読山田晶『アウグスティヌス講話』　岡野　昌雄

【四月号　通巻四〇九号】

復活　嶋田　順好
聖なる和解　及川　信

今日の福音的キリスト教序説2　福田　正俊
罪への問い　富田　千鳥
遅い歩みの中から　島崎　光正
原田季夫の病床日記3　播磨　醇
私の出エジプト記23　櫻井　淳司
廻廊（10）　松隈　敬三
牟礼事件にご支援・ご協力を　嶋田　順好
読左近淑『時を生きる』　大塚野百合

【五月号　通巻四一〇号】
ペンテコステと共助会のスピリット　川田　殖
真実な礼拝（ホセ5、ホセ6、ルカ18）　及川　信
原田季夫の病床日記4　播磨　醇
ケルン便り　小塩　節
思い出の中から父を語る　関屋　綾子
出発!!　尾崎　風伍
廻廊（11）　松隈　敬三
読玉木愛子『わがいのちわがうた
　絶望から感謝へ』　島崎　光正

【六月号　通巻四一一号】
日は傾きながら　戸口日出夫
至上の愛（ホセ11、ヨハ16）　及川　信
お言葉への疑念　伊藤満寿一
神の知恵を生きる
　佐伯　邦男　木村　一雄
廻廊（12）　松隈　敬三
読金子晴勇『近代自由思想の源流』
　久米あつみ

【七月号　通巻四一二号】
堅い食物　當間喜久雄
イスラエルよ主に帰れ（ホセ14、ヨハ3）　及川　信
原田季夫の病床日記5　播磨　醇
人間と自然　小林　裕
韓国の友垣の職場を訪ねて
　木村　一雄　千野満佐子　片岡　秀一
　飯島　信　佐伯　勲　加藤　葉子
　桑原清四郎　加藤　大典　本宮　広
　松木田　博
私の出エジプト記24　櫻井　淳司
思い出から　三谷　健次
読寺田博『創世記上・下』　藤沢一二三

【八月号　通巻四一三号】
義は国を高くする「日本民族は果たして？」　浅野　恒
平和について　成瀬　治
サハリンへの旅　村上三佐保
原田季夫の病床日記6　播磨　醇
ジャン・バニエ氏の眼差し　大塚野百合
私の出エジプト記25　櫻井　淳司
八十八年の足あと1　上遠　章
「回廊」所感　小林　裕
読フィリップ・ハリー『罪なき者の血を流
　すなかれ』（石田敏子訳）　加藤　武

【九月号　通巻四一四号】
神の知恵を生きる　木村　一雄
召されたままの状態で（一コリ7）　播磨　醇
神の贈物（西ひろ子の詩の世界）
　久米あつみ　島崎　光正

八十八年の足あと2　上遠　章
森明の人格思想1　佐古純一郎
危険な「国家秘密法」　山谷　新子
【一〇・一一月号　通巻四一五号】
《特集》夏期信仰修養会
主よ、あわれみたまえ　千野満佐子
キリストはわたしたちの平和（エフェ3）　川田　殖
主にある友情　李　英環
韓国の主に在るきょうだい達との交わり　和田　正
企業の中で　佐伯　邦男
礼拝への闘い　内田　文二
彫刻家としての歩み　金子　健
三・一独立運動と堤岩里教会　姜　信範
修養会報告　加藤　葉子
修養会感想
安積　力也　片柳　榮一　嶋田　順好
神を愛し、隣り人を愛せよ　飯沼　二郎
堤岩里教会の祈り（マコ15）　小笠原亮一
共助会に入会して　佐伯　勲　徐　順台
堀信一先生をお見舞いして　千野満佐子
読李仁夏『明日に生きる寄留の民』　飯島　信
【一二月号　通巻四一六号】
クリスマスを祝う　松村　克己
真の豊かさ（ルカ7）　小笠原亮一
「日曜日訴訟」について…　澤　正彦
信仰の教育者　堀信一兄　清水　二郎
堀信一先生の思い出について　奥田　成孝
斎藤勇と堤岩里事件　牧野　信次
原田季夫の病床日記7　播磨　醇
私の出エジプト記26　櫻井　淳司
八十八年の足あと3　上遠　章
詩「聖誕」　島崎　光正
読高倉徹『共に生きる』　牧野　信次
〈一九八八年〉
【一月号　通巻四一七号】
欧米重視から脱却しよう　成瀬　治
主の裁きのみ座の前にて（二コリ5）　福田　正俊
日本の教会　伊吹由歌子
共存に向かって　熊澤　義宣　島崎　光正
原田季夫の病床日記8　播磨　醇
私の出エジプト記27　櫻井　淳司
八十八年の足あと4　上遠　章
森明の人格思想2　佐古純一郎
詩「雪晴」　深井　碧水
読中渋谷教会編『目で見る中渋谷教会の歴史』　島崎　光正
【二・三月号　通巻四一八号】
《特集》京阪神修養会
滅びぬものを　井川　満
貧しい人々はさいわいだ（ルカ6）　片柳　榮一
今心に思っていること（二コリ5）　浅野　恒
沃地へ・沃地から（申4、申6）　山本　精一
賀川豊彦論　飯沼　二郎
中国東北地方訪問の旅　河内　良弘
み言の中で　片岡　秀一
献金と難民救援　小笠原亮一
私の中の鈴木淳平先生　三谷　健次

最後の審判について　横井　克己
八十八年の足あと5　上遠　章
ただ主にあって　和田　正
読小平尚道『海辺のパラダイス』　久米あつみ

【四月号　通巻四一九号】

人々からでもなく、人によってでもなく　内田　文二
権威ある者　西村　一之
遠藤周作のイエス像　斎藤　末弘
保健室の思い出から　島崎キヌコ
共助会に生きる（その1）　清水　二郎
地質学から見た聖書の世界2　木村　一雄
私の出エジプト記28　櫻井　淳司
中国人留学生と卒業証書　林　律
あらたな出会い　佐伯　勲
入会を許されて　廣瀬　可一
近況　本間　利
諸集会（ジャコビニ・丸の内・松本・京都）
読金纓『チマ・チョゴリのクリスチャン』　石川　忠義
読村上俊『おのが日を数ふることを教へ給へ』　木村　一雄

【五月号　通巻四二〇号】

魂の問題としての教育　桑原清四郎
単独者　西村　一之
反原発運動に関わって　坂田　静子
人間の罪の問題として　徐　順台
宮本潔さんの死を悼む　横井　克己
宮本潔先生への想い　林　律
落暉1（原田季夫の死とその前後1）　播磨　醇
共助会に生きる（その2）　清水　二郎
地質学から見た聖書の世界3　木村　一雄
私の出エジプト記29　櫻井　淳司
森明の人格思想3　佐古純一郎
読高橋三郎編『矢内原忠雄二十五周年記念講演集』　島崎　光正

【六月号　通巻四二一号】

描き出された十字架　大塚野百合
招く者　西村　一之
檸檬のことなど　石田　翠
いま子供にかかわることと伝えること1　角田　秀明　斎藤　優子　嶋田　孝子　橋本　典子　木村　一雄
宮本先生を送ることば　大島　国憲
共助会に生きる（その3）　清水　二郎
森明の人格的思想4　佐古純一郎
読清水恵三『近づきたもうキリスト』　本宮　広

【七月号　通巻四二二号】

生き方、死に方　牧野　信次
神聖家族　西村　一之
韓国の友を訪ねて　小笠原亮一
ウィーン―森そして大聖堂　戸口日出夫
橘芳実兄を憶う　和田　正
橘芳実さんのこと　三谷　健次
橘芳実さんの絶筆に慟哭す　横井　克己
いま子供にかかわることと伝えること2　角田　秀明　斎藤　優子　嶋田　孝子　橋本　典子　木村　一雄
落暉2　播磨　醇

私の出エジプト記30　櫻井　淳司
共助会に生きる（その4）　清水　二郎
森明の人格的思想5　佐古純一郎
信濃路にて　島崎　光正
読小川国夫『聖書と終末論』　永野　昌三

【八月号　通巻四二三号】
八月十五日に想う　関屋　綾子
医す者　西村　一之
粟飯原梧楼さん追慕　由井　千春
被爆体験の中から　橋本　栄一
私の出エジプト記31　櫻井　淳司
共助会に生きる（その5）　清水　二郎
わが子のように（藤孝）　島崎　光正
読清水二郎『森明』　三谷　健次

【九月号　通巻四二四号】
私にとっての森明先生　島崎　光正
神の代行者　西村　一之
長崎うた紀行　西川　武夫
いま子供にかかわることと伝えること3
角田　秀明　斎藤　優子　嶋田　孝子

落暉3
橋本　典子　木村　一雄
共助会に生きる（その6）　清水　二郎
森明の人格思想6　佐古純一郎
読野村耕三『福音の歴史化と回心の神学』　及川　信

【一〇・一一月号　通巻四二五号】
《特集》夏期信仰修養会
あらためて立ち返るべき原点　石川　光顕
わたしはここにいる、わたしはここにいる
（イザ65）　藤　孝
神、人と共に住む　木村　一雄
恥について　高橋　由典
馳場から　中西　博
津軽に生きる　熊沢ちほ子
歳月の中で　神戸　信行
出会いの中から　北川恵以子
キリストに従う　加藤　大典
修養会報告　大木　松子
入会にあたって
熊沢ちほ子　北川恵以子

詩「芦の湖」　島崎　光正
読マックス・ウェーバー『プロテスタンティズムの倫理と資本主義の精神』
（大塚久雄訳）　石田あつみ

【一二月号　通巻四二六号】
《特集》クリスマス
北朝鮮のクリスマス　澤　正彦
ことばの隙間と想像力（ヨハ1）　大貫　隆
成熟しつつある韓国教会　木村　一雄
苦痛の秘義（二コリ5）　清水　二郎
歴史の中に働き給う神への信頼　山谷　新子
里絵が輝くとき　飯島　信
落暉4　播磨　醇
福岡を訪ねて　島崎　光正
読岩居保久志『日本近代文学と明治学院』　斎藤　末弘

〈一九八九年〉
【一月号　通巻四二七号】

時代の曲がり角に立って　成瀬　治
律法の隙間とエゴイズム　大貫　隆
平和憲法の転機と世界化の可能性　深瀬　忠一
悼・佐伯澄子姉　記念のことば　尾崎　風伍
悼・佐伯澄子姉　共に天を仰ぎつつ　澤崎　良子
悼・佐伯澄子姉　夕映えの中　島崎　光正
共に生きる　佐伯　法子
落暉5　播磨　醇
森明の人格思想7　佐古純一郎
共助会に生きる（その7）　清水　二郎
読村上伸編『死と生を考える』　岡野　昌雄

【二・三月号　通巻四二八号】

《特集》京阪神修養会
神のまことの共有のため　川田　殖
弟子道（マタ28、二テモ2）　尹　鍾倬
伊藤と政池　林　律
トロアスに船を待ちつつ　伊藤　邦幸
聞きて進む　入佐　明美
修養会報告　川西　健登

主よ、小さな私の望みを　金　明淑
初めての佐久学舎　林　眞実
佐久学舎における『サムエル記』の学び　井川　善也
落暉6　播磨　醇
地質学から見た聖書の世界4　木村　一雄
「教育を考える会」報告　角田　秀明
読矢内原忠雄『帝国主義下の台湾』　飯沼　二郎
読成瀬治『伝統と啓蒙―近世ドイツの思想と宗教』　松木　信

【四月号　通巻四二九号】

《特集》創立七十周年に寄せて1
復活のキリストと共助会　尾崎マリ子
去る者、日々に近し　大貫　隆
「昭和の終わる日」を考える　李　仁夏
小さき者の祈り　島崎　光正
落暉7　播磨　醇
共助会に連なる一員としての喜びと責任　由井　千春
創立七十年に当って　大島　国憲

本間先生の贖罪愛のご生涯を見上げつつ　馬場　俊彦
私の生きざま　藤田四三雄
使命　小塩　節
医療情報の共有とPOS　松岡順之介
主の恵み　三浦　邦雄
キリストのほか　村井　長正
共助会の進路に望むもの「素人集団」　播磨　醇
共助会エゴイズムからの脱却を　飯沼　二郎
民主主義教育の完成に向かって　大沢　正
私のライフワーク　林　律
世界は一つ―環境問題と科学技術論　佐治健治郎
「伝道の書」に親しむ昨今　岡本　敏雄
共助会の進路に望む　大塚野百合
共助会の今後の働きに望む　山谷　朗
ライフワークとして受けとめている使命　澤　正彦
共助会の進路に望むもの　佐藤　英介

『共助』総目次　1989年5月号　通巻430号

「静かな細い声」に導かれて　松隈　敬三
自分が今どう生かされているか　池上　すえ
ささやかなライフワーク　清水　二郎
三つのL　柏木　希介
キリスト者として自分が今直面している戦い
丹羽　彬
この頃のこと　和仁　太郎
キリストのほか自由独立　横井　克己
共助会につらなる一員としての喜びと責任
鈴木　脩
「共助会と私」　手塚　典雄
キリストのほか自由独立　関屋　綾子
地質学から見た聖書の世界5　木村　一雄
共助会に生きる（その8）　清水　二郎
詩「泪夫蘭」　深井　碧水
読野本和幸『現代の論理的意味論―フレーゲからクリプキまで』　久米　博

【五月号　通巻四三〇号】

《特集》創立七十周年に寄せて2
この町には、わたしの民が大ぜいいる
疋田國磨呂
自分を裁かない（一コリ4）　大貫　隆
落暉8（終）　播磨　醇
憲法のはなし　宮原　守男
共助会と私　松木　信
キリストの恵みに支えられて　藪本　忠一
父にいたる唯一の道　麻生　泰弘
共助会に連なる喜び　西川　哲治
わが心の肉碑には　原田　昂
共助会との関わり　原田はまの
共助会入会のいきさつ　藤井　敏一
自分が今、どう生かされているか　岡田　長保
聖霊のはたらき　竹内恵美子
『キリストの外、自由と独立』に生かされて
大津　英二
共助会につらなる一員としての喜びと責任
裵　興稷
共助会に生きて　戸叶　三郎
共助会への信頼と期待　伊藤　允喜
いま思うこと　仁科　ちう
今の私　松原　武夫
パキスタンでの生活を終えて　岡江　保和
自分が今どう生かされているか　鈴木　律子
主にある友情　岡田　繁雄
世界の平和　上遠　章
自分が今どう生かされているか　伊東　啓子
わたしのライフワーク　大島　純男
自分が今どう生かされているか　大島　長子
聖書　鈴木　馨
キリスト者として今直面している戦い
藤田スミヱ
ライフワークとして受けとめている使命　藤　孝
共助会につらなる一員としての喜びと責任
佐々田良勝
最近の日誌をもとに　三輪　竹雄
アドニラム・ジャドソン　重富　勝己
片山静姉をお偲びして　薄井喜美子
ユーラシア旅行記（1）
―「蒙中鉄道」の旅―　松木　信
共助会に生きる（その9）　清水　二郎
『三・一独立運動と堤岩里事件』
出版によせて　金　明淑
入会にあたって　井上　健
読姜信範他『三・一独立運動と堤岩里事件』

井川　満

【六月号　通巻四三一号】

《特集》創立七十周年に寄せて3
澤正彦君を憶う　福田　正俊
空の鳥、野の花を見よ　大貫　隆
人間の内的現実をめぐって　戸口日出夫
澤正彦　式辞　李　仁夏
澤正彦　弔辞　松隈　敬三
追悼　澤正彦　松木　信
出会いと使命　石居英一郎
今日的信仰告白　李　仁夏
働き人を収穫の主に　小田丙午郎
主に生かされて　柳澤　妙子
さくらんぼ　吉住　一信
共助会と私　大西　正美
神様の奴隷　酒井　幸男
在天の共助会先輩を敬仰して　伊藤満寿一
ライフワークとして受けとめている使命　斎藤　末弘
私にとっての共助会の意義　寺尾　保仁
コンピュータの利害　本間　信一
七十周年に際して　豊田　寛
共助会につらなる一員としての喜びと責任　福田　佳也
共助会につらなって　上垣　信子
会の前進を祈りつつ　梅沢　浩二
沼津の地にあって　梅沢　貞子
人生は出会いなり　藤沢一二三
新しい革袋を　深井良三郎
キリストのほか自由・独立　松村　克己
キリスト者として私が今直面している戦い　浅野　恭三
教育を憂う　片岡　秀一
自分が今どのように生かされているか　山川　文敏
神様はきっとこれからも　石川　春子
キリストのほかは自由　西村　一之
自分が今どう生かされているか　滝浦　緑
共助会の進路に望む　浅野　恒
林竹二氏の期待　當間喜久雄
『共助』誌に望むこと　武田　将
導きと支え　大嶋　功
待望　李　炳墉
元気のヒミツは？　大木　松子
『答』　福田　正俊
矢内原忠雄と天皇制　大濱　亮一
深層底流　尾崎　風伍
共助会の一員としての責任　高橋　由典
自分は今どう生かされているか　村上　フミ
ライフワークとして受けとめている使命　及川　信
キリストのほか自由独立　西川多紀子
真理を求めて　山崎　保興
ユーラシア旅行記（2）
—ソ連見たまま聞いたまま—　松木　信
共助会に生きる（その10）　清水　二郎
久我山伝道所開設式に出席して　内田　文二
詩「壺」　島崎　光正
読加山久夫『聖書を読む2』　石川　忠義

【七月号　通巻四三二号】

《特集》創立七十周年に寄せて4
一つの提言　関屋　光彦
信仰の分水嶺（マコ8）　大貫　隆
キリストにより立たしめられている弱き我

私と共助会　成瀬　治
目下の課題　高木　一雄
自分が今どう生かされているか　小淵　康而
キリスト教史研究へのみちびき　大日向　繁
共助会に望むこと　北原　明文
共助会への祈り・願い　尾崎マリ子
アジアの友に仕える日本に　金　泰文
自分が今どう生かされているか　本間浅治郎
角田　秀明　三沢八重子
共助会の落ちこぼれ　野本　和幸
私のライフワーク　山田八重子
キリストが立っておられる場から　佐伯　勲
ただこの一事を　川田　殖
主にある友情を求めて　齋藤　成一
共助会につらなる一員としての喜びと責任
澤崎　良子　徐　順台
思い出　奥田　成孝
共助会につらなる一人として　内川　千治
私の意見　藤本　陽一
私と共助会　堀合　道三
日々思うこと　中西　博

日本伝道の使命　牧野　信次
共助会に導かれて　和田　正
使命　橋本　治二
主にある友情　島崎　光正
友に囲まれて　水崎　明
私の任務　桑原清四郎
共助の師友に背負われて　三谷　健次
キリスト者であり続ける戦い　熊沢ちほ子
みことばに聞き従う　加藤　武
使命と期待　尹　鍾倬
共助会と私　石川　忠義
ライフワークとして受けとめている使命
足利　義弘
告別の言葉（奥田恒子）　小笠原亮一
奥田恒子夫人の追憶　和田　正
偲ぶことども　千野満佐子
ユーラシア旅行記（３）
―ソ連見たまま聞いたまま二―　松木　信
いわゆる『昭和論』によせて　川田　殖
「大喪」の日に　村上三佐保
私の「昭和」　小笠原亮一
「昭和の終わる日」に想う　飯島　信

読斎藤末弘『作家論　椎名麟三』
永野　昌三
読岩波書店編『明治学院大学一九八九
学問の自由と天皇制』　山本　精一

【八・九月号　通巻四三三号】
《特集》七十周年記念
創立七十周年を迎えて　成瀬　治
イエスの旅（ルカ23、一ペト1）　小笠原亮一
魂の深みにおいて　大塚野百合
〈公開シンポジウム・教会と国家〉
①ルターと国家権力　成瀬　治
②カルヴァンに学ぶ　久米あつみ
③キリスト者の良心的不服従をめぐって
李　仁夏
父、森明　関屋　綾子
森有正について　佐古純一郎
読小塩節『ドイツ人気質の現実』大塚野百合
読佐古純一郎『パウロと親鸞』大沢　正

【一〇月号　通巻四三四号】
帰国カルチャーショック　小塩　節

つまずきの岩（イザ8）　片柳　榮一
共助会の精神　エバート・オズバーン
キリスト教と日本の文化　川田　殖
内なる豊かさを求めて（修養会報告）　橋本　洽二
ユーラシア旅行記（4）
―東欧の国々一―　松木　信
組曲（一）ルターのユーモア　福田　正俊
憩いの場　石居　育子
読川喜田愛郎『生命・医学・信仰』　川田　殖

【一一月号　通巻四三五号】

「だめ人間」である権利　櫻井　淳司
この弱い兄弟のためにも　林　律
組曲（二）カルヴァンと「望み」　福田　正俊
浅野恭三兄葬儀式辞　嶋田　順好
知識・感覚・愛（創23、フィリ1）　山本　精一
ユーラシア旅行記（5）
―東欧の国々二―　松木　信
評伝・椎名麟三（一）―椎名隣三と私―　斎藤　末弘
読日本基督教団「教職者懇談会」編『「合同教会としての日本基督教団」その教派的伝統と特質をめぐって』　尾崎　風伍
読藤田美実『信州教育の系譜』（上・下）　飯島　信

【一二月号　通巻四三六号】

言葉は肉体となって　和田　正
わが目は、はや主の救いをみたり（ルカ2）　牧野　信次
組曲（三）主の復活　福田　正俊
文学のかけ橋　斎藤　末弘
手をつなぐ　大木　松子
田中はる姉の思い出　松隈　敬三
私の歩み　大沢　正
牟礼事件・無実の死刑囚佐藤誠さんの逝去にあたって　嶋田　順好
ユーラシア旅行記（6）
―東欧の国々三―　松木　信
評伝・椎名麟三（二）―故郷―　斎藤　末弘
読島崎光正『星の宿り』　西村　一之
読青野太潮『十字架の神学の成立』　森　泰男

〈一九九〇年〉

【一月号　通巻四三七号】

何によって一致するのか　尾崎　風伍
ことばでなく、力によって　加藤　武
組曲（四）主の復活　福田　正俊
丸山重雄兄葬儀説教（二コリ5、二コリ6）　及川　信
「少女と夏水仙」除幕式にて　金子　健二
日本国憲法の精神とアジア　加藤　葉子
ユーラシア旅行記（7）
―東欧の国々四―　松木　信
新約聖書における自然保護1　小林　裕
評伝・椎名麟三（三）―両親の別居―　斎藤　末弘
ハンセン病の友らと共に、聖地巡礼　播磨　醇
読澤正彦・金纓『弱き時にこそ』　岡野　昌雄

【二・三月号　通巻四三八号】
《特集》京阪神修養会
（天皇制と韓国キリスト教）
沈黙の深さ　片柳　榮一
韓晳曦氏における信仰の原点　飯沼　二郎
天皇制と韓国キリスト教　韓　晳曦
韓国人キリスト者から与えられたもの
（ロマ5）　瀬口　昌久
修養会感想　澤崎　良子
七十年　小笠原亮一
ユーラシア旅行記（8）
―東欧の国々五・六―　松木　信
入会に当たって　河合　達雄
読ブルンナー『永遠と愛』　内田　文二
読佐古純一郎『三浦綾子のこころ』　柳澤　妙子

【四月号　通巻四三九号】
もし復活がなかったら　橋本　治二
平和の君（イザ8、イザ9）　加藤　武
組曲（五）主の復活　福田　正俊
大嘗祭問題を中心に天皇制を考える　佐古純一郎
新約聖書における自然保護2　小林　裕
ユーラシア旅行記（9）
―東欧の国々七―　松木　信
ペテロの告白（マタ16）　横井　克己
共助の友垣に囲まれて　斎藤成一氏に聞く
（一）　橋本　治二　島崎　光正
評伝・椎名麟三（四）―母なるもの―　斎藤　末弘
詩「春光」　深井　碧水
読大塚野百合『老いについて
―豊かな人生を送る64冊』　加藤　武

【五月号　通巻四四〇号】
日本の脊髄に注射する　松隈　敬三
ノアの方舟（創6）　加藤　武
象徴天皇制と平和憲法　深瀬　忠一
ユーラシア旅行記（10）
―東欧の国々八―　松木　信
共助の友垣に囲まれて　斎藤成一氏に聞く
（二）　島崎　光正　橋本　治二
評伝・椎名麟三（五）―家出―　斎藤　末弘
読佐伯邦男『三極発想法』　本間浅治郎

【六月号　通巻四四一号】
単純なこと　小淵　康而
汝等しづまりて我の神たるを知れ（詩46）　加藤　武
組曲（六）失われたものとの共同の会食①　福田　正俊
小島正君のこと　三谷　健次
希望は生徒から来る　安積　力也
ユーラシア旅行記（11）
―東欧の国々九―　松木　信
共助の友垣に囲まれて　斎藤成一氏に聞く
（三）　島崎　光正　橋本　治二
評伝・椎名麟三（六）―大阪流転―　斎藤　末弘
読九条オモニ学校編
『九条オモニ学校十年誌』　島崎　光正

【七月号　通巻四四二号】
種播くもの、播かんとて　橋爪　裕司

雪よりも白く（詩51）　加藤　武
組曲（七）失われたものとの共同の会食（2）　福田　正俊
市民としての「公」の意識　成瀬　治
老いゆく青春ー吉岡順兄追悼　原田　昂
〈韓国への旅〉
①礼拝を共に　下竹　敬史
②また再び　井川　道
③言葉をめぐって　井川　和子
共助の友垣に囲まれて　斎藤成一氏に聞く（四）　橋本　治二　島崎　光正
評伝・椎名麟三（七）―宇治川電鉄入社―　斎藤　末弘
詩「祈祷」　島崎　光正
読矢内原忠雄『戦時下　松本新年講演集』　佐伯　邦男

【八月号　通巻四四三号】

己が十字架を負ひて我に従へ　井上　健
主はわが牧者なり　加藤　武
キリストは我等の平和にして　浅野　恒
〈韓国への旅〉
①れんぎょうの春を訪ねて　千野満佐子
②独立記念館を見て　石川　忠義
③河は淡く輝きながら　千葉　桜洋
④韓国へ　島崎　光正
ユーラシア旅行記（12）―東欧の国々十―　松木　信
共助の友垣に囲まれて　斎藤成一氏に聞く（五）　島崎　光正　橋本　治二
評伝・椎名麟三（八）―八・二六事件―　斎藤　末弘
詩「みことば」　佐藤　英介
読大島純男『ローマの信徒への手紙講解』　藤沢　一二三

【九月号　通巻四四四号】

主にある友情考　由井　千春
赦して力づける　大島　純男
これらの最も小さい者　飯沼　二郎
共助寮の回顧と寮生ＯＢの集い　松隈　敬三
六十年間の信仰生活　由井　千春
寄せ書きを感謝して　堀合　道三
尾崎喜巳子姉への追憶　松隈　敬三
ユーラシア旅行記（13）―トルコの旅から一―　松木　信
評伝・椎名麟三（九）―獄中生活―　斎藤　末弘
詩「待晨」　島崎　光正
読金子晴勇『愛の秩序』　久米あつみ
読木田献一『エレミヤ書』　牧野　信次

【一〇・一一月号　通巻四四五号】

《特集》夏期信仰修養会
日本の文化とわれらの信仰　川田　殖
我れに従え（マコ1、ルカ9）　小笠原亮一
光の根をたずねる　島崎　光正
キリスト教と日本文化　佐古純一郎
幼児教育者の一人として　滝浦　緑
究極の慰めへの道　橋本　治二
クリスマス・イヴの日から　李　炳墉
キリストのほかは　大木　松子
グループ別懇談会報告　阪本　高
共助会に入会を許されて　下竹　敬史
共助会入会にあたって　鈴木　幸江
修養会報告

「お言葉」の虚偽　小笠原亮一
読佐古純一郎『漱石論究』　大沢　正
【一二月号　通巻四四六号】
今年のクリスマス　清水　二郎
神・人となる喜び　福田　正俊
Nさんへの手紙　河合　達雄
旧約聖書歴史書における自然保護　小林　裕
ユーラシア旅行記（14）
―トルコの旅から二―　松木　信
評伝・椎名麟三（十）―夜の旅―　斎藤　末弘
詩「聖夜劇」　深井　碧水
読加藤常昭説教集（7）『マタイによる福音書2』　及川　信
〈一九九一年〉
【一月号　通巻四四七号】
歴史に対する洞察眼　尾崎　風伍
ユダヤ人もギリシャ人もなく（ガラ3）　和田　正
老化のなかに人間の生命の意味をさぐる　松村　克己
赦しのうちに立たしめられる時　飯島　信
ユーラシア旅行記（15）
―トルコからシリアへ―　松木　信
評伝・椎名麟三（十一）―ドストエフスキーとの出会い―　斎藤　末弘
琴平教会献堂式に出席して　橋本　治二
詩「頌」　島崎　光正
読寺瀬淳一『空澄む山』　橋本　治二
【二・三月号　通巻四四八号】
《特集》京阪神修養会
難破船救命ボートの上で（マコ4）　片柳　榮一
貪欲の儀礼（大嘗祭）　大島　孝一
オモニの詩　マリアの賛歌（ルカ1）　瀬口　昌久
十字架と高御座（フィリ2、王上19）　小笠原亮一
ユーラシア旅行記（16）
―シリアから再びトルコへ―　松木　信
岩手靖国訴訟の高裁判決　井上　健
岡村民子先生の正典としての聖書の学び　三浦　邦雄
洪彰義先生に出会って　大津　英二
評伝・椎名麟三（十二）―「新創作」時代―　斎藤　末弘
詩「一隅」　島崎　光正
読佐古純一郎『老いを豊かに生きる』　内田　文二
【四月号　通巻四四九号】
希望のありか　下村　喜八
神の言葉キリスト（ヘブ1）　小早川俊男
信仰の継承（申6）　下竹　敬史
日朝キリスト者の比較―天皇制に関連して―
ジャン・バニエ氏の手紙（1）（訳と解説）　飯沼　二郎
評伝・椎名麟三（十三）―戦中時代―　加藤　慎子
来信　斎藤　末弘
読刊行委員会編『三谷隆正の生と死』　田中　武二

川田　殖

【五月号　通巻四五〇号】

「重たい」教師の存在　石川　光顕
義にまさる義（マタ5）　横井　克己
信仰と行い（マタ25）　小淵　康而
旧東ドイツ教会の課題（前）　雨宮　栄一
ジャン・バニエ氏の手紙（2）　加藤　慎子
評伝・椎名麟三（十四）—廃墟の中から—　斎藤　末弘
来信　安積　力也

【六月号　通巻四五一号】

われらはキリストのもの　山谷　朗
私は道である　清水　武彦
旧東ドイツ教会の課題（後）　雨宮　栄一
人間といのち1　大津　英二　島崎　光正
松村克己兄を憶う　清水　二郎
評伝・椎名麟三（十五）—自由を索めて—　斎藤　末弘
ジャン・バニエ氏の手紙（3）　加藤　慎子
読 小塩節『私のゲーテ』　戸口日出夫

【七月号　通巻四五二号】

レイマン・ムーブメント　内田　文二
和田先生を送る（ガラ3、フィリ1）　及川　信
イエスとイザヤ書（前）（ルカ4）　川田　殖
追悼　中北暘三兄　佐古純一郎
人間といのち2　島崎　光正　大津　英二
Good Friday　薄井喜美子
ジャン・バニエ氏の手紙（4）　加藤　慎子
評伝・椎名麟三（十六）—赤い孤独者—　斎藤　末弘
新しい出発にあたって　藪本　忠一
詩「所沢抄」　島崎　光正

【八月号　通巻四五三号】

現代に宗教を問う　戸口日出夫
主の愛に躓く者（マタ20）　嶋田　順好
イエスとイザヤ書（後）（ルカ4）　川田　殖
弱さを誇る（二コリ12）　島崎　光正
コーヒーブレイクインタビュー
本間浅治郎
ジャン・バニエ氏の手紙（5）　加藤　慎子
評伝・椎名麟三（十七）—受洗前夜—　斎藤　末弘
浅野順一記念会で思ったこと　橋本　洽二
読 池田伯『告白する教会を求めて』　小淵　康而

【九月号　通巻四五四号】

主にある熱心さと賢さを　久米あつみ
もう一つの問い（マタ20）　嶋田　順好
新しく造られた人（エフェ2）　尹　鍾倬
集団を生かす個性　個性を生かす集団　佐伯　邦男
追悼　由井千春兄の思い出　松隈　敬三
追悼　由井千春さんと私　松木　信
夫・和仁太郎のこと　和仁　康子
月にあった幻の石　船戸巳知雄
ジャン・バニエ氏の手紙（6）　加藤　慎子
評伝・椎名麟三（十八）—心臓病と文学1—　斎藤　末弘
詩「季」　島崎　光正

【一〇・一一月号　通巻四五五号】
《特集》夏期信仰修養会
義と自由、そして信仰　成瀬　治
いまなぜイザヤ書か（イザ1、イザ8）　川田　殖
イザヤ書をどう読むか—第一イザヤを中心に—（イザ）　中沢　治樹
メシヤ預言の希望（イザ9）　及川　信
イザヤ書の音信から（イザ12）　石川　光顕
イエス・キリストへの信仰へと導き給う神の勝利　佐伯　勲
剣をうちかへて鋤となし（イザ2）　小笠原亮一
穂高での修養会　三沢八重子
主の恵みに支えられて　岡江　保和
詩「朝」　島崎　光正

【一二月号　通巻四五六号】
クリスマスに　島崎　光正
新しい創造（ヨハ1）　尾崎マリ子
ジョン・ロックとキリスト教　永岡　薫
私の歩み　大嶋　功
評伝・椎名麟三（十九）—心臓病と文学2—　斎藤　末弘
詩「風景」「途上」　島崎　光正
読島崎光正『神は見て良しとされた』　久米あつみ

〈一九九二年〉

【一月号　通巻四五七号】
一九九二年を迎える　川田　殖
カナンに出で立つ前夜（出12）　李　炳墉
フィリピの信徒への手紙講解①（フィリ1）　大島　純男
まったき悔い改め　成瀬　治
中・東欧の変化に想う　戸口日出夫
ジャン・バニエの手紙（7）　加藤　慎子
評伝・椎名麟三（二十・終）—晩年の輝き—　斎藤　末弘
五郎丸さんの「日の丸・君が代」処分　小笠原亮一
五郎丸君を支持する理由　飯沼　二郎
詩「湖畔」「時」　島崎　光正
読加藤武『アウグスティヌスの言語論』　久米　博

【二・三月号　通巻四五八号】
《特集》京阪神修養会
歴史の尖端　片柳　榮一
剥奪されるイエス　高橋　由典
エレミヤ書を学ぶ（エレ）　木田　献一
受洗まで　永口　裕子
ドイツの良心R・シュナイダー　下村　喜八
佐藤英介さんを偲んで　山田　玲子
大日向繁牧師を偲ぶ　播磨　醇
ジャン・バニエの手紙（8）　加藤　慎子
詩「園」「その上を」　島崎　光正
読ジャン・バニエ『ひとつとなるために—生命の破れと光』（小塩・長沢訳）　大塚野百合
読澤正彦『未完　朝鮮キリスト教史』　李　仁夏

【四月号　通巻四五九号】

神の赦しの中に　飯島　信
悲しみが喜びに変わる（ヨハ16）　木村　一雄
フィリピの信徒への手紙講解②（フィリ1）　大島　純男
人格的応答の日々　関屋　綾子
随想―カルヴァンにおける文化の問題―　橋本　光男
カルヴァンとユマニスム その1　久米あつみ
ジャン・バニエの手紙（9）（完）　加藤　慎子
入会所感　伊吹由歌子
視野狭窄におちいらないために　迫川　道子
ご一緒に歩かせて下さい　森川　静子
詩「昼」「谷」　島崎　光正

【五月号　通巻四六〇号】

主イエスのみ名と聖フランチェスコ　大塚野百合
福音の前進（フィリ1）　浅野　恒
礼拝中心の生活（ロマ12）　浅野　恒
フィリピの信徒への手紙講解③（フィリ2）　大島　純男
歴史に生きるキリスト者　李　仁夏
「あらかし」のほとりで1 日本聾話学校訪問記　島崎　光正
カルヴァンとユマニスム その2　久米あつみ
詩「雹」「森の中から」　島崎　光正

【六月号　通巻四六一号】

「喜びなさい」　橋本　洽二
逆転の人生（マコ5）　疋田國磨呂
フィリピの信徒への手紙講解④（フィリ2）　大島　純男
パレスチナをめぐる新しい動き（前）　豊田　惇司
藪本忠一師を偲ぶ　佐古純一郎
カルヴァンとユマニスム その3　久米あつみ
読李仁夏『自分を愛するように』　牧野　信次

【七月号　通巻四六二号】

戦後補償　飯沼　二郎
「行って実を結ぶために」（ヨハ15）　尾崎　風伍
フィリピの信徒への手紙講解⑤（フィリ2、フィリ3）　大島　純男
パレスチナをめぐる新しい動き（後）　豊田　惇司
ある女子短大寮監の半生　河合　達雄
まことの愛との出会い（1）（ヨハ9）　大日向　繁
カルヴァンとユマニスム その4　久米あつみ
詩「国境」　島崎　光正
読小塩節『ザルツブルクの小径　音楽と食彩の旅』　伊吹由歌子
読橋本洽二『セミの生活史』　都築　功

【八月号　通巻四六三号】

真の悔改めと平和　小笠原亮一
だれが隣人になったか（ルカ10）　牧野　信次
フィリピの信徒への手紙講解⑥（フィリ3、フィリ4）　大島　純男
歴史に生きるキリスト者（前）　山本　精一
まことの愛との出会い（2）（ヨハ9）

カルヴァンとユマニスム その5　久米あつみ　大日向　繁
詩「廃墟」　島崎　光正
読藤田四三雄『水のすべて　科学と聖書から』　小林　裕
読斎藤末弘『評伝・椎名麟三』　佐古純一郎

【九月号　通巻四六四号】
内実が問われている　内田　文二
下へのぼるイエスに従う　櫻井　淳司
フィリピの信徒への手紙講解⑦（フィリ4）　大島　純男
私の出会った或る患者さんのこと　松岡順之介
歴史に生きるキリスト者（後）　山本　精一
まことの愛との出会い3（ヨハ9）　大日向　繁
カルヴァンとユマニスム その6　久米あつみ
読大日向繁『いのち豊かに』　島崎　光正

【一〇・一一月号　通巻四六五号】
《特集》夏期信仰修養会

私たちにとっての「捕囚」　川田　殖
わが神、わが神、なぜわたしをお見捨てになったのですか（イザ52、イザ53）　嶋田　順好
第二イザヤをどう読むか（イザ）　中沢　洽樹
神にある希望の光（イザ40）　黒田　若雄
第二イザヤとペルシア王キュロス　大島　純男
苦しみに会ったことは私にとってしあわせでした　平良久美子
私の思いとはべつのところで　森川　静子
わが言葉むなしくはわれに帰らず　尾崎　風伍
雨のひと粒、雪のひとひらとして　大木　松子
第一回修練会報告　下竹　敬史
韓国基督教共助会の設立と第一回修練会に際して　李　英環
松原武夫先生を偲ぶ　三谷　健次
大浜亮一さんを憶う　内田　文二
共助会に入会を許されて　井川　善也
とりなしの祈りに導かれて　平良久美子
読柳瀬睦男『神のもとの科学』（川田勝訳）　尾崎　風伍

【一二月号　通巻四六六号】
クリスマスの不安と栄光　佐伯　邦男
ひとり子、イエス・キリスト（ヨハ1）　金　明淑
フィリピの信徒への手紙講解⑧（フィリ4）　大島　純男
私の信仰の歩み　松原　武夫
浅野恒牧師の最後の日々　編　集　部
マリア三題―クリスマス断想―　加藤　武
砕かれた心の里―丸木美術館訪問記―　尾崎　風伍
カルヴァンとユマニスム その7　久米あつみ
詩「エリコ」　島崎　光正
読三宅廉『こだまするいのち―パルモア病院の子供たち』　井川千代子
読上亨『チューリップツリーの庭』　戸口　令子

〈一九九三年〉
【一月号　通巻四六七号】

日本伝道の視点　尾崎　風伍
弟子にしなさい（マタ28）　小淵　康而
幸いな人生　（詩1）　及川　信
過ぎ去りし日々　山崎　保興
日本人であること・クリスチャンであること　西村　一之
片丘通信　島崎　光正
他国に宿るようにして　橋爪　裕司
カルヴァンとユマニスム その8　久米あつみ
表紙に寄せて　和田　健彦
読小塩節・編集委員会編『ヨーロッパ精神とドイツ―出会いと変容―』　岡野　昌雄

【二・三月号　通巻四六八号】
《特集》京阪神修養会
ご自身を撃たれる主　及川　信
唯一人の前もっての目撃者（エゼ9）　片柳　榮一
エゼキエルに聴く　牧野　信次
韓国の旅から　井川　善也
追悼　浅野恒先生の三つの負い目　小笠原亮一
1991年11月、パリで　井川　満
浅野恒先生の思い出　武田　将
決然としてエルサレムへ　黒瀬　健二
パリからの手紙　永口　裕子
遺族挨拶　浅野　道雄　塚脇　知子
荒地に花は咲き（イザ35、ヨハ19）　山本　精一
韓国基督教共助会冬期修練会報告　下竹　敬史
阪神共助会修養会報告　下村　喜八
読「ひとりのうれいをいやしえば」　下川　きん

【四月号　通巻四六九号】
行く年・来る年　川田　殖
神の義と愛（詩130）　大塚野百合
笑いと幸い　（詩2）　及川　信
現代に十字架を負って（一）
―隅谷三喜男氏に聴く―
尾崎　風伍　内田　文二　大塚野百合
嶋田　順好　河合　達雄
鴨脚富士姉を偲ぶ　澤崎　良子
鈴木馨様追悼の辞　村上　フミ
カルヴァンとユマニスム その9　久米あつみ
詩「旅路の中」　島崎　光正
詩「春信」　島崎　光正
読及川信『松本日本基督教会　葬儀説教集』
山田　玲子

【五月号　通巻四七〇号】
今こそ憲法九条を　佐古純一郎
武装放棄による平和（ゼカ9）　櫻井　淳司
聖書の行き着くところ（詩6）　及川　信
現代に十字架を負って（二）
―隅谷三喜男氏に聴く―
尾崎　風伍　内田　文二　大塚野百合
嶋田　順好　河合　達雄
戦いのさなかに倒れた小野寺幸也君を偲ぶ
小川　隆雄
「ゆるし」と「学び」の中で　岡田　長保
カルヴァンとユマニスム その10　久米あつみ
読島崎光正『私の旅路』『風のしおり』
『悲しみ多き日にこそ』　斎藤　末弘

【六月号　通巻四七一号】
キリスト教は悲劇　下村　喜八

信仰に生きる人々（ガラ3）　木村　一雄
人間の真の姿　（詩8）　及川　信
パリの階段　久米あつみ
現代に十字架を負って（三）
—隅谷三喜男氏に聴く—
尾崎　風伍　内田　文二　大塚野百合
嶋田　順好　河合　達雄
白木蓮　村上三佐保
梅沢浩二さんを偲ぶ　内田　文二
カルヴァンとユマニスム　その11　久米あつみ

【七月号　通巻四七二号】
高い志と広い視野　尾崎　風伍
わたしの父であり、あなた方の父である方
（ヨハ20）　小笠原亮一
主の幕屋に宿る者は誰か　（詩15）
及川　信
森有礼　その歴史に対する洞察と識見
犬塚　孝明
地についた日中友好　河内　良弘
カルヴァンとユマニスム　その12　久米あつみ
読NCC障害者と教会問題委員会編『障害者神学の確立をめざして』　橋本　治二

【八月号　通巻四七三号】
虹の契約　関屋　綾子
世界は神の国を待ち望んでいる（ルカ4）　李　仁夏
礼拝の目的（詩20）　及川　信
現代に十字架を負って（四）
—隅谷三喜男氏に聴く—
尾崎　風伍　内田　文二　大塚野百合
嶋田　順好　河合　達雄
主イエスを信じなさい　平良久美子
個展をめぐって　吉住　一信
カルヴァンとユマニスム　その13　久米あつみ
詩「使者」　島崎　光正
読キリスト教メンタル・ケア・センター編
『心病む人々と共に』　尾崎マリ子

【九月号　通巻四七四号】
長島にて　島崎　光正
向きを変えて　加藤　武
天に栄光、地に平和　（詩29）　及川　信
現代に十字架を負って（五）
—隅谷三喜男氏に聴く—
尾崎　風伍　内田　文二　大塚野百合
嶋田　順好　河合　達雄
深井良三郎兄を憶う　佐古純一郎
カルヴァンとユマニスム　その14　久米あつみ
読澤正彦『韓国と日本の間で』　小笠原亮一

【一〇・一一月号　通巻四七五号】
《特集》夏期信仰修養会
みたびイザヤ書を学ぶ　川田　殖
心低き者への慰め（イザ57）　牧野　信次
第三イザヤをどう読むか（イザ）中沢　洽樹
私の歩み　成田いうし
イザヤ書雑感（イザ）　山崎　保興
中国への旅から　澤崎　良子
恵みとあわれみの中で　井上　健
平和の思想、　下村　喜八
第三回韓国共助会夏期修練会報告　下竹　敬史
修養会報告　千野満佐子
読藤田四三雄、信夫編『ロマ書の学び』

前編　當間喜久雄

【一二月号　通巻四七六号】
近代を超えて　戸口日出夫
暗き世にありて（イザ9、ルカ2）
本間浅治郎
共にいます主　第46編（詩46）　及川　信
環境破壊とキリスト教　村上　伸
カルヴァンとユマニスム その15　久米あつみ
読共助会編『歴史に生きるキリスト者』
柴崎　聰

〈一九九四年〉
【一月号　通巻四七七号】
キリスト者の縦軸・横軸　内田　文二
神の前に正しい心（使8）　大島　純男
神の勝利宣言（詩60）　及川　信
文書伝道試論　斎藤　末弘
伊勢原市へ転勤して　黒瀬　健二
生きて働かれる主　加藤　大典
カルヴァンとユマニスム その16　久米あつみ
「少女と夏水仙」にこめられた願いと祈り
読ラインホルト・シュナイダー　桑原清四郎
『カール五世の前に立つラス・カサス』
（下村喜八訳）　安積　力也
読須沢かおり『エディット・シュタイン』
嶋田　順好
読桜井淳司『ニューライフカレッジ』　岡野　昌雄

【二・三月号　通巻四七八号】
《特集》京阪神修養会（和田正牧師追悼）
和田先生の遺産　林　律
和解の福音の証人として　李　仁夏
熱河宣教の証し　児玉　重雄
騒がしいドラ、やかましいシンバル
井川　善也
熱河宣教に学ぶ　韓　晳曦
澤崎堅造記念講演会「エミール・ブルンナー
博士」の前後　河内　良弘
和田正の死に思う（マコ12、ロマ5、
二コリ4）　田中　敦
神の御計画の中で　和田正牧師追憶
（ガラ3）　及川　信
和田牧師追悼記念会感話
李　英環　金　泰文　尹　鍾倬
金　纓　島崎　光正　福富　春雄
小笠原亮一　和田　健彦
共助会との出会い　七條　真明
入会所感　原田　博充
共助という生に出会うまで　永野　昌三
京阪神共助会修養会報告　河内　良弘
読共助会編『歴史に生きるキリスト者』
太田千代子

【四月号　通巻四七九号】
主を仰ぎ見る　飯島　信
婦人よ、なぜ泣いているのか　志垣　暹
欠けのない人生（詩23）　及川　信
我は聖霊を信ず（上）　尾崎　風伍
バングラディシュと手をつないで　大木　松子
信仰の生涯　悼・上遠章兄　佐伯　邦男
光の贈物　鈴木　幸江
カルヴァンとユマニスム その17　久米あつみ
読『福田正俊著作集1』　大塚野百合

読久米博『キリスト教』　山谷　朗
読共助会編『歴史に生きるキリスト者』　池　明観

【五月号　通巻四八〇号】
《特集》一泊研修会
日本国憲法の平和条項について　加藤　葉子
ヤコブの手紙講解（ヤコ1）　小淵　康而
剣をうちかへて鋤となし　川田　殖
国連を見る眼　最上　敏樹
発題　山本　義彰

【六月号　通巻四八一号】
真実な人　小笠原亮一
主イエスの贖罪の預言と証人（エレ38、二コリ5、フィリ2、ガラ2）　石居英一郎
ヤコブの手紙講解（ヤコ1）　小淵　康而
アジアの中の日本（一）
—東南アジアの現実から—　望月賢一郎
カルヴァンとユマニスム　その18　久米あつみ
丸の内・阪神共助会・松本共助会

【七月号　通巻四八二号】
聖霊による一致　成瀬　治
手を差し伸べて触れた（マタ8）　嶋田　順好
ヤコブの手紙講解（ヤコ2）　小淵　康而
アジアの中の日本（二）
—東南アジアの現実から—　望月賢一郎
吉村淑子姉追悼　小笠原亮一
カルヴァンとユマニスム　その19　久米あつみ
松本共助会・丸の内集会・京都共助会
読伊藤邦幸『同行二人』　井川千代子
読金子晴勇『聖なるものの現象学』　原田　博充

【八月号　通巻四八三号】
真の平和をつくり出す時　李　仁夏
途方もない癒し（ルカ10）　山本　精一
ヤコブの手紙講解（ヤコ2）　小淵　康而
平和について　飯沼　二郎
佐伯邦男氏にきく（日本FEBCインタビュー）　吉崎　恵子
佐々田良勝先生を偲ぶ　橋爪　裕司
カルヴァンとユマニスム　その20　久米あつみ

【九月号　通巻四八四号】
「ミー、クリスチャン」　河合　達雄
新しい命に生きる（ロマ6）　木村　一雄
ヤコブの手紙講解（ヤコ3）　小淵　康而
我は聖霊を信ず（下）　尾崎　風伍
モーツァルトとバッハについて　大塚野百合
藤田四三雄先生への告別　宇都木　詢
カルヴァンとユマニスム　その21　久米あつみ
読『霊魂の曲』を中心に　永野　昌三
読八木重吉・神谷和代『美に哀しむ』　島崎　光正

【一〇・一一月号　通巻四八五号】
《特集》夏期信仰修養会
名前をこえて残るもの　川田　殖
御子をわたしの内に啓示し　片柳　榮一
日本社会と宣教の課題（一）（二）　隅谷三喜男
あなたがたの内にキリストの形成るまでは　尾崎　風伍
長谷川保における小塩力のとりなし

御国の福音（マタ5）　西村　一之
吹き上がれ、風よ！　原田　博充
修養会報告　李　炳墉
　小高　学

【一二月号　通巻四八六号】
低きにくだりたもうて　島崎　光正
その撃たれし傷によりて（イザ53、ルカ2）　小笠原亮一
ヤコブの手紙講解（ヤコ3）　小淵　康而
近代日本思想史におけるキリスト教
　―浅野順一―　武田　清子
鞠子清兄を天に送る　山谷　朗
カルヴァンとユマニスム その22　久米あつみ
京都共助会・丸の内集会

〈一九九五年〉
【一月号　通巻四八七号】
教会の問題が問われている　尾崎　風伍
見よ、すべてが新しくなった（二コリ5）　藤沢一二三
悔い改め（ヤコ4）　小淵　康而
李仁夏牧師に聞く　伊吹由歌子
　尾崎　風伍
神部信雄先生追悼　岡本　敏雄
カルヴァンとユマニスム その23　久米あつみ
松本共助会　大沢　正
丸の内集会　山谷　朗

【二・三月号　通巻四八八号】
《特集》京阪神修養会
生かされて生きる　飯沼　二郎
主に倣う者（使7）　小笠原亮一
パウロに学ぶ　大島　純男
『心の願い』について　青山　章行
パウロの回心をめぐって　播磨　醇
主にある友情　大木　松子
アウグスティヌスとパウロ　片柳　榮一
京阪神共助会修養会報告　井川　善也
読「イスラエル・ギリシャの旅」　佐伯　邦男
読福田正俊『福田正俊著作集Ⅱ
神学論文集』　西村　一之

【四月号　通巻四八九号】
より深い正義　山本　精一
お言葉通りこの身になりますように
（詩78、ルカ1）　下竹　敬史
傲慢（ヤコ4）　小淵　康而
信仰の道を求めて　中沢　宣夫
熱誠溢れる真実のご生涯（関屋光彦）　川田　殖
カルヴァンとユマニスム　その24（終）
　久米あつみ

【五月号　通巻四九〇号】
《特集》一泊研修会
人格の成熟と教会会議の成熟　嶋田　順好
教会を生かすもの　川田　殖
キリストに向かって成長する（エフェ4）　尾崎　風伍
教会の生命　小淵　康而
主の鍛練（ヘブ12）　大島　純男
徐積鑑兄追悼　豊田　寛
本間利姉のご生涯を憶う　本間浅治郎
読日本キリスト教詩人会編『神の涙』　佐古純一郎

【六月号　通巻四九一号】
《特集》清水二郎先生追悼記念
清水二郎氏の最晩年　西村　一之
神の祭壇の前で　川田　殖
福音的人格を生きた清水二郎先生　佐古純一郎
キリストにある真実　尾崎　風伍
共に礼拝を捧げる機会を与えられ　大嶋　功
教育を考える会会員一同の感謝とお礼　桑原清四郎
清水先生と兄　関屋　綾子
感話　山本　義彰
清水先生と私　山田　玲子
遺族挨拶　清水由紀郎　伊吹由歌子
詩「惜別」　島崎　光正
詩「清水二郎先生を敬仰して」　伊藤満寿一

【七月号　通巻四九二号】
徐積鑑さんと戦後五十年　小笠原亮一
人生の究極の問題・愛と命（マコ15）　原田　博充
富める者たちと忍耐する人たち（ヤコ5）　小淵　康而
あなたは神から恵みをいただいた（一コリ9、詩118）　永口　裕子
援護法から見ると　森川　静子
故大岩鉱さんを偲ぶ　佐古純一郎
共助会としての戦後五十年のまとめ　小笠原亮一
松本共助会　大沢　正
丸の内集会　山谷　朗
詩「ユダの荒野」「朝の祈り」　佐伯　邦男
詩富田和久『富田和久著作集』　村上陽一郎

【八月号　通巻四九三号】
一九九五年の夏を迎えて　松木　信
平和を実現する人々は幸いである（マタ5）　関屋　綾子
祈り（ヤコ5）　小淵　康而
福音信仰と社会問題　中平　健吉
「自由・志願」のなかみ　森川　静子
松本共助会　大沢　正
丸の内集会　山谷　朗

【九月号　通巻四九四号】
《特集》奥田成孝先生追悼記念
いさぎよい生きざま　飯沼　二郎
北白川教会　一九八五年～九五年まで（ヘブ12）　小笠原亮一
キリストと共に歩み、戦いそして苦しむ教会　洪　彰義
『神曲』（地獄編）について（二）　永野　昌三
生涯一伝道者　山本　元子
神自ら義たり（ロマ3）　小笠原亮一
福音の証人　川田　殖
キリストにあって生きた御生涯　清水　武彦
奥田成孝先生を偲んで　佐古純一郎
小さな群れを大切にされた奥田先生　佐伯　邦男
かたじけない長き年月　千野満佐子
主の友情に生かされた生涯　木村　葉子
奥田先生との出会い　飯島　信
父の召天前後について　奥田　義孝
故戸叶三郎兄を偲ぶ　鈴木　靖尋

詩「イスラエルの旅」　佐伯　邦男

【一〇・一一月号　通巻四九五号】
《特集》夏期信仰修養会（敗戦五十年）
戦後五十年の反省と展望　川田　殖
十字架のイエスの内に自分を見出す者　小笠原亮一
歴史において和解の福音の意味を問う　李　仁夏
五餅二魚（マタ14）　志垣　暹
戦後五〇年日本の教会の歴史的責任と課題　森岡　巖
私の歩み　島崎　光正
強く雄々しくあれと（ヨシュ1）木村　一雄
敗戦五十年と共助会（マコ12）飯島　信
預言者ミカに学ぶ　牧野　信次
共助・共生・永生（ルカ10）　尹　鍾倬
共助会夏期信仰修養会報告　下竹　敬史

【一二月号　通巻四九六号】
あの年「クリスマス」　橋本　洽二
エサイの芽（ルカ1）　加藤　武
信仰の告白（申26）　下竹　敬史
戦後五十年の日本農業　飯沼　二郎
五十年目の追想　小倉　宏平
イコンについて　戸口日出夫
秋元徹先生追悼　内田　文二
吉川需さんを偲ぶ　成瀬　治
『神曲』（地獄編）について（二）永野　昌三
松本共助会　大沢　正
ジャコビニ読書会　小林　裕
読松隈敬三『ヨブ記講解説教』島崎　光正

〈一九九六年〉
【一月号　通巻四九七号】
転機にたつ共助会　内田　文二
「呼びかけよ」「なんと呼びかけたらよいのか」（イザ40、ヨハ1）　及川　信
歴史の想起（申1、申2、申3、申4）　下竹　敬史
佐久学舎聖書研究会三十二年　川田　殖
佐久の湧き水　中沢　洽樹
第三十二回佐久学舎聖書の学びに参加して　小川　隆雄
想うこと
故岡田繁雄さんを偲ぶ　近藤　章

【二月号　通巻四九八号】
共助会の信仰の継承　尾崎　風伍
博士たちはなにを求めて（マタ2、マタ9）　西村　一之
法の精神（申5）　下竹　敬史
共助会の回顧と展望　佐古純一郎
『神曲』（地獄編）について（三）永野　昌三
内川千治氏に九十六年の人生を聞く（一）　島崎　光正
表紙によせて　金子　健二
ジャコビニ読書会　和田　健彦
松本共助会　大沢　正
詩「頌」　島崎　光正
読大塚野百合『賛美歌・聖歌ものがたり』　川田　殖
読大島純男『エレミヤよ、何が見えるか』　尾崎マリ子

【三月号　通巻四九九号】
ふるわれるものとこしえに立つもの

『共助』総目次　1996年8月号　通巻504号

剣を持って来られたキリスト　小笠原亮一
（マタ10、ルカ12）　洪　根洙
京都共助会の中にあって　片柳　榮一
京都共助会の思い出　岡本　敏雄
内川千治氏に九十六年の人生を聞く（二）　島崎　光正
松本共助会　大沢　正
丸の内集会　山谷　朗
読内川千治『山麓雑記』　山谷　朗

【四月号　通巻五〇〇号】
「夢」を育む　石川　光顕
主のいのちに溢れて（マコ14）　木村　一雄
『聴く』ということ　安積　力也
光復五十周年と韓国教会　李　仁夏
故山本孝葬儀式辞　嶋田　順好
内川千治氏に九十六年の人生を聞く（三）　島崎　光正
松本共助会　大沢　正

【五月号　通巻五〇一号】
《特集》一泊研修会
新しき胎働　川田　殖
今日における共助会の信仰の継承（マタ16）　成瀬　治
根本の教え（申6）　下竹　敬史
共助会一泊研修会に参加して　川田　勝
大学四年　野間口カリン
私と共助会　井川　善也
一泊研修会に参加して　安積百合香
学内聖研のことなど　山本　精一
ジャコビニ読書会　永野　昌三
松本共助会　大沢　正

【六月号　通巻五〇二号】
雑誌『共助』復刊五百号に際し　山谷　朗
フランチェスコとバッハに学ぶ（ヨハ14）　大塚野百合
忘却のわな（申7、申8）　下竹　敬史
『燃えあがる緑の木』三部作（一）　永野　昌三
内川千治氏に九十六年の人生を聞く（四）　島崎　光正
読飯島信『いのち輝くとき』　桑原清四郎

【七月号　通巻五〇三号】
伝える・伝わる　久米あつみ
ともに福音にあずかるために（一コリ9）　川田　殖
かたくなな民（申9、申10、申11）　下竹　敬史
森明の生涯と思想について　深井　智朗
『神曲』（地獄編）について（四）　永野　昌三
森明先生と共助会との出会いと近況　村田八千代
わが師　奥田先生に　大島　国憲
神さまは成長させて下さる　大木　松子
共助会四十年史年表　表　弘弥
雑感　佐治健治郎
近況報告　李　炳墉　岡田　照子
岡田　長保　伊東啓子　他
戦後五十年に当っての想起と決意　編　集　部
読川田殖『若き友らとともに』　水野　威夫

【八月号　通巻五〇四号】

エレミヤの歎き　飯沼　二郎
贖いについて（イザ43）　牧野　信次
正しい礼拝（申12、申13、申14、申15）　下竹　敬史
民族分断のおいめ　森川　静子
宮沢賢治生誕百年にあたって　金子　健二
教室の平和から世界の平和へ　石川　光顕
雑誌『共助』編集の基本的な考え方について
読 P・ミルワード『大学の世界　何を学び考えるか』（戸口日出夫訳）　岡野　昌雄

【九月号　通巻五〇五号】
「若者」である弟子たち　成瀬　治
分断の障壁を取り壊し、和解する共同体（エフェ2）　洪　根洙
『燃えあがる緑の木』三部作（二）　永野　昌三
宗教法人法と信仰　笹川　紀勝
松本共助会　大沢　正
丸の内集会　山谷　朗
読 ブルンナー『ブルンナー著作集』第七巻　アフラウミュンスター説教集（下村喜八訳）　及川　信
読 富坂キリスト教センター『日韓キリスト教関係史資料』Ⅱ　森岡　巖

【一〇・一一月号　通巻五〇六号】
《特集》夏期信仰修養会
感謝と分かち合いの文化　李　仁夏
信仰はどのように継承されるか（マコ8、ヨハ21）　尾崎　風伍
今日における共助会の信仰の継承　佐伯　勲
清水二郎先生と私たち　桑原清四郎
新しい祈りへ　永口　裕子
贖いの愛に生きる　嶋田　順好
小さな群よ、恐れるな（ルカ12、ルカ22）　李　英環
はまなすの幻　小笠原亮一
人の熱心でなく、神の熱心が（詩119）　安積　力也
伝統の破れの中で（ルツ1）　山本　精一
祈りによらなければ（マコ9）　川田　殖
共助会夏期信仰修養会報告　七條　真明
入会にあたって　小高　学
丸の内集会　山谷　朗
松本共助会　大沢　正
読 坂井基始良著作集を読む会編『いかに生きるべきか』　表　弘弥

【一二月号　通巻五〇七号】
おそれるな　加藤　武
イエス・キリストの出現（一ヨハ1）　大島　純男
正しい指導者（申16、申17、申18）　下竹　敬史
「火」について　島崎　光正
大嶋功先生に聞く　久米あつみ　山田　玲子　森川　静子
西村一之牧師を悼む　加藤　武
松本共助会　大沢　正
丸の内集会　山谷　朗
読 ブルンナー『ブルンナー著作集』第六巻　倫理・社会論集（川田殖他訳）　下村　喜八

〈一九九七年〉
【一月号　通巻五〇八号】
二十一世紀の教育をめざして　川田　殖
冬樹断想（イザ40、ルカ1）　山本　精一

落ち穂拾い（申19、申20、申21、申22、申23、申24、申25、申26）　下竹 敬史
教育の再生をめざして―隅谷三喜男先生に聞く―　尾崎 風伍　河合 達雄
丸の内集会　山谷 朗
読 相沢悦子『ほねなし彦物語』『まほろば』　大島 長子

【二・三月号　通巻五〇九号】
《特集》京阪神修養会
ゲール（寄留者）を通しての神の創造　井川 満
大韓基督教会の祈り　佐伯 勲
ゲールと古代イスラエルのアイデンティティー（一）　金 性済
夜を守る友（イザ55）　下竹 敬史
エーミル・ブルンナーの「社会倫理」　下村 喜八
チェンマイの井川和子さんを訪ねて　林 律
カレン族教会の礼拝に出席して　片岡 秀一
天にまします我らの父よ（ルカ9）　小笠原亮一
京阪神修養会報告　井川千代子
小田丙午郎先生に学んだこと　川井 正久
松本共助会　大沢 正
丸の内集会　山谷 朗

【四月号　通巻五一〇号】
キリストに背負われつつ　飯島 信
和解の希望（エフェ2）　小淵 康而
告別の言葉（申27、申28、申29、申30、申31、申32、申33、申34）　下竹 敬史
ゲールと古代イスラエルのアイデンティティー（二）　金 性済
橋爪裕司兄の葬儀に参列し、兄を偲びつつ　黒瀬 健二
『燃えあがる緑の木』三部作（三）　永野 昌三
読 アウグスティヌス『ヨハネ福音書講解上巻』（中沢宣夫訳）　片柳 榮一

【五月号　通巻五一一号】
《特集》一泊研修会
韓国の旅から　木村 葉子
行って、あなたも同じようにしなさい（ルカ10）　尾崎 風伍
暗黒の中の光（イザ60）　川田 殖
アジアの宣教　望月賢一郎
大震災から新神戸教会ができるまで　李 炳墉
松本共助会　大沢 正
京都共助会
読 隅谷三喜男『日本人とキリスト教』　河合 達雄

【六月号　通巻五一二号】
「個」・「個性」　久米あつみ
祈りは霊魂の呼吸（エフェ6、マタ6）　原田 博充
ゲールと古代イスラエルのアイデンティティー（三）　金 性済
教育について（一）―渋沢久氏を囲んで―　久米あつみ　尾崎 風伍　飯島 信　橋本 治二　永野 昌三　森川 静子　山谷 朗
読 桜井淳司『夢を抱きて荒野をゆく』

島崎　光正

【七月号　通巻五一三号】

佇ちどまるということ　島崎　光正

あなたをさがす神（ルカ15）　本間浅治郎

教会のように見えない教会（マタ7、マタ18）　洪　根洙

教育について（二）―渋沢久氏を囲んで―

久米あつみ　尾崎　風伍　飯島　信

橋本　洽二　永野　昌三　森川　静子

山谷　朗

今川正彦氏を偲ぶ　清水　武彦

斎藤久三郎兄を偲ぶ　佐古純一郎

薄井喜美子さんに聞く（日本FEBCインタビュー）　吉崎　恵子

松本共助会　大沢　正

【八月号　通巻五一四号】

《特集》第二回韓日修練会（ソウル）

アジア宣教への思い　李　仁夏

和解の福音（エフェ2）　李　英環

アジアの宣教　尾崎　風伍

アジアの宣教と日韓の役割　林　淳三

貧しいやもめ、木綿のぞうきん（ルカ21）　井川　善也

淡々とした信仰（ダニ6）　下竹　敬史

韓国教会の特性とアジア宣教　柳　東植

アジアの宣教　池　明観

キリストにならいて（マコ1）　尹　鍾倬

原始キリスト教史における使徒パウロの貢献　文　銘燮

若者は幻を見、老人は夢を見る（使2）　佐伯　勲

第二回韓日基督教共助会修練会報告　北村　嘉恵

共助会への入会所感　裵　善姫

ジャコビニ読書会　小林　裕

京都共助会

【九月号　通巻五一五号】

時代はメディエイターを求める　佐伯　邦男

黄昏の中で（ガラ2）　播磨　醇

人称をもつ神と人間　並木　浩一

「死を待つ人の家」で働いて　藤本まどか

村井長正先生追悼　當間喜久雄

ジャコビニ読書会　小泉　弘美

京都共助会

詩「日録」　島崎　光正

読小林裕『「森林文化論」とキリスト教』　佐伯　邦男

【一〇・一一月号　通巻五一六号】

《特集》夏期信仰修養会

「深い原因を与えていく教育」へ　安積　力也

彼はわれなり、われは彼なり（二コリ4）　下村　喜八

信頼の絆を紡ぐこと　飯島　信

オモニの器　井川　善也

学問は時世をリードしているか（サム上3、一コリ8）　田中　敦

神はかく装いたもう（マタ6）　川田　殖

真理によってささげられた者となるために（ヨハ17）　尾崎　風伍

夏期信仰修養会報告　伊吹由歌子

退園第一号　播磨　醇

『共助』総目次　1998年6月号　通巻522号

【一二月号　通巻五一七号】

「官」と「民」について　成瀬　治
真実な出会い（二コリ4）　石川　光顕
神の栄光をたたえる（エフェ1）　大島　純男
早期痴呆患者に対しての治療（アートセラピー）　金子　健二
津軽西北地方　小笠原亮一
あべあべあゆ　あもねぺぺ　北村　嘉恵
ドイツの旅から　島崎　光正
フランシスコのこと　戸口日出夫

〈一九九八年〉

【一月号　通巻五一八号】

教育の崩壊をいやすもの　川田　殖
信仰の薄い者たちよ（マタ8）　金　明淑
洪水物語　第一回（創6）　及川　信
教育の問題の取り扱いを考える　尾崎　風伍
歴史を学ぶ
成瀬　治　松木　信　久米あつみ
尾崎　風伍　森川　静子
震災より三年　岡田　長保

【二・三月号　通巻五一九号】

《特集》京阪神修養会
『一日一生』と藤沢周平　下村　喜八
洪水物語　第二回（創6）　及川　信
出会いの昂揚　高橋　由典
私たちは誰と「共に生きる」のか　井川　和子
北白川教会と佐久学舎（フィリ2）　川田　殖
混乱の奥にあるもの（マコ3）　片柳　榮一
丸の内集会　山谷　朗
松本共助会　大沢　正
京阪神修養会報告
詩「頌」　島崎　光正
読西村一之『まぶねのかたへに』　加藤　武

【四月号　通巻五二〇号】

週の初めの日、朝早く　大島　純男
イエスは生きておられる（ルカ24）　小笠原亮一
洪水物語　第三回（創6）　及川　信
復活について
尾崎　風伍　川田　殖　野間口カリン
西ドイツ訪問記
堀口　潤子　森川　静子　木村　一雄
勝利者キリスト（河井道子）　大塚野百合
神澤惣一郎先生を偲ぶ　松木　信
丸の内集会　山谷　朗
松本共助会　大沢　正

【五月号　通巻五二一号】

《特集》一日研修会
祝福を祈る　飯島　信
人格的真理の継承と伝達（一ヨハ1）　川田　殖
教育の課題としての「癒し」　神戸　信行
「あるがまま」をあたたかく包んで　櫻井　淳司
花開く時を待つ（イザ11、黙21）　尾崎　風伍
丸の内集会　山谷　朗

【六月号　通巻五二二号】

「環境問題」への祈り　小林　裕
歴史を作るささやかな一歩　戸口日出夫
一致への祈り　李　仁夏
洪水物語　第四回（創7）　及川　信

地球環境問題にどう対応するか（一）　茅　陽一
西川武夫氏を弔う　佐伯　勲
藤井敏一さんを偲ぶ　佐伯　勲
松本共助会　大沢　正
読久米あつみ『カルヴァンとユマニスム』　金子　晴勇

【七月号　通巻五二三号】
「昔の幼児」の見る現代　橋本　治二
愛は地球環境を守る（創1）　佐伯　邦男
原罪の深淵（三浦綾子『氷点』）　斎藤　末弘
地球環境問題にどう対応するか（二）　茅　陽一
心を病む人々と共に歩む
—尾崎マリ子氏に聞く—　木村　葉子
ジャコビニ読書会　永野　昌三

【八月号　通巻五二四号】
平和を実現する人々　尾崎　風伍
十字架を誇る（ガラ6）　疋田國磨呂
洪水物語　第五回（創7）　及川　信
今、平和のことを考える
—飯沼二郎氏に聞く—　下村　喜八
故郷・萩で平和を考える　井上　健

【九月号　通巻五二五号】
ものを考える教育　大島　純男
主イエスの言葉に従います　小笠原亮一
洪水物語　第六回（創8）　及川　信
〝考える〟教育
角田　秀明　石川　光顕　久米あつみ
いのちへの旅路1　原田　博充

【一〇・一一月号　通巻五二六号】
《特集》夏期信仰修養会
お互いの心が内に燃えたではないか　木村　葉子
証言（一ヨハ1、一ヨハ4）　桑原清四郎
今、この世にキリストを　佐伯　勲
感性豊かな教会の建設（ヨハ5）　金子　健二
「キリストを知る」ということ　成瀬　治
主に導かれて　尾崎マリ子
先端医療技術をめぐって　島崎　光正
キリスト教共助会に入会して　高橋　伸明
今の世界にキリストを（ルカ12）　川田　殖
いのちへの旅路2　原田　博充
高木一雄さんの信仰を偲ぶ　伊藤　允喜
京都共助会
松本共助会　大沢　正

【一二月号　通巻五二七号】
悲しむ者の幸い　島崎　光正
光は暗闇の中で輝いている（イザ55、ヨハ1）　松木　信
洪水物語　第七回（創8）　及川　信
いのちへの旅路3　原田　博充
斎藤成一氏を偲んで
金　尚天　尾崎　風伍　橋本　治二
丸の内集会　山谷　朗
京都共助会
詩「海への散歩」　永野　昌三
読安達寿孝『キリスト教家庭教育の源流』
『キリスト教家庭教育の展開』　伊吹由歌子

〈一九九九年〉

【一月号　通巻五二八号】
二十一世紀への課題　川田　殖
聖霊のうめき　小淵　康而
洪水物語　第八回（創9）　及川　信
これからの共助会への希望を語る
李　仁夏　飯島　信　内田　文二
木村　葉子　尾崎　風伍
大嶋功氏を偲んで
嶋田　順好　加藤　大典　和田　健彦
ジャコビニ読書会　和田　健彦
松本共助会　大沢　正

【二・三月号　通巻五二九号】
《特集》京阪神修養会
時空を超えた神を神とする　木村　一雄
洪水物語　第九回（創9）　及川　信
朴炯圭牧師の紹介（詩85、ロマ14）　飯沼　二郎
〝呼びかける声〟に聞く　朴　炯圭
Malimali Di Yesusama
（まりまり・てい・いぇすさま）　北村　嘉恵
京阪神共助会修養会報告　永松　英高
共助会入会にあたって　永松　英高
松本共助会　大沢　正
ジャコビニ読書会　小林　裕
丸の内集会　山谷　朗

【四月号　通巻五三〇号】
教育に関する国政の基礎　尾崎　風伍
神がくださった応答《こたえ》（マコ16）　小室　尚子
洪水物語　第十回（創9）　及川　信
近代日本の過ち　伊吹由歌子
幼な子をはぐくむ―ひこばえ幼稚園の歩み―
小塩　節　大島　長子
第二部　続・いのちへの旅路1　原田　博充
新潟県・青海伝道所を訪ねて　尾崎マリ子
京都共助会　片柳　榮一
松本共助会　大沢　正

【五月号　通巻五三一号】
《特集》一泊研修会
澤崎堅造の信仰と生涯　佐伯　勲
信仰の戦いの歴史（ヘブ12）　尾崎　風伍
二十一世紀への課題　川田　殖
発題からの応答
尾崎　風伍　橋本　治二　永野　昌三
森川　静子　河合　達雄　金子　健二
飯島　信　松木　信　角田　秀明
マリアのわざ（ルカ10）　島崎　光正
京都共助会　片柳　榮一
詩「琴」　島崎　光正
読大塚野百合『賛美歌と大作曲者たち』　李　仁夏

【六月号　通巻五三二号】
私の展望　石川　光顕
うめきの直中から　李　仁夏
第二イザヤの福音（イザ）　牧野　信次
教会の罪責とその克服の道　森岡　巌
第二部　続・いのちへの旅路　原田　博充
松本共助会　大沢　正
丸の内集会　山谷　朗
読島崎光正『低きにくだりたもうて』　永野　昌三

【七月号　通巻五三三号】

キリストのほか自由・独立？　及川　信
キリスト者のパラドクス（二コリ12）　下村　喜八
み国が来ますように（1）　李　仁夏
キリストの外、自由、独立　片柳　榮一
第二部　続・いのちへの旅路3　原田　博充
松本共助会　大沢　正
丸の内集会　山谷　朗

【八月号　通巻五三四号】
トータルな信従　山本　精一
光のあるうちに歩きなさい（ヨハ12）　大島　純男
み国が来ますように（2）　李　仁夏
澤正彦氏の生涯と学問　森山　浩二
澤正彦と共助会　飯島　信
『木槿通信』より　金　纓
松本共助会　大沢　正

【九月号　通巻五三五号】
日の丸・君が代問題に寄せて　尾崎　風伍
恐れることはない。ただ信じなさい（マコ5）　七條　真明
み国が来ますように（3）　李　仁夏
信州教育と宗教―藤沢一二三氏に聞く―　大島　純男
藤沢一二三先生を訪ねる　内田　文二
君が代について　島崎　光正
松本共助会　大沢　正
読 永野昌三『島崎藤村論』　島崎　光正

【一〇・一一月号　通巻五三六号】
《特集》夏期信仰修養会
重い『資料「君が代」訴訟』　河合　達雄
キリストのほか自由独立　川田　殖
共助会とは何か　尾崎　風伍
キリストの外、自由、独立　片柳　榮一
どこで主のうめきを聞くのか　洪　彰義
弟子になること（マタ28）　小淵　康而
私の歩み　松木　信
韓国キリスト教の現状と未来　朴　炯圭
「日の丸・君が代」の法制化をめぐって　飯島　信
わたしたちのうめき（ロマ8）　佐伯　勲
共助会夏期信仰修養会報告　中西　博
京都共助会　片柳　榮一
会員消息・意見　裵　善姫　大沢　正
ジャコビニイ読書会　表　弘弥

【一二月号　通巻五三七号】
主が共におられる　久米あつみ
クリスマスに嘆き悲しむ声（マタ2）　裵　善姫
み国が来ますように（4）　李　仁夏
父の死を問いつつ（戦没者）　井上　健
クリスマスに思うこと　イエスさまのように生きよう　大木　松子
戦後補償最近の流れ　森川　静子
共助会と私　大島　長子
丸の内集会　中西　博
詩「灯」　島崎　光正

〈二〇〇〇年〉
【一月号　通巻五三八号】
打ち砕かれた心を包み（イザ61）　佐伯　勲

『共助』総目次　2000年6月号　通巻542号

御国を来らせたまえ（ルカ23）　小笠原亮一
み国が来ますように（5）　李　仁夏
「君が代」強制に抗う―飯沼二郎氏に聞く―　佐伯　勲
柿の熟す頃　久米あつみ
表紙絵によせて　和田　健彦
京都共助会　片柳　榮一

【一・二月号　通巻五三九号】
《特集》京阪神修養会
歴史を支配したもう主　黒瀬　健二
祈りが聞かれるとは何か　高橋　由典
韓晳曦『日本の満州支配と満州伝道会』　飯沼　二郎
共助会と「みくに」運動　大島　純男
「みくに」運動の軌跡　藤巻　孝之
懇談・共助会創立八十年共助会の先輩たちの歩みに学ぶ私の歩み　李　相勁
澤正彦牧師の「贖罪的求道」について（マコ8）　館山　英夫
京阪神共助会修養会報告　北村　千尋

日の丸・君が代の強制に反対する宣言
「中渋谷教会」と「共助会」と父森明　関屋　綾子

【四月号　通巻五四〇号】
まことの神に対するまことの畏敬と信頼と服従とを（エゼ17、エゼ18）　川田　殖
み国が来ますように（6）　李　仁夏
生命の尊厳を考える　井川　善也
ターミナルのむこう　永口　裕子
今「平和」について考える　石川　光顕
柏木希介さんのこと　峰岸満佐子
松木　信
村上フミ先生の信仰　佐伯　勲
福田正俊先生を想起して　川田　殖
北森嘉藏先生追慕のことば　郭　商洙
石居育子姉を偲ぶ　山田　玲子
石川春子様のご生涯　薄井喜美子
岡崎育子さんを偲ぶ　薄井喜美子
藤沢一二三先生を偲ぶ　白澤　基
松本共助会12月、1月　大沢　正

【五月号　通巻五四一号】
《特集》一泊研修会
第三ミレニアムの希望はどこに　河合　達雄
今の時を見分ける　尾崎　風伍
み国が来ますように（7）　李　仁夏
共助会八十年の歴史を顧みて　飯島　信
キリストへの忠誠　大島　純男
内外の神に背く力と戦い続け　佐伯　勲
基督教共助会一日研修会報告　鈴木　幸江
大島國憲さんを偲んで　黒瀬　健二
鈴木律子姉の思い出　大沢　正
父・原田昂を偲ぶ　原田　信
読　蝦名賢造『聖隷福祉事業団の源流』　山川　文敏

【六月号　通巻五四二号】
「国民の祝日」の怪　佐伯　邦男
迫害を越えて、キリストの愛が届く（使8）　木村　一雄
自然理解とキリスト者　小林　裕
神でないものを再び神としないためクロス
オーバーの対話の時　伊吹由歌子

「日の丸・君が代の強制に反対する宣言」について　森川　静子
「日の丸・君が代の強制に反対する宣言」をめぐって　尾崎　風伍
討議の要約　中西　博
丸の内集会　中西　博
二〇〇〇年度共助会総会報告　飯島　信

【七月号　通巻五四三号】

日本人とキリスト教　内田　文二
神を見たのに、なお生きている（創32）　嶋田　順好
ヘブライ人への手紙講解1（ヘブ）　七條　真明
過去を忘れさせようとする力に抗して　石浜みかる
拝啓（公開書簡）人間・明仁様　日の丸・君が代の強制をお望みですか？　櫻井　淳司
キリストのほか自由　麻生　泰弘
いまだ抜き難い後遺症　井上　健
地道な歩みと祈り　木村　葉子
「宣言」に織り込めなかった一点
「教会と国家」の問題　佐伯　勲
一枚の写真①　牧野　信次
われらの兄貴、堀合道三さん　内田　文二
三浦綾子さんを偲ぶ　加藤　武
京都共助会　佐古純一郎
ジャコビニ読書会　片柳　榮一
会員よりの消息　和田　健彦
詩「植物園」　島崎　光正
読石浜みかる『紅葉の影で』　大島　長子

【八月号　通巻五四四号】

『共助』誌の使命と課題　大島　純男
「神」ならぬ神（イザ45、ヨハ14）　清水　武彦
ヘブライ人への手紙講解2（ヘブ11）　七條　真明
今、共助会の使命を問う　飯沼　二郎
共助会の、私にとっての先輩たち　小笠原亮一
悲しい人に仕えることのできる共助会に　大木　松子
信仰によって、アブラハムは、行く先を知らないで出て行った　田中　敦
霊とまことによる真の礼拝者たちが求められる　平良久美子
共助会の課題と使命と期待　佐伯　邦男
韓国通信一　森川　静子
松本共助会　大沢　正
ジャコビニ読書会　小林　裕
詩「マグダラのマリア」　永野　昌三
読全国キリスト教障害者団体協議会編『喜びのいのち』　山本　精一

【九月号　通巻五四五号】

聖人崇敬について思うこと　戸口日出夫
恐れなくてもよい（ヨハ6）　尾崎マリ子
ヘブライ人への手紙講解3（ヘブ1、ヘブ2）　七條　真明
森首相の「神の国発言」の根底にあるもの　原田　博充
新学習指導要領の問題点　角田　秀明
前進の一事　當間喜久雄
教育現場からの報告　佐川真理子

心を寄り添わせること　下村　喜八
子どもとともに、地域とともに　桑原清四郎
一枚の写真②　橋本　敬祐
読「イスラエルの旅より」　佐伯　邦男
読加賀乙彦『高山右近』　牧野　信次

【一〇・一一月号　通巻五四六号】
《特集》夏期信仰修養会
今、日本国憲法について思う　尾崎　風伍
平和を造り出すこと　飯島　信
二十一世紀に日本国憲法を生かす　奥平　康弘
汝の聖言はわが道の光なり（詩119）　木村　葉子
神の戒めを生きる　牧野　信次
今、共助会の使命を問う　李　仁夏
凍結した時・融かされた時（イザ50、マコ5）　山本　精一
京都共助会　片柳　榮一
丸の内集会　4・5月　山谷　朗
詩「箱根」　島崎　光正

【一二月号　通巻五四七号】
二十一世紀へのささやかな願い　橋本　治二
イエスを見た、イエスを聞いた、イエスを語った弟子たち（ルカ2）　佐伯　邦男
ヘブライ人への手紙講解4（ヘブ4、ヘブ5）　七條　真明
共に心に劾みゆくこと（霧社事件）　北村　嘉恵
神愛実行の記念日　志垣　暹
プロテスタント哲学者
ポール・リクールについて　久米　博
本間浅治郎牧師召天記念礼拝説教
（詩16、マタ6、フィリ4）　松木　信
一枚の写真③　内田　文二
詩「滝」　島崎　光正

〈二〇〇一年〉
【一月号　通巻五四八号】
信仰が無くならないように　大島　純男
五千人の給食（マタ14）　久米あつみ
ヘブライ人への手紙講解5（ヘブ7）　七條　真明
奥野昌綱に学ぶ　大塚野百合
教育の諸問題を見つめて　川田　殖　安積　力也　飯島　信　神戸　信行
キリスト教との出会い①　飯沼　二郎
京都共助会　7月　片柳　榮一
松本共助会　9月　大沢　正
ジャコビニ読書会　9月　佐伯　邦男

【二・三月号　通巻五四九号】
《特集》京阪神修養会
歴史を顧みることは自分を切り裂くこと　清水　武彦
答を欲しがる日本、答を欲しがらない欧米　佐伯　邦男
私のパン人生　西川多紀子
キリスト教との出会い②　飯沼　二郎
我々が引きずっているもの　片柳　榮一
戦前・戦中のプロテスタント・キリスト教の歩み　土肥　昭夫
主題講演に対する質疑応答　大島　純男

【四月号　通巻五五〇号】
恐れと悲しみから喜びへ（マコ16）　松木　信
三・一運動と復活の御業　朴　錫圭
ヘブライ人への手紙講解　6
（ヘブ8、ヘブ9、ヘブ10）七條　真明
古くて新しい伝道　小淵　康而
一枚の写真④　橋本　治二
第十六回韓国基督教共助会報告
森川　静子
韓国通信二　森川　静子
キリスト教との出会い③　飯沼　二郎
最愛の友、慰めのひと島崎光正さんを失い
加藤　常昭
島崎光正兄を偲びて　川田　殖
島崎さんの若き日々を想う　橋本　治二
残された遺産　島崎キヌコ
京都共助会　1月　片柳　榮一
ジャコビニ読書会　11月　永野　昌三
詩「ガリラヤ湖を越えて」　永野　昌三

【五月号　通巻五五一号】
《特集》一泊研修会
台湾との出会い　川田　殖
和解の使者として力を合わせる
尾崎　風伍
迫害されてきた人たち　佐伯　勲
ヘブライ人への手紙講解　7（ヘブ10、ヘ
ブ11、ヘブ12）　七條　真明
台湾長老教会の略史と現状　李　慶忠
歴史の中で真理を生きる（一）
―ラインホルト・シュナイダー―　下村　喜八
キリスト教との出会い④　飯沼　二郎
丸の内集会　11月　山谷　朗
松本共助会　11月　大沢　正

【六月号　通巻五五二号】
父なる神の御心を行う人　小笠原亮一
死ぬとも生きん（ヨハ11）　播磨　醇
ヘブライ人への手紙講解　8
（ヘブ12、ヘブ13）　七條　真明
『共助』の編集、島崎さんと共に
内田　文二
五十年、二代に亙る交わりに感謝して
島崎光正氏を記念する言葉　奥田　義孝
島崎光正さんを偲んで　尾崎　風伍
島崎光正さんと『欅通信』　佐伯　勲
詩人・島崎光正さんとの出会いのころ　柴崎　聰
永野　昌三
歴史の中で真理を生きる（二）　下村　喜八
すずらん　林　貞子
一枚の写真⑤　内田　文二
松本共助会　1月　大沢　正

【七月号　通巻五五三号】
ああ、勇士らは倒れた　大島　純男
小さな群れよ、恐れるな　尾崎　風伍
モーセの召命と神の名の啓示（出3）　牧野　信次
讃美歌二四五番「おもいいずるもはずかしや」
（松本総吾）　大塚野百合
多くの祈りに支えられて―ピアノを弾けな
い理由―　佐藤美和子
戦争中に体験したこと　小林　祐子
韓国共助会問安報告　飯島　信

キリスト教との出会い（五）　飯沼　二郎
横井克巳さんを偲びて　川田　殖
丸の内集会　1月　山谷　朗

【八月号　通巻五五四号】
力ずくでは教えることのできないもの　安積　力也
すべての人びとを変える福音（使19）　木村　一雄
出エジプトとシナイ契約（出20）　牧野　信次
韓国等が日本の「歴史教科書歪曲」に対して反対・抗議する理由　洪　根洙
歴史の中で真理を生きる（三）　下村　喜八
第一七回韓国基督教共助会修練会報告　森川　静子
韓国通信三　森川　静子
キリスト教との出会い（六）　飯沼　二郎
ジャコビニ読書会　1月　和田　健彦
京都共助会　4月　片柳　榮一
読「聖書の世界の旅より」　佐伯　邦男
読高田三郎『来なさい重荷を負うもの』　大塚野百合
読関屋綾子『ふり返る野辺の道』　大島　長子

【九月号　通巻五五五号】
寛容と遵守　久米あつみ
祝福を与える人生（代上4）　李　炳墉
約束と成就（創12）　牧野　信次
台湾における原住民教会と漢民族教会との関係　二宮　忠弘
歴史の中で真理を生きる（四）　下村　喜八
紙上説教を読む　松浦　剛
あゝ、提岩里！　明比輝代彦
キリスト教との出会い（七）　飯沼　二郎
詩「サロメ」　永野　昌三
読松本日本基督教会『松本日本基督教会　七〇年史』　川田　殖

【一〇・一一月号　通巻五五六号】
《特集》夏期信仰修養会
皇国史観・自虐史観・福音史観　佐伯　勲
二〇〇一年夏　飯島　信
悪しき時代にどう生きるか　尾崎　風伍
二一世紀の東アジアと日韓関係　池　明観
キリストの苦しみの欠けたところ（コロ1）　小笠原亮一
今の時代に立つ（出3）　牧野　信次
主に導かれて　三沢八重子
私の歩み　洪　根洙
現代をみ言葉に生きるとは　河合　達雄
共助会夏期信仰修養会報告　井上　健
感じたままに　小宮山林也
修養会を通して　日高　泉
韓国民と韓国政府へのアピール
丸の内集会　5、6月　山谷　朗
松本共助会　7月　大沢　正
読島崎光正『帰郷　島崎光正遺稿詩集』　斎藤　末弘

【一二月号　通巻五五七号】
半年の後　片柳　榮一
和解の難しさ　林　律
生命の種を分かち合うために　岩井　要
一枚の写真⑥　内田　文二
キリスト教との出会い（八）　飯沼　二郎

水崎明先輩を偲ぶ　尾崎　風伍

〈二〇〇二年〉

【一月号　通巻五五八号】

信仰の基本に堅く立つこと　尾崎　風伍
かく信じ、かく生きる（マコ4）　奥田　成孝
ベテルでのヤコブの夢と誓願（創28）　牧野　信次
信徒主役へ弟子訓練を　疋田國磨呂
二一世紀に向かう日本伝道について　久米あつみ
石　和田　健彦
一枚の写真⑦　伊藤満寿一
「道」一　関屋　綾子
二十一世紀の日本の伝道を考える
（アンケート）

【二・三月号　通巻五五九号】

《特集》京阪神修養会
「隣人」と「最も小さい者」　高橋　伸明
彼はわたしたちの病を担った（イザ53）
下村　喜八
真の神を神とする　佐伯　勲
民族の誘惑　片柳　榮一
ラインホルト・シュナイダーとエレミヤ
下村　喜八
わたしの隣人とはだれですか　鄭　富京
〇一年京阪神修養会報告　渡邊　琢
澤崎良子さん告別式　佐伯　勲
澤崎良子夫人　小笠原亮一
澤崎良子さんの思い出　狩野　義子
祈りの奥庭　山本　精一
京都共助会　9月　片柳　榮一

【四月号　通巻五六〇号】

共助会の教会への寄与　小淵　康而
人の子の肉と血　高橋　由典
二十一世紀日本の教会の伝道の行くえ
森岡　巌
これまでの私の歩みを振りかえりつつ
佐伯　邦男
キリスト教学校教育の課題　角田　秀明
小児科医として立つ　小高　学
神学校に学んで　北村　千尋
神が建てて下さった　松木　信
「道」二　関屋　綾子
主にある人格愛に徹した教育者鈴木脩兄
大沢　正
ジャコビニ読書会　11月　永野　昌三
松本共助会　11月　大沢　正
丸の内集会　10月　山谷　朗
詩「群列は消えていった」　永野　昌三
読相浦和生、石田聖実、大島純男、島しづ子、高岡清、松浦剛『目覚める日の朝』
久米あつみ
読金纓『それでも私は旅に出る』伊吹由歌子

【五月号　通巻五六一号】

和解の福音とキリスト者の使命
飯島　信
ペトロ再起の原点　尾崎　風伍
十字架を仰ぐ（申11）　佐伯　勲
夢見る人ヨセフ（創37）　牧野　信次
「ザイニチ」（一）　金　性済
礼拝における賛美の意味　大塚野百合
一枚の写真⑧　伊藤満寿一

「道」三　関屋　綾子
村田八千代様の信仰　薄井喜美子
松本共助会　1月　大沢　正
読斎藤末弘『罪と死の文学―戦後文学の軌跡』（増補新版）　柴崎　聰

【六月号　通巻五六二号】
一日不讀書口中生荊棘　大島　純男
主に選ばれた者の条件（ヨハ21）金　明淑
みたまの呻吟（ロマ8）　小塩　力
金の子牛の問題（出32）　牧野　信次
讃美歌第二編一八二番「丘のうえに十字架たつ」　大塚野百合
讃美歌二六〇番「千歳の岩よ」大塚野百合
伝道は礼拝から　河村　博

【七月号　通巻五六三号】
今こそ、恵みの時、救いの日　尾崎マリ子
真の神への礼拝（ヨハ4、ロマ12、マタ18、ヘブ12）　松木　信
主イエス・キリストの慈愛（黙1）　麻生　泰弘
「ザイニチ」（二）　金　性済
讃美歌二八〇番「わが身ののぞみは」　大塚野百合
祈りと協力の群れ「さぬき四島伝道」　木村　一雄
一枚の写真⑨　岡本　敏雄
読大塚野百合『賛美歌・唱歌ものがたり』　川田　殖

【八月号　通巻五六四号】
《特集》第三回韓日修練会（ソウル）
汝、殺すなかれ　山本　精一
キリスト者の使命と通信使としての役割（二コリ3、マタ3）　裵　興稷
信仰の戦いの共通の基礎　尾崎　風伍
アジアの平和とキリスト者の使命　洪　根洙
キリストの復活（マタ28）　佐伯　勲
平和とつるぎの問題（マタ10、ルカ12）　劉　貞得
平和を作り出す者　洪　彰義
再現されてはならない悪夢　李　鎮洙
教育の右傾化・私の周りから　木村　葉子
地域から平和を望む　関口　博
平和を実現する人びと（イザ2）朴　炯圭
アジアの平和のための教会の宣教的事役《サヨク》　尹　鍾倬
平和と地球人　金　圭炆
北東アジアの平和と日本の役割　李　仁夏
日本の教会の課題と現実　石川　光顕
平和の黙示（イザ2）　牧野　信次
宿営の外に出る（ヘブ13）　大島　純男
天国の和田正先生へ　牧野恵美子
共助会修練会に参加して　関口　美樹
韓日修練会に参加して　橋爪　範子
松本共助会　3月　大沢　正

【九月号　通巻五六五号】
平和をつくり出す原点　河合　達雄
聖なる民・神の家族　尾崎　風伍
七つの教会への手紙（黙2、黙3）麻生　泰弘
「ザイニチ」（三）　金　性済
植村正久と賛美歌（1）　大塚野百合
青年伝道　原田　博充

アカペラの真髄　阿部　俊
「賛美する」とは　國見　俊介
詩「骨の象」　永野　昌三
読小泉仰『預言者エレミヤと現代』　嶋田　順好

【一〇・一一月号　通巻五六六号】
《特集》夏期信仰修養会
この幼子の一人にしたのは　木村　葉子
大いなる暗黒に、光が……（創15、ガラ3）　松木　信
平和の契約　大島　純男
今、福音に聴く（ロマ1、ロマ10）　七條　真明
福音は確かに届いている　飯島　信
私の歩み　牧野　信次
敵を愛しなさい（マタ5）　佐伯　勲
御言葉に貫かれて　高橋　伸明
修養会に参加して　小原　一人
社会派にふれて改めて感じたこと　赤田　達也

【一二月号　通巻五六七号】
対話不在の国　佐伯　邦男
救い主の誕生（マタ1、マタ2、ルカ1、ルカ2、ヨハ1）　川田　殖
天上の玉座での礼拝、小羊（黙4）　麻生　泰弘
歴史を少しでも動かすために　森川　静子
「ザイニチ」（四）　金　性済
植村正久と賛美歌（2）　大塚野百合
一枚の写真⑩　伊藤満寿一
漕ぎ出せ沖へ（小塩れい）　加藤　武
三谷健次先生を偲んで　中西　博
読永野昌三『ガリラヤ湖を越えて』　表　弘弥

〈二〇〇三年〉
【一月号　通巻五六八号】
しかし、勇気を出しなさい　大島　純男
何が彼を変えたのか（マコ14、使2）　及川　信
「ザイニチ」（五）　金　性済
韓国キリスト者の民主化と和解の旅　李　仁夏
木槿　和田　健彦
北朝鮮の核はだめで、米国の核攻撃計画は構わないのか？　洪　根洙
主にあって関屋綾子姉を想う　川田　殖
共助会と関屋綾子さん　尾崎　風伍
関屋綾子先生を悼む　久米あつみ
関屋綾子先生のお話　木村　葉子

【二・三月号　通巻五六九号】
《特集》京阪神修養会
「預言者エレミヤと現代」　井川　満
『エレミヤ書』における情欲偶像（エレ13）　小泉　仰
金を試す者として立てた（エレ6）　木村　一雄
預言者エレミヤと現代（一）　小泉　仰
預言者エレミヤと現代（二）　小泉　仰
主は我らの正義（エレ23）　大島　純男
松本共助会　11、12月　大沢　正
読水野源三CD『十字架を仰いだなら』　大塚野百合

【四月号　通巻五七〇号】
「神の義は、その福音の中に啓示され」

わたしの弟子にしなさい　清水　武彦
「新しいエルサレム」とエピローグ　小淵　康而
（黙21、黙22）　麻生　泰弘
新しい人の創造と新しい共同体（エフェ2）　尹　鍾倬
澤正彦の韓国教会史研究　金　興洙
金興洙教授の「澤正彦の韓国教会史研究」
に寄せて　森川　静子
一枚の写真⑪　内田　文二
松隈敬三氏前夜式式辞　松木　信
松本共助会　1月　大沢　正
ジャコビニ読書会　7、11月　表　弘弥
[読]京都市職員退職者会編『二十一世紀への
伝言（戦中・戦後の体験集）』佐伯　勲

【五月号　通巻五七一号】
《特集》一泊研修会
「天に名が記されている」ことを覚える
石川　光顕
イエス・キリストの福音の初め　尾崎　風伍
再々就職をして　中西　博
企業社会に生きて　内田　文二
正宗白鳥の宗教観　永野　昌三
伝道一筋の生涯（松隈敬三）　尾崎　風伍
鹿野登美姉告別式式辞　佐伯　勲
ジャコビニ読書会　9月　佐伯　邦男
京都共助会　2月　片柳　榮一

【六月号　通巻五七二号】
十字架につけられたイエス・キリスト　李　仁夏
主の神殿を建てる（エズ1）　大島　純男
子ロバとレヴィヤタン　山本　精一
人権としての教育・平和の礎（一）　木村　葉子
韓国民主化の過程と私　飯島　信
神様から頂いたもの　鈴木　幸江
京都共助会　3月　片柳　榮一
[詩]「異邦」　永野　昌三

【七月号　通巻五七三号】
自己絶対化の罪　大塚野百合
イエスの弱さ（マコ14）　小笠原亮一
森明の贖罪論とその周囲　川田　殖
歴史の大きな転換点に立って　大津　健一
人権としての教育・平和の礎（二）　木村　葉子
「生きる力」再考　當間喜久雄
一枚の写真⑫　内田　文二

【八月号　通巻五七四号】
戈を止める力　佐伯　勲
「人間の盾」がイラクで見た事・考えた事　木村　公一
一枚の写真⑬　内田　文二
旅人として　金　纓
聖霊の風に吹かれて　関口　美樹
二つのリゾート地を味わう日々　石川　光顕
有事法制に反対し、日本国憲法・教育基本法
を守り、平和を求める宣言　有　志
真の「いのち」を巡る歩み（一）　中村　克孝
モーセの断念　高橋　由典

【九月号　通巻五七五号】

変わりゆくものと変わらないもの　尾崎　風伍
自由人として生きなさい（ヨハ8）洪　根洙
特に聖書における「らい病・重い皮膚病」をめぐって　佐伯　勲
所謂今日のらい問題をめぐって　播磨　醇
ハンセン病と私　橋爪　長三
麻痺した顔　川西　健登
忘れえぬ人々　斎藤　末弘
真の「いのち」を巡る歩み（二）中村　克孝
読柴崎聰『柴崎聰詩集』　斎藤　末弘

【一〇・一一月号　通巻五七六号】
《特集》夏期信仰修養会
〝寄り添う〟ということ　高橋　伸明
命の表現としてのキリスト教　木田　献一
韓国民主化への希望、喜びと平和、そして信仰　佐伯　勲
じっとその中に住む伝道（マコ5）　青山　章行
今こそ、平和の福音に生きる　佐伯　邦男
森明先生と日本基督教共助会（マコ8）
ウガンダで医師として働いて気付かされたこと　裵　興稷
「だから、こう祈りなさい」（マタ6）　北川恵以子
この友は生きた（ルカ19）　岡田　長保
日本基督教共助会修養会に参加して　永口　裕子
裵　興稷　權　五賢　權　泰亨
参加の感想　朴　相洗
ジャコビニ読書会（『神曲』読了）　佐伯　邦男
詩「季節」　島崎　光正
読レスター・テニー『バターン遠い道のりの先に』　伊吹由歌子

【一二月号　通巻五七七号】
キリストを迎える　下村　喜八
起業家として福音に生きて　金子　健二
「わが言葉むなしくは我に帰らず」　尾崎　風伍
聖霊より一歩も前に出るな　林　律
ただキリストが崇あられるために（フィリ1）　及川　信
「罪人」認識と和解の行動　李　仁夏
ユダヤ人もギリシヤ人もなく　牧野　信次
一枚の写真⑭　清水　武彦
真の「いのち」を巡る歩み（三）中村　克孝

〈二〇〇四年〉
【一月号　通巻五七八号】
今こそ護憲の声を　大島　純男
わが魂を救い給え（詩6）　清水　武彦
兪喆卿さんを通して学んだ二・八独立宣言と在日本韓国YMCA　森川　静子
二十一世紀の伝道を考える
飯島　信　大塚野百合　小笠原亮一
川田　殖　尾崎　風伍　和田　健彦
「草」
松本共助会　9・10月　大沢　正

【二・三月号　通巻五七九号】
《特集》京阪神修養会
早朝の平和への祈り　河合　達雄
告白と服従（イザ6、ルカ5）森野善右衛門

自衛隊のイラク派遣に反対する　飯島　信
真の人、真の神　片柳　榮一
ボンヘッファーにおける告白と抵抗　森野善右衛門
世のための教会をめざして　森野善右衛門
講演Ⅰ・Ⅱを受けての討議
韓国と日本の架け橋として導かれて　朴　貞蓮
神の業は決して空しくはならない　井川　満

【四月号　通巻五八〇号】
《特集》一泊研修会
小さな胸のリボン　木村　葉子
「他に尽くす人生」父本間誠の実践　本間　信一
カール・バルトの墓とグリューネヴァルトの磔刑図を巡ることを許されて　須澤　利郎
真の「いのち」を巡る歩み（四）中村　克孝
蛇のように賢く、鳩のように素直に（マタ10）　佐伯　邦男
迫り来る「心の総動員」にどう向き合うのか　高橋　哲哉
今日の日本における悪の諸霊との戦い　尾崎　風伍
読佐藤美和子・崔善愛・大津健一他『なぜ「君が代」を弾かなければならないのですか』　木村　葉子

【五月号　通巻五八一号】
共助会の不易と流行　川田　殖
見えないものに心を注ごう　角田　芳子
最初の弟子たち（ヨハ1）　小淵　康而
私の目には五〇年先が見える（河井道子）　大塚野百合
「日の丸・君が代」強制の嵐　木村　葉子
二〇〇四年の公立学校　藤田　直彦
いま、親としての切なる望み　西原美香子
「心のノート」と子どもたち　飯島　信
松本共助会　3月　大沢　正
京都共助会　3月　片柳　榮一
詩「花の木に」　永野　昌三
読大谷朋生『賛美歌・唱歌ものがたり』2　大島　長子

【六月号　通巻五八二号】
ミッション・スクールの課題　久米あつみ
いちじくと祈り（マコ11）　高橋　由典
ニコデモの場合（ヨハ2、ヨハ3）　小淵　康而
主イエスと出会う　宮嶋　芳人
若者への二一世紀の伝道　嶋田　順好
一枚の写真⑮　内田　文二

【七月号　通巻五八三号】
口で言い表して救われる（ロマ10）　尾崎　風伍
主イエスの伝道の姿に学ぶ（ヨハ4）　小淵　康而
「なぜ怖がるのか。まだ信じないのか」（マコ4）　松木　信
近代国家における信教の自由　澤　正彦
主にあって楽しむ（小塩れい）久米あつみ
ゆるすということ　寺島　保夫
日本の土壌とキリストの愛　橋本　洽二

【八月号　通巻五八四号】
六十年の「恨」が解かれるよう　森川　静子

ヤコブの闇（創25）　山本　精一
主イエスのサマリア伝道（ヨハ4）　小淵　康而
愛すること・信じること（マコ3）　尾崎マリ子
「靖国違憲訴訟・東京」の原告の私　井上　健
私にとっての共助会　村上　泰
最後の「HR担任」三ヵ月　石川　光顕
神のフィールドの中で　木村　葉子
村上三佐保さんを記念して　尾崎　風伍
松本共助会　6月　大沢　正

【九月号　通巻五八五号】

霊について　小笠原亮一
平和の福音（エフェ2）　河村　博
見えることと見えないこと（その1）（ヨハ9）　小淵　康而
島崎光正詩集「早苗」について　永野　昌三
真の「いのち」を巡る歩み（五）　中村　克孝
21世紀の伝道を考える　その二
及川　信　金子　健二　河村　博
鈴木裵善姫　牧野　信次　木村　葉子
読 澤正彦『日本キリスト教史』（金纓訳）　牧野　信次

【一〇・一一月号　通巻五八六号】

《特集》夏期信仰修養会
今夏の修養会で共助会が問われたこと　尾崎　風伍
信仰の視線の先に（マタ5）　飯島　信
ドイツ教会闘争とボンヘッファー　森岡　巌
ドイツ教会闘争と日本の教会　森岡　巌
霊魂・人格の救い　伊吹由歌子
主題の問いかけを受けて　根田　祥一
ボンヘッファーとシュナイダー　下村　喜八
「十戒」とキリスト教学校　角田　秀明
「真理と平和を希求する人間」の教育を　木村　葉子
市民活動の弾圧と「生活安全安心条例」　関口　美樹
赦しを請いつつ（私の歩み）　林　律
隣人を愛する生活（一ペト1）　佐伯　勲
04年基督教共助会夏期修養会報告　河合　達雄
修養会感想　鈴木美恵子
夏期修養会に参加して　青山久美子

【一二月号　通巻五八七号】

アンティオキア教会のキリスト者の群　内田　文二
神の勝利　クリスマス（サム下23）　佐伯　勲
見えることと見えないこと（その2）（ヨハ9）　小淵　康而
二〇世紀から新しい世紀に向かう
昭和世代の「平和憲法学」　深瀬　忠一
奥田成孝先生のことども　竹内　良雄
クリスマスに向かっての祈り　西田　真輔
読 富岡幸一郎『聖書をひらく』　及川　信

〈二〇〇五年〉

【一月号　通巻五八八号】

「わがため、また福音のために」　橋本　治二
実を豊かに実らせるために（詩1、ヨハ15）　疋田國磨呂

わたしは復活であり、命である（ヨハ11）　小淵　康而
「あなたが必要なのです」と言えますか　渋沢　久
イエスをやせさせたピューリタニズム　久米あつみ
耕す　和田　健彦
パン物語　断章　西川多紀子
読フランク・パヴロフ『茶色の朝』（藤本一勇訳）　永野　昌三

【二・三月号　通巻五八九号】

《特集》京阪神修養会
元号　佐伯　邦男
主にある友情　清水　武彦
共助会についての私の考え　高橋　由典
一枚の写真⑯　内田　文二
日本人人質事件について　北川恵以子
アジアの平和と日本国憲法の平和主義（イザ2）　原田　博充
日韓のはざまで生きる家族の物語　金　纓
東北アジアにおける日本　金　纓
橋本敬祐兄のこと　松岡順之介
読隅谷三喜男『日本の信徒の「神学」』　内田　文二

【四月号　通巻五九〇号】

嵐を乗り越える信仰　大島　純男
荒れ野のキリスト（マタ4）　七條　真明
わたしは復活であり、命である（ヨハ11）　小淵　康而
アブラハムと森有正（一）　久米あつみ
教会と日本国憲法　尾崎　風伍
あなたのみ言葉はわが足のともしび（中沢宣夫氏追想）（ルカ10）　田中　敦
詩「海を見に行く」　永野　昌三

【五月号　通巻五九一号】

《特集》一泊研修会
少数者の生き方　林　律
マッチ売りの少女（マタ5）　工藤　浩栄
合唱組曲　アルプス讃歌「われ山に向かいて」聴きにゆく　永野　昌三
使命の自覚（ロマ15）　尾崎　風伍
続・熱河宣教の記録　佐伯　勲
夏期伝道実習を終えて　飯島　信
アブラハムと森有正（二）　久米あつみ
読高橋哲也＋「君が代強制反対訴訟」編集委員会編『私の「不服従」』　三浦　邦雄

【六月号　通巻五九二号】

平和を求めて　尾崎マリ子
キリストの祝福を持っていく（ロマ15）　及川　信
旧約聖書ところどころ（一）―聖書の基本テーマ・創世記一―三章を中心に―（創1、創2、創3）　川田　殖
日本キリスト教会史における浅野順一先生の位置と意義（前）　雨宮　栄一
わが生涯を振り返って（一）　橋爪　長三
読大塚野百合『ヘンリ・ナウエンのスピリチュアル・メッセージ』　中村　克孝

【七月号　通巻五九三号】

六十年の後に　山本　精一
遣わされた者の使命　尾崎　風伍

『共助』総目次　2005年8月号　通巻594号

旧約聖書ところどころ（二）
—神ともにいます人生・族長物語から—（創）　川田　殖
戦後六〇年・四月の体験　伊吹由歌子
日本キリスト教会史における浅野順一先生の位置と意義（後）　雨宮　栄一
神学校最終学年を迎えて　飯島　信
わが生涯を振り返って（二）　橋爪　長三

【八月号　通巻五九四号】
《特集》戦後六十年
キリストの平和の証人　森岡　巌
静けさの中で（ロマ1）　片柳　榮一
旧約聖書ところどころ（三）
—律法（トーラー）の精神・モーセと十戒を中心に—（創）　川田　殖
戦後六〇年、戦後補償の現況　森川　静子
私の八月十五日
岡田　長保　岡本　敏雄　尾崎　風伍
小林　裕　白澤　基　須澤　利郎
滝浦　緑　竹内恵美子　豊田　寛
成瀬　治　馬場　俊彦
「たましいの足跡」より　浅野　順一
「伝道生活の中で思うこと」より　奥田　成孝
わが生涯を振り返って（三）　橋爪　長三

【九月号　通巻五九五号】
戦後六十年　斎藤　末弘
草の上の平和（ヨハ6）　高橋　由典
旧約聖書ところどころ（四）
—聖書における歴史理解・「ダビデ王位継承史」など—（創）　川田　殖
通水四百年記念碑「水光る」　金子　健二
一枚の写真⑰　川田　殖
少年Jの一九四五年八月十七日　松岡順之介
十一月四日の記　島崎　光正
わが生涯を振り返って（四）　橋爪　長三

【一〇・一一月号　通巻五九六号】
《特集》夏期信仰修養会
遣わされた者として生きる　佐伯　勲
誇る者は主を誇れ（エレ9）　牧野　信次
遣わされた者として生きる　清水　武彦
リツパとイエス（サム下21、民35）　山本　精一
遣わされた者として生きる　片柳　榮一
共助会の負の歴史にどう向き合うか　尾崎　風伍
共に生きる　鈴木　幸江
主の憐れみに感謝して　青山久美子
命への決断（ルカ9）　尾崎マリ子
初めて夏期信仰修養会に参加して　渡辺真知子
二つの感想　上野　瑤子
主にあってひとつ　伏島　智子

【一二月号　通巻五九七号】
「一見良い子」の「心の闇」　安積　力也
地には平和（ルカ2）　河村　博
旧約聖書ところどころ（五）
—み言葉に貫かれて・預言者に聴く（一）—（創）　川田　殖
戦後六〇年、戦後補償の現況　森川　静子
クリスマスはなにを語り、なににむかうのか　加藤　武
わが生涯を振り返って（五）　橋爪　長三
伊藤満寿一兄をお偲びして　薄井喜美子

信仰の戦い―療養所生活の思い出　西田　真輔
詩「聖誕」　島崎　光正

〈二〇〇六年〉

【一月号　通巻五九八号】
すべての民の間にあって祭司となる　尾崎　風伍
神の恵みへの応答（マタ25）　飯島　信
旧約聖書とところどころ（六）
―まことの神を神とする・預言者に聴く（二）―（創）　川田　殖
思いつくままに　佐伯　邦男
やりとり　和田　健彦
主は生きておられる　平良久美子
『ウガンダ通信』より　北川恵以子
一枚の写真⑱　奥田　義孝
読小平尚道『アメリカ強制収容所』　久米あつみ

【二・三月号　通巻五九九号】
《特集》京阪神修養会
受け継ぎ引き渡すもの　永松　英高
贖罪の信仰　小笠原亮一
日々を思い起こし（詩143、申32）　李　相勁
日本の中のアジア（主題講演）　飛田　雄一
アジアの中の日本（主題講演）　飛田　雄一
台湾の友を訪問して　佐伯　勲

【四月号　通巻六〇〇号】
この春、共助会の針路について思う（1）　尾崎　風伍
境界を越えて（使10）　趙　憲正
チャッデ　佐伯　勲
旧約聖書とところどころ（七）
―民族の再生のために・ユダヤ教の成立―（創）　川田　殖
飯沼二郎さんを覚えて
清水　武彦　山本　精一　飛田　雄一
井川　満　趙　憲正　朴　実
朴　炯圭　竹中　正夫　奥田　義孝
洪　彰義　高橋　由典　簱　眞紀子
飯沼　学
読「祈りが生きている限り」　永野　昌三

【五月号　通巻六〇一号】
《特集》一泊研修会
この春、共助会の針路について思う（2）　尾崎　風伍
わが生涯を振り返って（六）　橋爪　長三
戦後教育の反省と課題　川田　殖
大切さにようやく気づいた教師として　岡田　明
川田講演への応答　桑原清四郎
学ぶことと学ばされること　山本　精一
「教育」の原点（申6）　尾崎　風伍
岡本敏雄さんを偲ぶ　山谷　朗

【六月号　通巻六〇二号】
その時まで、私たちは黙って見ているのだろうか　森川　静子
主の気前よさ（マタ20）　中村　克孝
旧約聖書とところどころ（八）
―激動の時代の中で・ユダヤ教の存立―（創）　川田　殖
一年の恵みを振り返って（マタ10、マタ11）

島崎光正論（一）　川西　健登
ナショナル・アイデンティティはそんなに大切か　永野　昌三
　金　迅野

【七月号　通巻六〇三号】
贖罪の信仰のみ　飯島　信
終わりの時を待つ姿勢　尾崎　風伍
ガラテヤの信徒への手紙講解①（ガラ1）　大島　純男
キリスト・イエスの心を心とする　河村　博
ひとつの応答　土屋　祐二
島崎光正論（二）　永野　昌三
わが生涯を振り返って（七）　橋爪　長三
『共助会と日本のキリスト教』の主題の下
「共助会と私」より　奥田　成孝
「交友途上」　齋藤　成一
読太田愛人『天に宝を積んだ人びと』　大島　長子
読川田殖『いまこそ人間教育を』　山本　精一

【八月号　通巻六〇四号】
真実の愛への応答として　橋本　洽二
神の神殿（ヨハ2）　金　明淑
ガラテヤの信徒への手紙講解②（ガラ2）　大島　純男
平和をつくりだすもの・非戦のまちづくり　関口　美樹
二〇〇六年八月十五日近況　伊吹由歌子
一枚の写真⑲　奥田　義孝
島崎光正論（三）　永野　昌三
近藤章さんを偲んで　黒瀬　健二

【九月号　通巻六〇五号】
サタンの跳梁　佐伯　邦男
ガラテヤの信徒への手紙講解③（ガラ2、ガラ3）　大島　純男
この最も小さい者に（マタ25）　小塩　節
私と共助会　松田　一路
もてなしを受けた旅人　渋沢　久
わが生涯を振り返って（八）　橋爪　長三
島崎光正論（四）　永野　昌三

【一〇・一一月号　通巻六〇六号】
《特集》夏期信仰修養会
本当のことは「一人」から始まる　安積　力也
キリストのほか自由独立　川田　殖
共助会の伝道　尾崎　風伍
私が経験した三つの恵み（マコ15）　小笠原亮一
共助会についての私の考え・再び　髙橋　由典
共助会の原点をふり返って　鈴木裦善姫
共助会の交わりに思うこと　飯島　信
共助会と北白川教会の贖罪信仰　佐伯　勲
共助会修養会の感想　勝野美佐子
夏の日の出会い　堀澤　六郎
共助会創立五十周年記念礼拝に際して　奥田　成孝
読白澤基編『藤澤一二三遺稿集』　大島　純男

【一二月号　通巻六〇七号】
人の正義と神の正義　石川　光顕

ガラテヤの信徒への手紙講解④（ガラ3）　大島　純男
飼い葉桶　茨の冠　そしてヤソ・キリスト（ルカ2）　鈴木　孝二
島崎光正論（五）　永野　昌三
わが生涯を振り返って（九）　橋爪　長三
馬槽のイエス　大塚野百合
読『ジャン・カルヴァン説教集Ⅰ』　加藤　武

〈二〇〇七年〉

【一月号　通巻六〇八号】
一条の光　尾崎　風伍
ハガルの帰還（創16）　高橋　由典
ガラテヤの信徒への手紙講解⑤（ガラ4）　大島　純男
従順　和田　健彦
私の今、そして三つの大切なこと　飯島　信
島崎光正論（六）　永野　昌三
山崎保興さんを悼む　成瀬　治
読李仁夏『歴史の狭間を生きる』　飯島　信

【二・三月号　通巻六〇九号】
《特集》京阪神修養会
希望の前夜　佐伯　勲
旧約聖書の根底にあるもの　牧野　信次
一枚の写真⑳　飯島　信
旧約聖書の平和について　片柳　榮一
平和を創り出す者（一）（二）（主題講演）　服部　待
二つの年表　清水　武彦
「修学院学区九条の会」の取組み　八田　一郎
聖書の平和主義と日本国憲法九条　原田　博充
島崎光正論（七）　永野　昌三
読大塚野百合『賛美歌・唱歌とゴスペル』　川田　殖

【四月号　通巻六一〇号】
「改正」教育基本法の破綻　山本　精一
主の呼びかけに耳を澄まして（サム上3）　七條　真明
ガラテヤの信徒への手紙講解⑥（ガラ4、ガラ5）　大島　純男
島崎光正論（八）　永野　昌三
私の歩み①　大塚野百合
信教の不自由から信仰の自由へ　中川　春野
読小塩力説教集『小塩力』を読んで　布村　伸一

【五月号　通巻六一一号】
《特集》一泊研修会
遠くにいる友を思う　中西　博
私の歩み②　大塚野百合
イエスの本当の弟子（ヨハ8）　尾崎　風伍
森明の信仰と共助会（一）　飯島　信
ガラテヤの信徒への手紙講解⑦（ガラ5、ガラ6）　大島　純男

【六月号　通巻六一二号】
教会と無教会　久米あつみ
成長させてくださったのは神です（一コリ3）　嶋田　順好
島崎光正論（九）　永野　昌三
私の歩み③　大塚野百合
森明の信仰と共助会（二）　飯島　信

ガラテヤの信徒への手紙講解⑧（ガラ6）　大島　純男
「まつべき教育の力」とは何か　安積　力也

【七月号　通巻六一三号】
コヘレトをめぐる論考①―コヘレトの「飲み食い」について―（コヘ）　小友　聡
アフリカの友及びケニヤの視覚障害者施設を訪ねて　青山　章行
大河の流れ　渋沢　久
島崎光正論（十）　永野　昌三
真実の証言を語り継ぐ　角田　秀明
主にあって新しくされる（二コリ5）　尾崎　風伍
私の歩み④　大塚野百合

【八月号　通巻六一四号】
繰り返させないために　橋本　治二
八月十五日　佐伯　勲
コヘレトをめぐる論考②―コヘレトの「謎解き」―（コヘ）　小友　聡
戦後補償の現況　森川　静子
島崎光正論（十一）　永野　昌三
私の歩み⑤　大塚野百合

【九月号　通巻六一五号】
大和民族だけの主にある友情にならないために　森川　静子
新しい生き方（一テサ1）　小淵　康而
コヘレトをめぐる論考③―コヘレトの「時」―（コヘ）　小友　聡
アジア・カルヴァン学会　日本大会を終えて　久米あつみ
私の歩み⑥　大塚野百合
苦難　齋藤　成一
静岡・清水『共助』読者会　松隈　敬三
島崎光正論（十二）　永野　昌三
[読]小林融弘『世界はどのようにしてできたか自然科学と信仰』を読む　木村　葉子

【一〇・一一月号　通巻六一六号】
《特集》夏期信仰修養会
キリスト教の平和主義と国家　原田　博充
あめんどうの枝（エレ1、エレ20）　山本　精一
キリストにあって友となる（ルカ7）　石川　光顕
基督教共助会のあり方（マコ12）　表　弘弥
読会開催の動機と内容の一部紹介　尾崎　風伍
にじみ出るものがあれば　牧野　信次
創刊当時の『共助』を読む　片柳　榮一
初心忘るべからず「主にある友情」の原型　川田　殖
主にある友とされて　和田　健彦
夏期信仰修養会に参加して　河村　博
私の歩み⑦　大塚野百合

【一二月号　通巻六一七号】
罪責を告白する教会　森岡　巌
愛があなたを生かす（ヨハ4）　木村　一雄
コヘレトをめぐる論考④―コヘレト書の反黙示思想―（コヘ）　小友　聡
「求道」について考えてきたこと　須澤　利郎
〈少年の夢〉　佐治健治郎
聖母マリア　播磨　醇
島崎光正論（十三）　永野　昌三

私の歩み⑧　大塚野百合

〈二〇〇八年〉

【一月号　通巻六一八号】

キリスト賛歌・キリスト告白　尾崎　風伍
神の熱い関心（マタ21）　高橋　由典
コヘレトをめぐる論考⑤―コヘレトの現代的意義―（コヘ）　小友　聡
佐久学舎からの三十年の歩み　藤　孝
佐久学舎「聖書研究会」再開のお知らせ
陶器師　石川　光顕
島崎光正論（十四）　和田　健彦
私の歩み⑨　永野　昌三
　大塚野百合

【二・三月号　通巻六一九号】

《特集》京阪神修養会
小さな群れよ、恐れるな　佐伯　勲
イエス様と台湾の教会　高　俊明
イエス様と台湾の人権　高　俊明
感話と祈り　朴　炯圭
『牧者の道』を訳して　林　律
主の言葉は永久に残る　飯島　信
島崎光正論（十五）　永野　昌三
私の歩み⑩　大塚野百合
読『島崎光正全詩集』　中山　直子
読高俊明牧師自伝『牧者の道』（林律訳）　胡　慧玲

【四月号　通巻六二〇号】

《特集》第四回韓日修練会（ソウル）
第四回韓日基督教共助会修練会を終えて　飯島　信
信仰と友情（使9）　朴　炯圭
主にある友情と共助会の使命　尾崎　風伍
キリストにあって友となる　尹　鍾倬
キリストを着る（ガラ3、ロマ13）　山本　精一
キリストにあって友となる　佐伯　邦男
私が共助会に加入した動機と共助会の当面している課題　劉　貞得
韓国の兄弟姉妹の皆様へ　工藤　浩栄
友情と真実　金　圭炆
自己不在意識（フィリ2）　裵　興稷
イエスの死を身に負う　佐伯　勲
共助会との関わり（エフェ2）　中西　博
恵みは深く、大きく流れて　伊吹由歌子
第四回韓日基督教共助会修練会に参加して
　石川　光顕　飯島　信　表　弘弥
　木村　葉子　工藤　浩栄　林　律
コヘレトをめぐる論考⑥―コヘレトの「ヘベル（空）」について―（コヘ）　小友　聡
私の歩み⑪　大塚野百合

【五月号　通巻六二一号】

《特集》一泊研修会（1）
み旨を仰ぐ　川田　殖
集められることと散らされること（使8、創11）　尾崎　風伍
川西医師の活動拠点アレモ村とは　森口　岳
コヘレトをめぐる論考⑦―コヘレトのパロディーについて―（コヘ）　小友　聡
明けの明星が昇るときまで（二ペト1）　北村　嘉恵
島崎光正論（十六）　永野　昌三

私の歩み⑫　大塚野百合
片岡秀一兄を天に送る　清水　武彦

【六月号　通巻六二二号】

関係のネットワーク　下村　喜八
重要なことを見分ける力（フィリ1）　尾崎　風伍
コヘレトをめぐる論考⑧最終回―コヘレト書とヨブ記―（コヘ）　小友　聡
百聞は一見に如かず　大島　長子
小笠原先生をお訪ねして　佐川真理子
島崎光正論（十七）　永野　昌三
私の歩み⑬　大塚野百合
白澤基さんを偲んで　川田　殖
読エリナー・ポーター『ぼく、デイヴィッド』（中村妙子訳）　久米あつみ

【七月号　通巻六二三号】

《特集》一泊研修会（2）
イスカリオテのユダとわたしたち　大島　純男
神はご覧になっておられる　佐伯　勲
ウガンダでいただいた恵み　川西　健登
根本神父様に出会って　柴田　孝子
島崎光正論（十八）　永野　昌三
私の歩み⑭　大塚野百合

【八月号　通巻六二四号】

やり直しが難しいなかで　片柳　榮一
希望の源である神（ロマ15）　牧野　信次
日本における宣教の理念（一）　飯島　信
島崎光正論（十九）　永野　昌三
私の歩み⑮　大塚野百合
映画「靖国」を観て　井上　健
理解と和解への対話　伊吹由歌子
故李仁夏牧師の告別式に列して（速報）　牧野　信次
和解の使徒を送る（故李仁夏氏「お別れ会」速報）　河合　達雄

【九月号　通巻六二五号】

新しいことの芽生え　尾崎　風伍
あなたのような神がほかにあろうか（ミカ7）　大島　純男
日本における宣教の理念（二）　飯島　信
高橋三郎先生のことなど　表　弘弥
島崎光正論（最終回）　永野　昌三
私の歩み⑯　大塚野百合
追悼　金子健二兄　桑原清四郎
いてくれてありがとう　関根　一夫

【一〇・一一月号　通巻六二六号】

《特集》夏期信仰修養会
罪の上に罪　林　律
アジアの平和とキリスト者の責任（詩85）　飯島　信
民衆の交流、和解、共助（エレ1）　朴　炯圭
台湾山地伝道者　井上伊之助の生涯について（詩37）　青山　章行
アジアの平和に対する日本の責任　高　俊明
「福音をどう理解するのか」　根田　祥一
アジアの平和とキリスト者の奉仕　李　相勁
ひとつの夢　佐伯　邦男
ソウェトの息子　山本　精一

共助会の修養会に参加して　加賀美妙子
朴先生・高先生にお会いして　鈴木美恵子
修養会に参加して　原田美智子
感想　山本　俊樹

【一二月号　通巻六二七号】
クリスマスに思う　原田　博充
クリスマスの闇を照らす光（マタ2）　小淵　康而
イザヤ書をどう読むか（一）―最近のイザ
ヤ書研究から見えてくること―（イザ）　田中　光
クリスマスにこそ平和を求める祈りを
小菅　敏夫
福音の使者たち　岡野　昌雄
憂えてはならない　櫻井　淳司
往復書簡　川田　殖―尾崎風伍
私の歩み　佐伯　邦男
読ジュリエット・ルヴィヴィエ『かいばおけ
のまわりで　クリスマスのいのり』
（久米あつみ訳）　青山久美子

〈二〇〇九年〉
【一月号　通巻六二八号】
《特集》小塩力没後五十年記念
神の導きの中に　飯島　信
時を知る者として生きる（ロマ13）　七條　真明
イザヤ書をどう読むか（二）―チャイルズ
の正典的解釈が問いかけてくること―
（イザ）　田中　光
小塩力先生と私　川田　殖
小塩力の方法　加藤　武
小塩力における受肉の神学　久米　博
キリスト者市長・高山義三論（一）
清水　武彦
祈り　和田　健彦
今日における宣教の課題　飯島　信

【二・三月号　通巻六二九号】
《特集》京阪神修養会
共助会の主に在る交わり　佐伯　勲
キリスト者の自由・聖霊の結ぶ実（ガラ5）
尾崎　風伍
和解の福音を生きる（李仁夏）　関田　寛雄
自由な共生への道　関田　寛雄
逆境・平和のための葛藤（マタ10）
イム・ボラ
修養会で学んだこと　青山久美子
李仁夏先輩追悼　朴　炯圭
NCCでの李仁夏先生　山口　明子
イザヤ書をどう読むか（三）―イザヤ書の
序章におけるもう一つの「表題」の意味―
（イザ）　田中　光

【四月号　通巻六三〇号】
からだのよみがえり　久米あつみ
見ないのに信じる人は幸いである（ヨハ20、
創2）　尾崎　風伍
イザヤ書をどう読むか（四）―イザヤ書の
プロローグにおける捕囚後の共同体的指
針―（イザ）　田中　光
イエス・キリストを手本として（マコ4）
角田　芳子
林竹二先生再読　當間喜久雄
何が〝変貌〟を生むのか　安積　力也

「日の丸・君が代」強制でこわされる学校教育　木村　葉子

【五月号　通巻六三一号】

《特集》一日研修会
〝ひと区切り〟を心に刻む　石川　光顕
きく耳のある者は聴くべし（マコ4、マタ13、ルカ8）　川田　殖
基督教共助会九十年の歩みをどう読み、どう書くか　川田　殖
なぜ雑誌『共助』に掲載か　尾崎　風伍
序章　日本近代化の夜明けと森有礼　川田　殖
第一章　森明と共助会の出発　飯島　信
第二章　十五年戦争のさ中に　尾崎　風伍
第三章　日本の敗戦と再出発　牧野　信次
第四章　世界の中の日本の明暗　備忘録　山本　精一
第五章　世界の進路と日本の進路1　一九八九年以降の時代の動き　片柳　榮一
第五章　世界の進路と日本の進路2　共助会の働き　佐伯　勲
イザヤ書をどう読むか（五）—連綿と引き継がれる神の言葉としての預言—（イザ）　田中　光
キリスト者市長・高山義三論（二）　清水　武彦

【六月号　通巻六三二号】

神の国　鈴木　幸江
わたしはあなたがたを友と呼ぶ（ヨハ15）　飯島　信
イザヤ書をどう読むか（六）—イザヤ「回顧録」から学ぶ其の一—（イザ6、イザ7、イザ8、イザ9）　田中　光
青森から京都へ　京都から青森へ（第一回）—イエス様にしたがって—（一）　小笠原亮一
李英環兄を想う　洪　彰義
わが身ののぞみは　ただ主にかかれり　飯島　信
二〇〇九年二月李英環先生宅訪問　佐伯　勲
[詩]「王様と裸」　永野　昌三

【七月号　通巻六三三号】

宇宙を支配する神　小菅　敏夫
あなたの唯一の慰めは（マタ15）　木村　一雄
イザヤ書をどう読むか（七）—イザヤ「回顧録」から学ぶ其の二—（イザ6、イザ7、イザ8、イザ9）　田中　光
青森から京都へ　京都から青森へ（第二回）—イエス様にしたがって—（二）　小笠原亮一
キリスト者市長・高山義三論（三）　清水　武彦
基督教共助会九十周年に寄せて（一）　宮原　守男　山本　俊樹　宮澤　豊　伊東　啓子　小友　聡　加賀美妙子　三沢八重子
国際人権規約・ジュネーブ訪問記　木村　葉子

【八月号　通巻六三四号】

霊の導きによる平和（ガラ5）　河村　博
イザヤ書をどう読むか（八）—イザヤ「回

『共助』総目次　2009年12月号　通巻637号

顧録」から学ぶ其の三―（イザ6、イザ
7、イザ8、イザ9）　田中　光
青森から京都へ　京都から青森へ（第三回）
―イエス様にしたがって―（三）
小笠原亮一
キリスト者市長・高山義三論（四）
清水　武彦
基督教共助会九十周年に寄せて（二）
加藤　武　須澤　利郎
河村　博　下山田誠子
国際化してきた戦後補償問題　森川　静子
読『柏木義円日記』（一九九八年・行路社刊）
鈴木　孝二

【九月号　通巻六三五号】
自立を考える　中西　博
一房の葡萄（ヨハ7、ヨハ8）嶋田　順好
イザヤ書をどう読むか（九）最終回―イザ
ヤ「回顧録」から学ぶ其の四―（イザ6、イザ
7、イザ8、イザ9）　田中　光
浅野先生から学んだこと　宮原　守男
神のみわざとしての五十年（一）
高倉徳太郎と内村鑑三　橋本　洽二
キリスト者市長・高山義三論（五）　福田　啓三
清水　武彦
読J・ディオティス・ロバーツ
『ボンヘッファーとキング』（島田由紀訳）
鈴木裵善姫

【一〇・一一月号　通巻六三六号】
《特集》夏期信仰修養会
基督教共助会九〇年の歩み編纂に期待する
和田　健彦
主に在る友情・交わり　佐伯　勲
主に在る友情に生きて　飯島　信
明日のことまで思い悩むな。明日のことは
明日自らが思い悩む。（マタ6）劉　啓徳
私と共助会　尹　鍾倬
今日まで守られ来たりし我が身　角田　芳子
福音的人格に導かれて　木村　一雄
主イエスに問いつつ　鈴木裵善姫
共助会の一人として「主にある友情」
李　炳墉
共助会に今思うこと　永口　裕子
私にとっての「主にある友情」安積　力也
主の憐れみと友情　木村　葉子
夏期信仰修養会参加の感想　豊田キヨ子
創立90周年夏期信仰修養会に参加して
細川芙美江
神のみわざとしての五十年（二）
橋本　洽二
キリスト者市長・高山義三論（六）
清水　武彦

【一二月号　通巻六三七号】
キリストに由来する一致　内田　文二
イエス・キリストの誕生　尾崎　風伍
クリスマス黙想　大島　純男
リードオルガンと共に四十年　中村　証二
キリスト教とイスラエルの神（一）鈴木　脩平
神のみわざとしての五十年（三）
橋本　洽二
キリスト者市長・高山義三論（七）
清水　武彦

読金子晴勇『ルターの霊性思想』　成瀬　治

〈二〇一〇年〉

【一月号　通巻六三八号】

天に富を積む　飯島　信
あなたのために場所がある（ヨハ14）　小友　聡
福音書とその真理―初めて聖書を学ぶ人に（一）　原田　博充
帰還（表紙絵に寄せて）　和田　健彦
キリスト者市長・高山義三論（八）　清水　武彦
森明と共助会の精神（再録）　山本　茂男
共助会創立五十年記念礼拝に際して（再録）　奥田　成孝
読大塚野百合『出会いのものがたり』　大島　長子

【二・三月号　通巻六三九号】

《特集》京阪神修養会
歴史法廷に立つ覚悟　高橋　伸明
本間誠先生について（使17）　片柳　榮一
個であることの自由（ヘブ11）　田中　敦
基督教共助会における韓国、台湾の友たちとの交わり　林　律
佐久学舎聖書研究会　山本　精一
人生は寂しいね！　井川　満
福音書とその真理―初めて聖書を学ぶ人に（二）　原田　博充
太平洋戦争の連合軍捕虜たち　伊吹由歌子
読大塚野百合『あなたは愛されています』　小友　聡

【四月号　通巻六四〇号】

人格を伴う教育　角田　秀明
人間には出来ないことも、神にはできる（ルカ18）　松木　信
福音書とその真理―初めて聖書を学ぶ人に（三）　原田　博充
共助会と女性（一）　大塚野百合
共助会と女性（二）　久米あつみ
「信教の自由」と教育の強制について（前）　木村　葉子
教育二題考察　當間喜久雄
キリスト者市長・高山義三論（九）　清水　武彦

【五月号　通巻六四一号】

黙示録的時代の中で　川田　殖
教会の中に生きるキリスト（使20）　小淵　康而
福音書とその真理―初めて聖書を学ぶ人に（四）　原田　博充
「信教の自由」と教育の強制について（後）　木村　葉子
怨みなる隔てを越えて　播磨　醇
キリスト者市長・高山義三論（十）　清水　武彦
伝道は、キリスト者が社会に仕える業によって　飯島　信
読永野昌三『島崎光正　悲しみ多き日々を生きて』　橋本　治二

【六月号　通巻六四二号】

明日への歩み　鈴木　幸江
導かれるままに（ルカ12）　飯島　信

福音書とその真理―初めて聖書を学ぶ人に（五）　原田　博充
カルヴァン生誕五〇〇年を終えて　久米あつみ
キリスト者市長・高山義三論（十一）　清水　武彦
詩「右眼」「新芽」　永野　昌三
読A・E・マクグラスの紹介と図書　佐伯　邦男

【七月号　通巻六四三号】
神学することの大切さを思う　尾崎　風伍
御心のままに（マタ26）　橋本　治二
福音書とその真理―初めて聖書を学ぶ人に（六）　原田　博充
本当は恐ろしい『オズの魔法使い』　大塚野百合
泉会と共助会　佐伯　邦男
佐久学舎と私　小野　淳子
キリスト者市長・高山義三論（十二）　清水　武彦
読小笠原亮一『北国の伝道』　小友　聡

【八月号　通巻六四四号】
和解すること　久米あつみ
平和を追い求め続けましょう（ゼカ8、二コリ4）　関田　寛雄
福音書とその真理―初めて聖書を学ぶ人に（七）　原田　博充
日本の国恥一〇〇年と朝鮮「慰安婦」　森川　静子
NCCでの一年二カ月の働きを終えて（前）　飯島　信
キリスト者市長・高山義三論（十三）　清水　武彦

【九月号　通巻六四五号】
愛なき世界　大島　純男
主イエスの眼差し（マコ3）　片柳　榮一
福音書とその真理―初めて聖書を学ぶ人に（八）　原田　博充
傷ついた子どもたちを支えながら　神戸　信行
NCCでの一年二カ月の働きを終えて（後）　飯島　信
キリスト者市長・高山義三論（十四）　清水　武彦
読基督教共助会編『沈黙の静けさの中で』　柴崎　聰

【一〇・一一月号　通巻六四六号】
《特集》夏期信仰修養会
静まってみ言葉に聴く　青山　章行
私たちは主のものである（ロマ14）　飯島　信
自己変革と和解（主題講演）　黒木　安信
涙も喜びへ「ラボニ」（ヨハ20）　大島　長子
なにゆえにイエスは（主題講演）（マコ8）　船本　弘毅
主にある出会いによりみちびかれて　小菅　敏夫
み言葉に導かれて　佐伯　勲
初参加の修養会に思う　関根　美鈴
初めての参加　寺尾　一栄
初めての出会い　李　美淑

福音書とその真理―初めて聖書を学ぶ人に（九）　原田　博充
キリスト者市長・高山義三論（十五・最終回）　清水　武彦

【一二月号　通巻六四七号】
子どものために待つことのできる社会を　下竹　敬史
彼女はなぜ同胞を裏切ったのか（ヨシュ2、マタ1）　鈴木裵善姫
福音書とその真理―初めて聖書を学ぶ人に（一〇）　原田　博充
金大中氏救命運動とアジアの和解と平和　飯島　信
クリスマス黙想　小友　聡
ふたりだけのクリスマス　伊東　啓子
読キリスト教共助会編『永遠の現実を見つめて』　岡田　明
読洪根洙『Yangkee, Go Home!』　櫻井　淳司

あとがき

石川光顕

この『基督教共助会九十年—資料編—』（以下『資料編』と略す）の必要性については、二〇一二年四月発行の『基督教共助会九十年—その歩みに想う—』のあとがきの中で、「しかしこれだけでは共助会九十年の歴史の流れを辿るに精一杯で、個々の史実やことに本会の魂ともいうべき先人の歩みを知るには到底不十分である。そこで資料として次の四つを付け加える。……」と川田 殖先生が述べている通りである。これら〝四つ〟の編集に従事したものの、直ぐに刊行出来ずあれから既に三年を経てしまったことを深くお詫びしたい。編集作業に携わった者にとってのこの三年間は、単なる時の長さに止まらず、それぞれが、ごく親しき者を天に送る心痛む深き経験をした時でもあった。しかし、ここまで歩みをとどめず進んで来られたことを考えると、実に多くの方々の祈りと支えとがあったからこそであり、これは私にとって「主の恵みの年」（ルカ四・一九）に匹敵する喜びである。ここでは、特にこの方が欠けたら『資料編』は完成出来なかったであろう四人の方々についてその働きの一端を紹介させていただく。以下区切りとして段階を設けたが、単純に時間的区切りでなく、内容も含み重なり合ったものであることをご承知いただきたい。

堀内泰輔先生との出会い

この『資料編』作成の具体的作業は、二〇一一年八月一九日に長野工業高等専門学校教授の堀内泰輔氏と温暖さんご夫妻が佐久にいらした時から始まる。折しも佐久学舎聖書研究会の期間中であった。

そもそも堀内先生との出会いは、その年八月初めの湯河原での夏期信仰修養会だった。当時池袋台湾教会員の江詩賢さんの友人として紹介された。その時の私はこの『資料編』をどう作って行ったらよいか、その方法はコンピューターソフトのデーターベース〝アクセス〟などを使って「総目次」を作ったらどうか等と頭を抱えていたところであった。だから、〝コンピューターの専門家〟という紹介の一言ですぐ彼の所へ行き、『資料編』作成の話をしたことを覚えている。何かヒントをもらえるかと思ってのことだったが、「それは面白い、お手伝いしましょう」というのが彼からの返事だった。彼に「面白い」と言わせたのは、私の話を聞いただけで専門家として〝データーを如何に処理し本に仕上げていくか〟という手順・プログラムの概要が既に、彼の頭の中に描かれていたからだと後で分かった。その月末には本を仕上げる手順の見本が示されたほどである。

この間のメールのやり取り、電話での連絡は数え切れない。佐久学舎へは合計四回、夫人の温暖さん共々参加され、夕食は温暖さんが腕を振るってくださり、参加者を喜ばせてくれた。佐久では、自由時間を使って『資料編』の打ち合わせをした。さらに、昨年三月、十月、そして今年の二月と長野高専を訪問し打ち合わせを重ねた。

最終的に、堀内先生の下で「総目次」「通巻号と発行年月号対応表」「著者索引」「聖書箇所索引」を作ることになったが、それは初めからのプランではなく次第に膨らんでいったのであった。最終的にエクセルデーターで要した大きさを横書きノート一頁の広さに例えると、罫線が九一六六行で横幅は四九列の膨大なものとなった。驚いたことに、堀内先生の研究室で使っているコンピューターはモニターを三台同時に使ってその四九列全てが画面で眺められ作業できるようになっていた。そして、この全体データーから右記のそれぞれを作成するのに多いもので五十近い手順があり、それらの中核に細かいプログラムがあることを最後に知らせていただいた。

堀内先生とメールのやり取りをしていて、変更点や煩雑になりがちなこちらの注文などが多くある中で、「プログラミングの面白さと大変さを改めて痛感した昨今でした」（二〇一四年八月）などという私への労わりと思える言葉をいただけたことが最後まで続けられた一因になっている。信州人堀内先生ご夫妻との出会いがこんな形で発展していることは神様の導き以外に考えられず感謝で一杯である。

第一段階〈ダイジェスト版の入力〉

最初の仕事は、どのデーターを誰が入力するかということだった。初めは、橋本治二氏と森川静子氏が既に作ってくださっていたダイジェスト版『共助の目次』を小野淳子《あつこ》氏、土屋昌子氏、並びに三澤八重子氏、中西 博氏と私で手分けしてエクセルに入力することから始まった。この時点では、『共助』誌全巻はまだ私の手元にない状態での出発だった。しかしそのダイジェスト版は、殆ど原本通りのものから、『共助』誌の表紙に書かれたダイジェストに過ぎないものまで、まちまちで資料として不完全なものであることが後になって分かってきた。この作業に一年近くかかった。しかし無駄と思えるようなこの作業こそが『資料編』作りへのエネルギーを高める要因になったことも事実である。

第二段階〈編集会議を持ちつつの打ち込み〉

ここで改めて、小野淳子氏と土屋昌子氏からの援助について記したい。お二人は共に、恵泉女学園の事務職として勤務されていて、川田 殖先生が学園長の時から関わっておられた。また小野氏は再開佐久学舎聖研の初めからの参加者で今は世話人のお一人、土屋氏は郷里が佐久市で二〇一一年八月、佐久学舎に顔を出してくださっていた。その佐久において川田先生からこの『資料編』作成の依頼の声掛けがあった。それを受けて、九月の二二日に私が恵泉女学園に行き正式に依頼したのがことの始まりである。お二人とも快く引き受けてくださった。そして、二五日の夜渋谷のペディラヴィウム会事務所において川田 殖先生、小野淳子氏、土屋昌子氏と私の四人で「九十年史・資料編 編集会議」とでもいうべき会が発足した。中でも土屋氏は、当時恵泉女学園史料室に勤務され、いわばその道の専門家であったので、彼女を中心に、どういう本にするのか、『共助』誌の何を削りどこを掲載するのか様々な議論が交わされた。

やっと私の手元に揃った『共助』誌原本の戦後版を小野氏と土屋氏にお貸しして、それらを照合しての入力作業となった。これが一番大変な作業だったが、前述したように『資料編』にどう反映されるかは並行して考えていくことにして『共助』誌原本の全ての記事を忠実に入力してくださることになった。恐らくお二人は、ご自身の仕事を終えてから、時として徹夜をされるような状況もあったことかと思われるが、一年以上かけての作業であった。そしてパソコンデーター上での一次校正の頃から、大石のり子氏が加わってくださった。最終的に原本の入力が終わりエクセルのファイルを堀内先生に送ったのが二〇一三年八月一五日となっている。既にこの時点で、始まりから二年経過していた。

その後入力データーの中で何を『資料編』に載せるかの絞り込みが始まった。結論は、総目次凡例に記述した通りであるが、特に最初から問題になったのが「ジャンル」分けの問題だった。この問題は、何のために「総目次」なるものを作るかということと重なるわけであるが、会員は勿論、これから現われるであろう若い人たちの研究のためにも索引機能をしっかり加えたい気持ちがあったから「ジャンル」を出来るだけつけようという方向で進んだ。しかし実際『共助』誌全体を見ていくと、編集者によってジャンルの表記の仕方がまちまちであったり、ジャンルがつけていないものもあったりで、「総目次」に表記するものとして、巻頭言・説教・聖書研究・追悼・読書・詩の六つに絞ることにした。そうする中でも検討を進め、最終的に客観性が担保されるという意味において詩・訳・読の三つだけの表記となった。

その後も、堀内先生とやり取りは進み、名前のふりがなの問題から聖書箇所の記載の問題・節は除くなど本当に様々な指摘や問い合わせがあった。さすがコンピューター作業故に〝適当に〟というわけにはいかず、その都度『共助』誌原本に当たった。しかし原本を開くと、つい前後の文章まで読んでしまい、「豊かな楽しい時」を過ごす羽目になることが多かった。

そのような作業の中で、印象に残ったことの一つとして、ここで、『共助』誌の中で、どちらかというと〝存在感の薄い〟と思われている『共助通信』について記してみたい。現在の『共助』誌には、記事の一つとして「共助通信」がある。会員消息がその中心内容であるが、旧いものには集会報告なども載っている。九十年の歴史の中で様々な変遷を経て今のようになっている。ここで取り上げる『共助通信』というのは、『共助』誌とは別に孔版（ガリ版）刷りの小冊子を意味する。

そもそもこの『資料編』作成は、共助会を少しでもわかってもらいたいためのものであるが、共助会スピリットの一つ「主にある友情」の内実は『共助通信』に良く現れていることがこの一連の作業をしている中で分かってきた。勿論戦前・戦中版『共助』誌を読むと旧制高校や友を訪ねての旅が多く綴られているのが特徴でもあるが、『共助通信』には、特に別刷りにする初期共助会の意図があった。

戦前の『共助通信』は、今のところ第Ⅴ号まで確認している。第Ⅰ号は、通巻第三一＊号の付録として発行されているが、「主にある誌友に送る」と題する山本茂男先生の文が掲載されているので少し抜粋する。

「……共助会が次第に拡充し、健全なる発達を期待せらるる以上、常にその情況を、絶えず之が為に祈りを注いで行かねばなりません。また既に多くの友は各地方に散在し、それぞれ消息を通わせ、友情の交わりを深くし、堅く一つなる使命の意識に立ちて、ますます奮闘致したきことは、等しく切なる願であると信じます。……」と書かれている。当時共助会会員は一〇〇名で年三回ほど発行すると書かれているが、第Ⅲ号は、四三＊号、第Ⅳ号は四八＊号、第Ⅴ号は五六＊号の付録として発行された。その中身には当時の共助会の息吹と気迫が伺えるが、これ以上の『共助通信』は今のところ確認していない。本書には、第Ⅱ号の目次を掲載した。

戦後の『共助通信』は、第1号（一九四九年八月）から第65号（一九六〇年四月）まで確認されている。欠けているものもいくつかある。今手元にある第50号（昭和32年4月3日発行）の内容は、①「中国の旅に出られる山本先生を送るにあたって」奥田成孝、②第一回共助会東京地区例会報告、③「新潟集会の便り」大西正美、④お便り・消息、⑤中国問安使節参加募金者氏名一覧、それに⑥「共助会規約」である。

ところで、戦後の『共助』誌の創刊号は一九五三年五月発行となっている。しかし、これが通巻一号でなく三三号と記されているのをお気づきになった方も多いと思われるが、真相は謎の部分である。しかしその理由は『共助通信』の1号が一九四九年八月発行であることを考えると、創刊号を待つおよそ四年間の間に『共助通信』は32号までが発行されたと推測でき、それを受けての『共助』三三号かとも思われるが真相は分からない。（なお本書二九頁参照）

これらの資料をまとめたのは、土屋昌子氏である。前述したように、氏の実家は佐久市平賀で川田先生宅の極めて近いところにあり、この作業のために家に帰られた折、佐久学舎の山本ハウスにある共助会関係の本・書類等を整理して『共助』誌全巻と『共助通信』をリストアップしてくださったのである。

第三段階〔校正点検〕

校正作業は、二〇一四年の佐久学舎が終わった時から始まった。既にこの段階では堀内先生によってエクセルからワードに変換され「総目次」が本の装丁のようにプリントアウトされていた。私が九月に入っても相変わらず、もたもたしている中「もしもし石川さん！　一次校正が終わりました。」という電話を川田先生からいただいた。何と、綾子夫人とお二人で一か月かけて毎日のように『共助』誌原本全てをめくって照らし合わせてくださったとのことだった。感無量であった。早速、東京に出て来て下さった折、前述の大石のり子氏にも来ていただき川田先生から校正原稿を受け取り、それをコンピューターのエクセルの原データー上で修正作業を行った。その多くは大石氏がしてくださった。何度か相模原のお宅にお邪魔して共に作業をし、夫君の和夫さんにもお手伝い願った次第である。大石氏は、川田先生が恵泉女学園園長時代の秘書、その後事務長もされ重責・多忙の中にあった方である。ところがこの時期、たまたま退職の時と重なり大変助けていただいた。大石氏の存在が無かったら、もう二年くらいは、本として日の目を見なかったことだと思っている。

そして、二〇一五年二月一五日に堀内先生から最後の原稿ファイルが届いた。二〇一一年八月から数えて実に三年半の年月を要したことになる。更に、最終段階としてヨベル社との校正等に関しても、大石氏が殆どしてくださった。心から感謝申し上げる。そしてヨベル社の安田正人氏にも『九十年史・本編』の時と同様に、数々の注文を温かく受けてくださり心から感謝している。

最後に、私の思いと展望について一言書かせていただきたい。

今共助会は、「忘れえぬ人々」の掘り起しをするという使命に立たされている。それは故人の遺徳を偲びそれを顕彰するなどというものではなく、〝故人の歩みを通して指し示されたイエス・キリストに倣いたい〟という道である。さらに共助会が掲げる「主にある友情」とは、今この世に生かされている人たちの関係だけではないと思う。私自身今も先達たちの祈りに支えられている実感はあるし、今回の作業を通しても新たに先達との出会いを持った。出会いは、自分にない異質の鋭い突き付けで迫るような出会いもあるし、自分を重ね合えるような共感を持つ出会いもある。たまたまこの編集作業中に出会った吉谷啓作氏について記したい。彼が定時制教師として生徒に向かっていく姿・思いを一九七一年一二月発行『共助』誌に見つけたのである。私も定時制教師の経験があるからであるが、彼の追悼文と彼の文章が私の心を温かくし、こんな出会い方もこの『資料編』の楽しみ方の一つかと嬉しい気持ちになった。彼の短歌を二首あげる。

夜遅き生活に妻嘆かせつつ　　生徒に教える業になじむ
土塊のごと机に伏してねむる子よ　　明晩は学ぶべき力あれかし

この「なじむ」の中に込められた「生徒の心を自分の心とする」吉谷さんの心が伝わってくる。

最後に、この『資料編』の用いられ方を示す。これが『本』になったら終わりではなく私の仕事はさらに続くものと覚悟している。

それは今『共助』誌原本の揃っているところは限られているからである。私の手元、佐久学舎山本ハウス、京都北白川教会、そして三鷹の東京神学大学図書館と、あと何か所であろう。例えば、〃ルカ四章〃について書かれている説教や論文はあるかと調べるとき、「聖書箇所索引」で調べると四カ所の出典が分かり、次に「総目次」でそれらを引くと①「荒野の誘惑」清水二郎、②③「イエスとイザヤ書　前・後」川田殖、④「世界は神の国を待ち望んでいる」李仁夏となり、ここまでは容易に辿り着く。しかしその後、例えば④を読んでみたいと思うと、その文章を持っている人にお願いするしか入手の方法がないのが今の最大の問題である。

しかしその時は以下のように解決してほしい。先ず私に連絡（電話・FAX・メールなど）をしていただければ、可能な限りコピーか原稿をスキャンして電子ファイルで送ることになる。将来は全ての『共助』誌を電子ファイル化して、共助会のホームページに上げ、誰もがいつでも活用できるようにしたいとの願いは、堀内先生との約束でもある。

最後の最後になったが、私をここまで支えてくださった方は川田 殖先生・綾子夫人をはじめ、先述の四人の方々は勿論、その他にも沢山いらっしゃり感謝で一杯です。その中でも特に忘れることが出来ない方は表 弘弥氏である。二〇一三年七月病で天に召されたが、この『資料編』の『九十年表』の後半の五十年分を橋本洽二氏と共に執筆してくださった同労者である。お元気であったときも、白血病で倒れられてからも「石川さん、『共助』はいいよ。『共助』はいいよ。……」としきりに熱く語って私を励ましてくださった。生きていた時も、そして今も私を心の底から支えてくださっているのは表さんだと確信している。いつの日か彼と会えるのが楽しみである。

通巻号と発行年月号対応表

凡　　例

- 戦前・戦中版については、通巻号の後ろに＊を付した。
- 36* 号と 37* 号の間に「共助通信Ⅱ」が発行されているが、この通巻号を 36K* とした。
- 113 号はダブって２回発行されているが、それぞれ、113a、113b とした。
- 235 号は欠番である。
- 256 号はダブって２回発行され次号が 258 号になっているので、256 号の２号目は 257 号とした。
- 1972 年４月号は欠号である。
- 特集名中の敬称は省略した。

通巻号	発行年・月号	特集名など
1*	1933年3月号	創刊号―森明記念―
2*	1933年4月号	
3*	1933年5月号	
4*	1933年6月号	
5*	1933年7月号	
6*	1933年8月号	
7*	1933年9月号	
8*	1933年10月号	
9*	1933年11月号	
10*	1933年12月号	
11*	1934年1月号	
12*	1934年2月号	
13*	1934年3月号	
14*	1934年4月号	
15*	1934年5月号	
16*	1934年6月号	
17*	1934年7月号	
18*	1934年8月号	
19*	1934年9月号	
20*	1934年10月号	
21*	1934年11月号	
22*	1934年12月号	
23*	1935年1月号	
24*	1935年2月号	
25*	1935年3月号	森明昇天満10年記念(発刊第3年目を迎ふ)
26*	1935年4月号	
27*	1935年5月号	
28*	1935年6月号	
29*	1935年7月号	
30*	1935年8月号	
31*	1935年9月号	
32*	1935年10月号	
33*	1935年11月号	
34*	1935年12月号	
35*	1936年1月号	
36*	1936年2月号	
36K*		共助通信Ⅱ
37*	1936年3月号	
38*	1936年4月号	
39*	1936年5月号	
40*	1936年6月号	
41*	1936年7月号	
42*	1936年8月号	
43*	1936年9月号	
44*	1936年10月号	
45*	1936年11月号	
46*	1936年12月号	
47*	1937年1月号	
48*	1937年2月号	
49*	1937年3月号	
50*	1937年4月号	
51*	1937年5月号	
52*	1937年6月号	
53*	1937年7月号	
54*	1937年8月号	
55*	1937年9月号	
56*	1937年10月号	
57*	1937年11月号	
58*	1937年12月号	
59*	1938年1月号	
60*	1938年2月号	
61*	1938年3月号	
62*	1938年4月号	
63*	1938年5月号	

64*	1938年6月号	
65*	1938年7月号	
66*	1938年8月号	
67*	1938年9月号	
68*	1938年10月号	
69*	1938年11月号	
70*	1938年12月号	
71*	1939年1月号	
72*	1939年2月号	
73*	1939年3月号	
74*	1939年4月号	
75*	1939年5月号	
76*	1939年6月号	
77*	1939年7月号	
78*	1939年8月号	
79*	1939年9月号	
80*	1939年10月号	
81*	1939年11月号	
82*	1939年12月号	創立20周年記念
83*	1940年1月号	
84*	1940年2月号	
85*	1940年3月号	
86*	1940年4月号	
87*	1940年5月号	
88*	1940年6月号	
89*	1940年7月号	
90*	1940年8月号	
91*	1940年9月号	
92*	1940年10月号	
93*	1940年11月号	
94*	1940年12月号	
95*	1941年1月号	
96*	1941年2月号	
97*	1941年3月号	
98*	1941年4月号	
99*	1941年5月号	
100*	1941年6月号	
101*	1941年7月号	
102*	1941年8月号	
103*	1941年9月号	
104*	1941年10月号	
105*	1941年11月号	

106*	1941年12月号	
107*	1942年1月号	
108*	1942年2月号	
109*	1942年3月号	
110*	1942年4月号	
111*	1942年5月号	
112*	1942年6月号	
113*	1942年7月号	
114*	1942年8月号	
115*	1942年9月号	
116*	1942年10月号	
117*	1942年11月号	
118*	1942年12月号	
119*	1943年1月号	
120*	1943年2月号	創刊満10年を迎ふ
121*	1943年3月号	
122*	1943年4月号	
123*	1943年5月号	
124*	1943年6月号	
125*	1943年7月号	
126*	1943年8月号	
127*	1943年9月号	
128*	1943年10月号	
129*	1943年11月号	
130*	1943年12月号	
131*	1944年1月号	
132*	1944年2月号	
133*	1944年3月号	
134*	1944年4月号	
135*	1944年5月号	
136*	1944年6月号	
137*	1944年7月号	
138*	1944年8月号	
139*	1944年9月号	
戦　後		
33	1953年5月号	(戦後・創刊号)
34	1953年6月号	
35	1953年7月号	現代日本の課題とキリスト教
36	1953年8月号	
37	1953年9月号	
38	1953年10月号	
39	1953年11月号	

通巻号と発行年月号対応表

40	1953年12月号	
41	1954年1月号	
42	1954年2月号	
43	1954年3月号	
44	1954年4月号	
45	1954年5月号	
46	1954年6月号	
47	1954年7月号	
48	1954年8月号	
49	1954年9月号	
50	1954年10月号	若いキリスト者は封建制をかく批判する
51	1954年11月号	
52	1954年12月号	
53	1955年1月号	
54	1955年2月号	
55	1955年3月号	森明記念
56	1955年4月号	
57	1955年5月号	
58	1955年6月号	
59	1955年7月号	
60	1955年8月号	10年のたたかい
61	1955年9月号	
62	1955年10月号	現代プロテスタンティズムの課題(修養会)
63	1955年11月号	
64	1955年12月号	
65	1956年1月号	
66	1956年2月号	
67	1956年3月号	日本の伝道(鼎談)
68	1956年4月号	
69	1956年5月号	憲法改正・平和運動・キリスト者
70	1956年6月号	民主主義の危機(座談会)
71	1956年7月号	イエス・キリストと私の現実
72	1956年8月号	病床を恩寵の座として
73	1956年9月号	夏期信仰修養会
74	1956年10月号	
75	1956年11月号	和田テル子記念
76	1956年12月号	
77	1957年1月号	日本民族の課題(座談会)
78	1957年2月号	

79	1957年3月号	
80	1957年4月号	道徳教育をどうするか(座談会)
81	1957年5月号	
82	1957年6月号	
83	1957年7月号	新しい中国の教会(座談会)
84	1957年8月号	
85	1957年9月号	夏期信仰修養会
86	1957年10月号	
87	1957年11月号	
88	1957年12月号	
89	1958年1月号	
90	1958年2月号	
91	1958年3月号	
92	1958年4月号	
93	1958年5月号	
94	1958年6月号	
95	1958年7月号	小塩力追悼
96	1958年8月号	
97	1958年9月号	
98	1958年10月号	
99	1958年11月号	高校生(座談会)
100	1958年12月号	
101	1959年1月号	この年(12回)聖書研究座談会—イエス伝—
102	1959年2月号	学生問題
103	1959年3月号	
104	1959年4月号	
105	1959年5月号	
106	1959年6月号	
107	1959年7月号	
108	1959年8月号	
109	1959年9月号	40年の歩み(座談会)
110	1959年10月号	40年の歩み(座談会)
111	1959年11月号	40年の歩み(座談会)
112	1959年12月号	
113a	1960年1月号	40年記念
113b	1960年2・3月号	安保条約改定問題
114	1960年4月号	
115	1960年5月号	
116	1960年6月号	
117	1960年7月号	
118	1960年8月号	

119	1960年9月号	夏期信仰修養会
120	1960年10月号	
121	1960年11月号	
122	1960年12月号	
123	1961年1月号	
124	1961年2月号	
125	1961年3月号	
126	1961年4月号	
127	1961年5月号	
128	1961年6月号	
129	1961年7月号	
130	1961年8月号	
131	1961年9月号	
132	1961年10月号	
133	1961年11月号	
134	1961年12月号	
135	1962年1月号	
136	1962年2月号	
137	1962年3月号	
138	1962年4月号	
139	1962年5月号	
140	1962年6月号	
141	1962年7月号	
142	1962年8月号	
143	1962年9月号	
144	1962年10月号	
145	1962年11月号	
146	1962年12月号	
147	1963年1月号	
148	1963年2月号	
149	1963年3月号	
150	1963年4月号	
151	1963年5月号	
152	1963年6月号	
153	1963年7月号	
154	1963年8月号	
155	1963年9月号	
156	1963年10月号	求道者の友とともに
157	1963年11月号	夏期信仰修養会
158	1963年12月号	
159	1964年1月号	
160	1964年2月号	

161	1964年3月号	
162	1964年4月号	
163	1964年5月号	
164	1964年6月号	
165	1964年7月号	
166	1964年8月号	
167	1964年9月号	
168	1964年10月号	夏期信仰修養会
169	1964年11月号	
170	1964年12月号	45周年記念
171	1965年1月号	
172	1965年2月号	
173	1965年3月号	
174	1965年4月号	学生伝道
175	1965年5月号	人間像批判
176	1965年6月号	教会と社会
177	1965年7月号	職場伝道
178	1965年8月号	ヴェトナム問題
179	1965年9月号	日本の精神風土との対決
180	1965年10月号	夏期信仰修養会
181	1965年11月号	
182	1965年12月号	クリスマス
183	1966年1月号	
184	1966年2月号	宣教
185	1966年3月号	宗教教育
186	1966年4月号	イースター
187	1966年5月号	労働問題
188	1966年6月号	韓国問安
189	1966年7月号	礼拝問題
190	1966年8月号	
191	1966年9月号	
192	1966年10月号	韓日の交わり・反省
193	1966年11月号	紀元節反対
194	1966年12月号	
195	1967年1月号	
196	1967年2月号	教育と伝道
197	1967年3月号	共助会と教会
198	1967年4月号	基督教と文学
199	1967年5月号	実業界のキリスト教
200	1967年6月号	原田季夫の想い出
201	1967年7月号	岡田養の想い出
202	1967年8月号	

通巻号と発行年月号対応表

203	1967年9月号	平和問題
204	1967年10月号	礼拝問題
205	1967年11月号	夏期信仰修養会
206	1967年12月号	樋田豊治の思い出
207	1968年1月号	
208	1968年2月号	
209	1968年3月号	
210	1968年4月号	
211	1968年5月号	
212	1968年6月号	
213	1968年7月号	
214	1968年8月号	
215	1968年9月号	
216	1968年10月号	
217	1968年11月号	
218	1968年12月号	
219	1969年1月号	新年増大号
220	1969年2月号	科学と信仰
221	1969年3月号	学生問題
222	1969年4月号	イエス・キリストと私
223	1969年5月号	日本と伝道
224	1969年6月号	ニュー・エイジ・ムーブメント
225	1969年7月号	
226	1969年8月号	これからの共助会（50周年記念大会を前に）
227	1969年9月号	
228	1969年10月号	
229	1969年11月号	
230	1969年12月号	創立50年記念礼拝に際して
231	1970年1月号	
232	1970年2月号	
233	1970年3月号	
234	1970年4月号	
＜欠番＞		
236	1970年5・6月号	
237	1970年7月号	
238	1970年8月号	山本茂男追悼
239	1970年9月号	
240	1970年10月号	夏期信仰修養会
241	1970年11月号	
242	1970年12月号	
243	1971年1月号	

244	1971年2・3月号	澤崎堅造25年記念
245	1971年4月号	
246	1971年5月号	
247	1971年6・7月号	
248	1971年8月号	
249	1971年9月号	
250	1971年10・11月号	夏期信仰修養会
251	1971年12月号	
252	1972年1月号	
253	1972年2・3月号	京阪神修養会（高倉徳太郎と森明）
—	1972年4月号	＜欠号＞
254	1972年5月号	
255	1972年6月号	
256	1972年7月号	
257	1972年8月号	
258	1972年9月号	宗教と科学
259	1972年10月号	夏期信仰修養会
260	1972年11月号	
261	1972年12月号	クリスマス
262	1973年1月号	
263	1973年2・3月号	京阪神修養会（原田季夫召天５年記念）
264	1973年4月号	
265	1973年5月号	
266	1973年6月号	
267	1973年7月号	
268	1973年8月号	死生観
269	1973年9月号	
270	1973年10月号	夏期信仰修養会（Ⅰ）
271	1973年11月号	夏期信仰修養会（Ⅱ）
272	1973年12月号	
273	1974年1月号	
274	1974年2・3月号	京阪神修養会
275	1974年4月号	
276	1974年5月号	
277	1974年6月号	
278	1974年7月号	
279	1974年8月号	
280	1974年9月号	
281	1974年10月号	夏期信仰修養会
282	1974年11月号	
283	1974年12月号	クリスマス

284	1975年1月号	
285	1975年2月号	
286	1975年3・4月号	京阪神修養会（ルターに学ぶ）
287	1975年5月号	
288	1975年6月号	
289	1975年7月号	
290	1975年8月号	
291	1975年9月号	
292	1975年10月号	夏期信仰修養会（1）
293	1975年11月号	夏期信仰修養会（2）
294	1975年12月号	森明召天50年記念
295	1976年1月号	
296	1976年2月号	
297	1976年3月号	
298	1976年4月号	
299	1976年5月号	
300	1976年6月号	
301	1976年7月号	
302	1976年8月号	
303	1976年9月号	
304	1976年10・11月号	夏期信仰修養会
305	1976年12月号	石原謙追悼
306	1977年1月号	
307	1977年2月号	森有正追悼
308	1977年3月号	
309	1977年4・5月号	京阪神修養会 （植村正久に学ぶ）
310	1977年6月号	
311	1977年7月号	
312	1977年8月号	
313	1977年9月号	森有正記念
314	1977年10・11月号	夏期信仰修養会
315	1977年12月号	
316	1978年1月号	
317	1978年2月号	
318	1978年3月号	
319	1978年4月号	
320	1978年5月号	
321	1978年6月号	
322	1978年7月号	
323	1978年8月号	京阪神修養会
324	1978年9月号	
325	1978年10・11月号	夏期信仰修養会
326	1978年12月号	クリスマス
327	1979年1月号	
328	1979年2月号	
329	1979年3月号	
330	1979年4・5月号	京阪神修養会
331	1979年6月号	
332	1979年7月号	
333	1979年8月号	
334	1979年9月号	
335	1979年10・11月号	創立60周年記念
336	1979年12月号	クリスマス
337	1980年1月号	
338	1980年2月号	
339	1980年3月号	
340	1980年4・5月号	京阪神修養会
341	1980年6月号	
342	1980年7月号	
343	1980年8月号	
344	1980年9月号	
345	1980年10・11月号	夏期信仰修養会
346	1980年12月号	
347	1981年1月号	
348	1981年2・3月号	京阪神修養会
349	1981年4月号	
350	1981年5月号	
351	1981年6月号	
352	1981年7月号	
353	1981年8月号	
354	1981年9月号	
355	1981年10・11月号	夏期信仰修養会
356	1981年12月号	
357	1982年1月号	
358	1982年2・3月号	京阪神修養会（隣人とは誰か）
359	1982年4月号	
360	1982年5月号	
361	1982年6月号	
362	1982年7月号	
363	1982年8月号	
364	1982年9月号	山谷省吾追悼
365	1982年10・11月号	夏期信仰修養会
366	1982年12月号	

通巻号と発行年月号対応表

367	1983年1月号	
368	1983年2月号	
369	1983年3・4月号	京阪神修養会
370	1983年5月号	
371	1983年6月号	
372	1983年7月号	
373	1983年8月号	
374	1983年9月号	
375	1983年10・11月号	夏期信仰修養会
376	1983年12月号	
377	1984年1月号	
378	1984年2・3月号	京阪神修養会
379	1984年4月号	
380	1984年5月号	
381	1984年6月号	
382	1984年7月号	
383	1984年8月号	
384	1984年9月号	
385	1984年10・11月号	夏期信仰修養会
386	1984年12月号	
387	1985年1月号	
388	1985年2・3月号	京阪神修養会
389	1985年4月号	
390	1985年5月号	
391	1985年6月号	
392	1985年7月号	
393	1985年8月号	韓国の友を訪ねて
394	1985年9月号	
395	1985年10月号	
396	1985年11・12月号	夏期信仰修養会
397	1986年1月号	
398	1986年2・3月号	京阪神修養会（在日大韓基督教会に学ぶ）
399	1986年4月号	
400	1986年5月号	
401	1986年6月号	
402	1986年7月号	
403	1986年8月号	
404	1986年9月号	
405	1986年10・11月号	夏期信仰修養会
406	1986年12月号	
407	1987年1月号	

408	1987年2・3月号	京阪神修養会（鶴見良行）
409	1987年4月号	
410	1987年5月号	
411	1987年6月号	
412	1987年7月号	
413	1987年8月号	
414	1987年9月号	
415	1987年10・11月号	夏期信仰修養会
416	1987年12月号	
417	1988年1月号	
418	1988年2・3月号	京阪神修養会
419	1988年4月号	
420	1988年5月号	
421	1988年6月号	
422	1988年7月号	
423	1988年8月号	
424	1988年9月号	
425	1988年10・11月号	夏期信仰修養会
426	1988年12月号	クリスマス
427	1989年1月号	
428	1989年2・3月号	京阪神修養会
429	1989年4月号	創立70周年所感1
430	1989年5月号	創立70周年所感2
431	1989年6月号	創立70周年所感3
432	1989年7月号	創立70周年所感4
433	1989年8・9月号	70周年記念
434	1989年10月号	
435	1989年11月号	
436	1989年12月号	
437	1990年1月号	
438	1990年2・3月号	京阪神修養会（天皇制と韓国キリスト教）
439	1990年4月号	
440	1990年5月号	
441	1990年6月号	
442	1990年7月号	
443	1990年8月号	
444	1990年9月号	
445	1990年10・11月号	夏期信仰修養会
446	1990年12月号	
447	1991年1月号	
448	1991年2・3月号	京阪神修養会

449	1991年4月号	
450	1991年5月号	
451	1991年6月号	
452	1991年7月号	
453	1991年8月号	
454	1991年9月号	
455	1991年10・11月号	夏期信仰修養会
456	1991年12月号	
457	1992年1月号	
458	1992年2・3月号	京阪神修養会
459	1992年4月号	
460	1992年5月号	
461	1992年6月号	
462	1992年7月号	
463	1992年8月号	
464	1992年9月号	
465	1992年10・11月号	夏期信仰修養会
466	1992年12月号	
467	1993年1月号	
468	1993年2・3月号	京阪神修養会
469	1993年4月号	
470	1993年5月号	
471	1993年6月号	
472	1993年7月号	
473	1993年8月号	
474	1993年9月号	
475	1993年10・11月号	夏期信仰修養会
476	1993年12月号	
477	1994年1月号	
478	1994年2・3月号	京阪神修養会（和田正追悼）
479	1994年4月号	
480	1994年5月号	一泊研修会
481	1994年6月号	
482	1994年7月号	
483	1994年8月号	
484	1994年9月号	
485	1994年10・11月号	夏期信仰修養会
486	1994年12月号	
487	1995年1月号	
488	1995年年2・3月号	京阪神修養会
489	1995年4月号	
490	1995年5月号	一泊研修会

491	1995年6月号	清水二郎追悼
492	1995年7月号	
493	1995年8月号	
494	1995年9月号	奥田成孝追悼
495	1995年10・11月号	夏期信仰修養会（敗戦50年）
496	1995年12月号	
497	1996年1月号	
498	1996年2月号	
499	1996年3月号	
500	1996年4月号	
501	1996年5月号	一泊研修会
502	1996年6月号	
503	1996年7月号	
504	1996年8月号	
505	1996年9月号	
506	1996年10・11月号	夏期信仰修養会
507	1996年12月号	
508	1997年1月号	
509	1997年2・3月号	京阪神修養会
510	1997年4月号	
511	1997年5月号	一泊研修会
512	1997年6月号	
513	1997年7月号	
514	1997年8月号	第2回韓日修練会（ソウル）
515	1997年9月号	
516	1997年10・11月号	夏期信仰修養会
517	1997年12月号	
518	1998年1月号	
519	1998年2・3月号	京阪神修養会
520	1998年4月号	
521	1998年5月号	一日研修会
522	1998年6月号	
523	1998年7月号	
524	1998年8月号	
525	1998年9月号	
526	1998年10・11月号	夏期信仰修養会
527	1998年12月号	
528	1999年1月号	
529	1999年2・3月号	京阪神修養会
530	1999年4月号	
531	1999年5月号	一泊研修会
532	1999年6月号	

533	1999年7月号	
534	1999年8月号	
535	1999年9月号	
536	1999年10・11月号	夏期信仰修養会
537	1999年12月号	
538	2000年1月号	
539	2000年2・3月号	京阪神修養会
540	2000年4月号	
541	2000年5月号	一泊研修会
542	2000年6月号	
543	2000年7月号	
544	2000年8月号	
545	2000年9月号	
546	2000年10・11月号	夏期信仰修養会
547	2000年12月号	
548	2001年1月号	
549	2001年2・3月号	京阪神修養会
550	2001年4月号	
551	2001年5月号	一泊研修会
552	2001年6月号	
553	2001年7月号	
554	2001年8月号	
555	2001年9月号	
556	2001年10・11月号	夏期信仰修養会
557	2001年12月号	
558	2002年1月号	
559	2002年2・3月号	京阪神修養会
560	2002年4月号	
561	2002年5月号	
562	2002年6月号	
563	2002年7月号	
564	2002年8月号	第3回韓日修練会(ソウル)
565	2002年9月号	
566	2002年10・11月号	夏期信仰修養会
567	2002年12月号	
568	2003年1月号	
569	2003年2・3月号	京阪神修養会
570	2003年4月号	
571	2003年5月号	一泊研修会
572	2003年6月号	
573	2003年7月号	
574	2003年8月号	

575	2003年9月号	
576	2003年10・11月号	夏期信仰修養会
577	2003年12月号	
578	2004年1月号	
579	2004年2・3月号	京阪神修養会
580	2004年4月号	一泊研修会
581	2004年5月号	
582	2004年6月号	
583	2004年7月号	
584	2004年8月号	
585	2004年9月号	
586	2004年10・11月号	夏期信仰修養会
587	2004年12月号	
588	2005年1月号	
589	2005年2・3月号	京阪神修養会
590	2005年4月号	
591	2005年5月号	一泊研修会
592	2005年6月号	
593	2005年7月号	
594	2005年8月号	戦後60年
595	2005年9月号	
596	2005年10・11月号	夏期信仰修養会
597	2005年12月号	
598	2006年1月号	
599	2006年2・3月号	京阪神修養会
600	2006年4月号	
601	2006年5月号	一泊研修会
602	2006年6月号	
603	2006年7月号	
604	2006年8月号	
605	2006年9月号	
606	2006年10・11月号	夏期信仰修養会
607	2006年12月号	
608	2007年1月号	
609	2007年2・3月号	京阪神修養会
610	2007年4月号	
611	2007年5月号	一泊研修会
612	2007年6月号	
613	2007年7月号	
614	2007年8月号	
615	2007年9月号	
616	2007年10・11月号	夏期信仰修養会

617	2007年12月号	
618	2008年1月号	
619	2008年2・3月号	京阪神修養会
620	2008年4月号	第4回韓日修練会(ソウル)
621	2008年5月号	一泊研修会（1）
622	2008年6月号	
623	2008年7月号	一泊研修会（2）
624	2008年8月号	
625	2008年9月号	
626	2008年10・11月号	夏期信仰修養会
627	2008年12月号	
628	2009年1月号	小塩力没後50年記念
629	2009年2・3月号	京阪神修養会
630	2009年4月号	
631	2009年5月号	一日研修会
632	2009年6月号	
633	2009年7月号	
634	2009年8月号	
635	2009年9月号	
636	2009年10・11月号	夏期信仰修養会
637	2009年12月号	
638	2010年1月号	
639	2010年2・3月号	京阪神修養会
640	2010年4月号	
641	2010年5月号	
642	2010年6月号	
643	2010年7月号	
644	2010年8月号	
645	2010年9月号	
646	2010年10・11月号	夏期信仰修養会
647	2010年12月号	

著 者 索 引

凡　　例

・数字は、記事掲載の通巻号を表す。
・通巻号の末尾に「*」を付したものは、戦前・戦中版の通巻号であることを意味する。
戦前・戦中版 1 * ～ 139* 号戦後版 33 ～ 756 号
・旧姓と新姓を持つ著者の場合は、旧姓は新姓を参照するようにし、新姓で全ての記録をまとめた。
同一号数が複数ある場合は、その号に複数回寄稿している。
・総目次にはすべての記事が収録されていないため、この索引にあっても、その通巻号の総目次に記事の記載がない場合がある。

【あ】

粟飯原梧楼
82* 105* 116* 118* 125* 127* 134* 141
青野貴美子 73
青山（小泉）久美子
331 345 586 596 627 629
青山　章行
488 576 613 626 646
赤田　達也　566
赤星　　進　329
秋元　　徹
33 39 42 42 43 44 52 54 55 56 57 59 129
明比輝代彦　555
浅野　恭三
111 116 181 234 246 249 251 252 253 254 257 258 259 261 262 263 264 266 267 268 269 271 272 273 274 275 276 278 280 281 282 283 285 287 290 291 292 293 294 295 296 298 299 300 301 302 303 304 308 308 309 311 312 313 314 314 318 322 323 324 324 326 332 339 340 358 358 383 402 431
浅野　　恒
193 221 247 253 257 269 348 356 357 359 360 365 413 418 431 443 460 460
浅野　順一
3 * 10*13* 15* 24* 25* 27* 66* 82* 104* 131* 134* 34 35 37 40 41 42 47 52 55 55 67 68 79 82 83 89 104 108 112 124 132 138 146 150 151 152 157 160 162 167 173 174 175 176 177 178 178 179 180 193 193 198 204 205 210 211 213 214 215 216 217 217 218 219 219 220 221 222 223 223 224 224 225 226 228 229 230 231 232 234 236 239 240 294 296 305 305 306 594
浅野　道雄　468
足利　義弘　386 432
足助ふじ江　233
麻生　泰弘
320 430 543 563 565 567 570
安積百合香 → 孫崎百合香
安積　力也
225 240 267 304 314 325 335 351 355 405 415 441 450 477 500 506 516 548 554 597 606 612 630 636
阿部　　俊　565
阿部　威郎　379
阿部　良雄　307
天野　　孝　36K* 55* 85*
雨宮　栄一
391 450 451 592 593
荒井　　献　210
安西　貞子　363
安西　　均　362 369
安藤　博通　40

【い】

イム・ボラ　629
李　仁夏
41 53 88 108 159 171 188 192 202 203 226 241 243 255 289 291 317 320 332 352 358 373 391 393 393 395 396 429 431 431 433 458 460 473 478 483 487 495 500 506 514 522 528 531 532 533 534 535 537 538 540 541 546 564 568 572 577
李　　相勁　539 599 626
李　　相鎬　382
李　　台現　393
李　　鎮洙　564
李　　炳墉
431 445 457 485 503 511 555 636
李　　美淑　646
李　　英環
205 393 415 465 478 506 514
飯坂　良明　113b
飯島　　信
309 314 320 321 335 335 339 343 345 348 351 354 355 359 361 371 375 377 378 379 383 384 391 393 396 399 403 403 406 412 415 426 432 435 447 459 479 494 495 510

512 513 516 521 528
531 534 536 541 542
546 548 553 556 561
566 572 578 579 581
586 589 591 593 598
603 606 608 608 609
611 612 619 620 620
624 625 626 628 628
631 632 632 636 638
638 641 642 644 645
646 647
飯島（波田野）靖子　310
飯沼　二郎
168 173 176 177 180
184 201 205 207 208
209 210 211 213 226
244 250 253 263 263
263 274 275 291 298
300 309 312 320 330
339 341 353 358 359
367 372 383 388 396
398 398 398 415 418
428 429 438 444 449
457 462 483 488 494
496 504 524 529 538
539 544 548 549 550
551 553 554 555 557
飯沼　　学　600
飯野　五郎　25* 47* 61*
飯村　修兵
135 173 226 230 238
253 255 327 350
井川　和子　442 519
井川（高岡）千代子
183 466 482 509
井川　　道 → 手塚　　道
井川　　満
183 190 204 212 286
311 318 330 335 388
418 430 468 509 569
579 589 600 639 340
井川　善也
428 465 468 478 488
501 514 516 540
池上　すえ　288 429
池田　　伯　316
池田　千壽　5 * 20*
池谷　澄江　217
石居　育子　434
石居英一郎
61 73 91 107 122 127
137 145 148 153 154
155 156 157 157 158
159 160 160 160 161
162 163 163 163 163
164 164 165 165 166
167 168 169 169 169
170 170 171 172 174
175 176 176 179 179
181 181 182 183 184
187 188 189 191 192
192 195 196 197 198
203 203 204 208 209
211 212 214 215 216
217 218 220 221 221
221 222 223 223 224
224 226 230 234 238
239 240 243 253 260
266 283 284 285 286
287 289 290 293 294
295 296 297 305 335
345 431 481
石井　重雄
14* 18* 19* 20* 21* 22*
46* 50* 62* 63* 64* 65*
66 *67* 68* 73* 74* 75*
78* 79* 79* 81* 36 84
石川　忠義
278 282 290 317 330
334 343 347 351 358
378 419 431 432 443
石川　春子　431
石川　光顕
385 425 450 455 500
504 517 525 532 540
564 571 574 584 607
616 618 620 631 645
石田あつみ　425
石田　セツ　245
石田　　翠　421
石浜みかる　543
石渡　恭子　44
石原　　謙
1* 9* 82* 95 109
磯部　浩一　123
井田　健三　107
一川　一秀　254
市川　　邁 → 金　　尚天
伊東　彊自
38* 54* 134* 45 48 57
59 70 93 95 142
伊藤　邦幸　428
伊藤サチ子　100
伊藤　虎丸　368
伊東　啓子　430 633 647
伊藤満寿一
22* 29* 39* 43* 58*
132* 305 342 411 431
491 558 561 567
伊藤　允喜
51 65 97 238 247 335
382 430 526
犬塚　孝明　472
井上　　健
430 443 448 475 524
537 543 556 584 624
井上　良雄　178 239
伊吹由歌子
417 459 462 487 491
516 527 530 542 560
576 586 593 604 620
624 639
今井　　伯　105
今井　義量　50 64 107 152
今泉　源吉　1* 3* 7* 82*
今川　正彦
10* 27* 52* 59* 126*
今福　重三　617
今村　正夫　251
林　　淳三（イム・スンサム）
514
入佐　明美　428
岩井　　要　557
岩越元一郎　18*
岩淵　　止　82*

【う】

ヴェンドルフ　130
上垣　信子　431
上野　瑤子　596

鵜飼　信成　47
薄井喜美子
138 240 335 361 430
452 540 540 561 597
内川　千治
381 432 498 499 500
502
内田　英治　104
内田　文二
61 74 78 86 94 97 102
103 104 104 105 106
107 108 109 110 111
112 113a 113b 116 123
127 132 136 147 150
164 168 170 199 203
211 223 224 225 225
226 227 228 229 229
230 230 231 234 236
237 238 239 240 242
243 246 247 249 250
251 253 254 256 257
259 260 262 264 264
265 269 273 274 278
280 282 285 290 316
325 325 331 335 337
366 369 374 386 396
415 419 431 438 452
464 465 469 470 471
471 473 474 477 496
497 528 535 543 543
547 552 552 557 570
571 573 574 582 587
589 589 637
宇都木　詢　369 484
梅沢　浩二
42 54 57 81 96 111
156 269 431
梅沢　貞子
79 112 117 384 431

【え】

エバート・オズバーン　434
永口　裕子
458 468 492 506 540
576 636
江原　貞博　360
遠藤　昭彦　85

【お】

及川　　信
381 406 407 409 410
411 412 424 431 437
446 452 455 467 468
469 470 471 472 473
474 476 477 478 479
497 505 518 519 520
522 524 525 527 528
529 530 533 568 577
585 587 592
大岩　　鉱
112 116 149 198 223
226 236 309 345
大内　三郎
309 309 320 367 368
375 389 392
大木　松子
396 425 431 436 445
465 479 488 503 537
544
大崎　敬子　318
大沢　さと　63
大沢　　正
259 259 265 286 293
342 374 385 429 433
436 445 487 489 490
492 493 494 495 496
497 498 499 500 501
503 505 506 507 508
509 510 511 513 514
515 516 517 518 519
520 521 522 523 526
526 527 528 529 530
532 532 533 534 535
536 536 537 539 539
540 540 541 543 544
546 547 548 549 551
552 556 556 557 559
560 560 560 561 564
565 566 567 567 568
569 569 570 572 573
573 576 578 579 580
581 583 584 585 587
588 589 589 590 591
592 593 595 597 599
601 602 604 604 605
606 607 608 609 610
646
大沢　民子　247
大沢　　胖　202 247
大嶋　　功
68* 70* 96* 103* 115*
127* 44 52 56 62 69
89 100 101 122 146
161 165 173 183 194
228 238 238 253 262
301 308 310 319 341
350 431 456 491 507
大島　国憲
168 195 421 429 503
大島　孝一　301 448
大島　純男
379 430 444 457459
460 461 462 463 464
465 466 477 488 490
507 517 520 525 534
535 539 540 541 541
542 543 544 544 545
546 548 548 549 549
550 551 553 553 554
555 556 557 558 559
570 571 572 572 573
575 576 577 578 578
579 580 581 590 603
604 605 606 607 608
610 611 612 623 625
637 645
大島（土谷）長子
331 336 379 393 430
508 526 530 537 543
554 569 581 603 622
626 638 646
大嶋　信子　217
太田千代子　478
大津　英二
430 448 451 452
大津　健一　573
大塚野百合
70 71 77 78 79 80 81
82 88 94 100 101 102

102 103 104 105 105 106 107 107 108 109 109 110 110 110 111 112 113a 113b 114 117 119 140 146 147 148 149 150 154 159 169 170 171 172 174 175 176 177 178 179 180 181 182 183 184 185 186 188 189 190 191 192 193 194 195 196 197 198 199 201 202 205 206 208 209 210 211 212 221 225 227 228 236 238 244 251 256 280 284 293 299 308 311 314 315 325 325 330 354 366 366 367 368 369 370 371 372 373 374 375 376 379 380 383 388 404 409 413 421 429 433 433 458 460 469 469 470 471 473 474 479 484 502 520 548 553 554 561 562 562 563 565 567 569 573 578 581 607 610 611 612 613 614 615 616 617 618 619 620 256 280 284 293 299 308 311 314 315 325 325 330 354 366 366 367 368 369 370 371 372 373 374 375 376 379 380 383 388 404 409 413 421 429 433 433 458 460 469 469 470 471 473 474 479 484 502 520 548 553 554 561 562 562 563 565 567 569 573 578 581 607 610 611 612 613 614 615 616 617 618 619 620 621 622 623 624 625 640 643

大西　正美　163 431

大貫　　隆
426 427 429 430 431 432

大濱　亮一
229 238 257 303 370 431

大日向　繁
263 263 276 282 299 311 334 363 389 432 462 463 464

大谷　朋生
204 206 214 215 218 230 230 237 248 254 258 261 272 283 293 299 318

岡井　久子　384

岡江　保和　87 117 430 455

小笠原亮一
135 145 153 175 180 190 206 230 244 248 262 263 272 275 286 286 295 302 309 320 328 333 335 336 340 346 347 348 348 355 357 369 372 375 378 382 383 384 385 387 388 389 390 391 393 393 395 396 398 403 405 408 415 416 418 422 432 432 433 438 445 445 448 455 457 463 468 472 474 478 481 482 486 488 492 492 494 494 495 499 506 509 517 520 525 538 544 552 556 559 573 578 585 599 606 629 632 633 634

岡田　　明　601 647

岡田　貫一　10*

岡田　繁雄　430

緒方　　正　4*

岡田　照子　503

岡田　長保
101 173 238 430 470 503 518 576 594

岡田　　養　78 109 186

岡戸　光雄　174

岡野　昌雄
174 180 211 225 225 241 242 242 244 261 262 282 293 294 304 313 314 333 345 348 367 375 384 392 394 408 427 437 439 467 477 504 627

岡本　敏雄
61* 76* 255 429 487 499 563 594

岡本マリ子 → 尾崎マリ子

小川　隆雄
212 239 377 408 470 497

奥田　成孝
1* 2* 4* 9* 10*13*16* 18* 20* 21* 23* 25* 29* 33* 37* 39* 41* 44* 44* 48* 48* 54* 58* 59* 60* 65* 69* 70* 73* 75* 81* 82* 87* 96* 98* 99* 100* 100* 103* 104* 105 105* 107* 108* 110* 112* 113* 114* 117* 118* 119* 127* 128* 129* 130* 131* 132* 133* 133* 135* 136* 137* 138* 138* 36 37 42 45 46 47 47 55 55 60 65 67 76 86 90 92 108 109 110 111 112 117 124 131 139 148 154 160 166 167 168 169 169 170 171 176 178 179 184 189 193 197 200 201 202 208 211 212 216 218 218 223 230 234 238 240 241 244 247 248 248 253 256 259 263 263 264 269 270 273 283 284 286 292 294 295 297 297 301 304 305 306 307 312 313

320 323 327 335 337
354 364 371 372 375
378 382 383 384 385
386 387 388 389 390
391 392 394 395 397
401 402 406 416 432
558 594 603 606 638
奥田　恒子　36K*
奥田　義孝
494 552 598 600 604
奥平　康弘　546
小倉　宏平　496
小倉　正大　105* 218
尾崎　風伍
63 68 75 77 79 81 82
83 84 90 92 93 94 95
96 98 99 100 100 105
106 107 108 109 110
112 112 113a 113b
114 116 121 122 123
124 125 126 126 127
128 129 132 133 134
135 136 136 138 138
140 142 143 144 146
147 147 148 148 149
150 151 152 154 156
158 159 160 161 161
162 163 166 167 167
169 170 171 172 173
176 179 187 189 191
192 194 195 196 197
198 199 203 203 205
206 207 208 213 214
215 216 216 217 219
220 221 223 226 228
229 234 238 245 254
263 266 276 296 301
306 309 310 317 328
332 335 338 355 371
386 394 396 405 410
427 431 433 435 437
447 462 465 465 466
467 469 470 471 472
473 474 479 484 485
487 487 488 489 490
491 492 493 496 497
498 498 499 500 501
502 503 504 505 506
507 508 508 509 510
511 511 512 512 513
513 514 514 515 516
516 517 518 518 518
519 520 520 521 521
523 524 526 527 527
528 528 530 531 531
531 533 534 535 535
536 537 541 542 546
551 552 553 556 557
558 561 564 565 568
571 571 575 577 578
580 583 584 586 590
591 592 593 594 596
596 598 600 601 601
603 606 608 611 613
616 618 620 621 621
621 622 622 623 624
625 625 625 626 627
627 628 629 629 630
630 631 631 631 632
633 634 635 636 637
637 638 639 640 641
642 643 643 644
645 646 647
尾崎（岡本）マリ子
65 96 99 105 119 125
250 265 314 343 372
388 389 393 407 429
432 456 473 498 523
526 530 545 563 584
592 596
小塩　　節
109 111 179 194 212
213 214 215 216 218
219 220 221 222 224
225 226 229 231 232
233 234 236 255 268
274 283 285 295 301
311 317 337 378 394
410 429 434 530 605
小塩　　力
67* 91* 97* 103* 114*
118* 123* 33 34 36
40 41 42 43 51 55 63
67 73 83 84 86 91 92
229 273 274 275 276
277 278 279 280 282
283 284 285 287 288
324 562
小塩　素子　225
小塩　れい　259 370
小田丙午郎
88* 98* 41 53 330
431
小高　　学　485 506 560
小友　　聡
613 614 615 617 618
620 621 622 629 633
638 639 643 647
小野　淳子　643
小野寺幸也
202 204 214 321
小原　一人　566
小淵　康而
314 335 342 370 394
432 441 450 453 467
480 481 482 483 484
486 487 489 490 492
493 510 528 536 550
560 570 581 582 583
584 585 587 588 590
615 615 627 641
表　　弘弥
472 503 506 510 510
513 522 536 557 567
570 579 606 616 620
625 632 637

【か】

カイテン・ルドルフ　384
加賀美妙子　626 629 633
垣花　秀武　307
郭　　商洙　393 540
笠井　裕泰　325
柏木　希介　64 109 429
加瀬　　昭
233 253 264 27 295
片岡　秀一
174 196 247 398 398
412 418 431 509

片柳　榮一
313 323 330 335 348
352 369 378 390 398
408 415 418 434 438
448 458 468 485 488
499 510 519 530 531
532 533 534 536 536
538 539 543 546 548
549 549 550 553 554
555 556 557 557 559
559 561 562 570 571
572 573 579 581 582
586 587 593 594 594
596 597 599 602 603
604 606 609 613 616
616 617 622 623 624
624 626 631 632 634
635 636 637 639 639
641 645
勝野美佐子　606
加藤　　昭　269
加藤　恭亮　96*
加藤　七郎
2* 3* 4* 5* 5* 6* 6*
7* 7*12*13*13*15*17*
22* 23* 24* 25* 25*
26* 27* 33* 35* 35*
36K* 47* 47* 49* 50*
50* 51*53* 57*60*63*
76* 88* 95* 100* 121*
加藤　慎子
382 449 450 451 452
453 454 457 458 459
加藤　大典
372 399 412 425 477
528
加藤　　武
51 99 133 182 228
229 231 234 236 267
268 269 271 272 273
288 297 305 307 340
350 365 366 368 370
381 390 413 432 437
439 439 440 441 442
443 466 474 496 507
507 519 543 567 597
607 628 634
加藤　常昭　550
加藤十久雄　58
加藤　葉子 → 木村　葉子
金井信一郎 106 187
金子　健二
415 437 498 504 517
518 526 531 577 585
595
金子　晴勇
90 132 155 156 157
158 186 305 308 319
320 330 344 347 349
351 352 368 400 522
鹿野登美子　33
狩野　義子　559
鎌田伊知郎　372
神沢惣一郎
88 93 102 106 111 171
172 173 221
上條　千代　617
上遠　　章
4* 82* 95*43 294 308
354 370 413 414 416
417 418 430 619
神山　玲子　325
亀田　隆之
50 57 70 77 148 149
150 151 152 193
茅　　陽一　522 523
河合　達雄
438 446 462 469 470
471 473 474 484 508
511 531 536 541 546
556 565 579 586 624
川井　正久　509
川添　丘木　4* 6*
川田　　殖
150 151 158 170 177
179 180 187 199 210
215 226 231 237 238
242 244 253 259 280
281 294 294 304 306
309 309 316 320 324
325 329 335 339 340
342 343 344 346 348
350 356 365 369 373
375 382 385 393 393
395 398 398 399 401
410 415 428 432 432
434 434 445 449 452
453 455 457 465 469
475 480 485 489 490
491 494 495 497 498
501 503 506 508 511
516 518 519 520 521
526 528 531 536 539
540 540 548 550 551
553 555 563 567 568
573 578 581 590 592
593 594 595 595 597
598 600 601 602 606
607 609 616 621 622
627 628 631 631
川田　　勝　501
河内　良弘
79 418 472 478
478
川西　健登
388 428 519 575 602
623
河村　　博
562 579 585 585 597
603 616 634 634 636
姜　　信範　415
神部　信雄　21* 63* 366

【き】

菊地　　泰　250
木田　献一　458 576
木田　博彦　62
北川恵以子
425 425 576 589 598
北原　明文　391 432
北村　嘉恵
514 517 529 547 621
北村　千尋　539 560
北村　展子　579
北森　嘉蔵
94* 95* 98* 102* 103*
104* 107* 111* 111* 112*
113* 114* 116* 117* 118*

33 42 45 51 62 63 65 66 80 81 83 84 85 86 87 88 95 101 108 124 125 126 127 129 130 131 132 133 134 135 137 138 139 140 159 160 161 162 170 172 198 200 202 204 208 210 212 215 217 283 285 286 318 346 360
木下　順二　307
公江　哲二　8* 23* 82*
金　　圭炆　564 620
金　　尚天（市川 邁）
325 527
金　　在述　398
金　　迅野　602
金　　性済　509 510 512 509 510 512 561 563 565 567 568
金　　允植　192 242 393
金　　泰文　432 478
金　　興洙　570
金　　明淑
428 430 466 518 562 604
金（澤）纓
249 252 371 478 534 574 579 589 589 627
木村　一雄
372 389 392 397 400 402 403 404 406 408 411 412 414 419 419 420 421 422 424 425 426 428 429 459 471 484 495 500 520 529 542 554 563 569 617 633 636
木村　公一　574
木村（加藤）葉子
247 355 388 412 415 437 480 494 511 523 526 528 543 546 564 566 568 572 573 580 580 581 584 585 586 606 615 620 630 633 636 640 641

【く】

權　　五賢　576
權　　泰亨　576
草間　修二
2* 5* 14* 18* 22* 29* 31* 41* 75* 72 158
櫛田　　孝 → 山本　　孝
工藤　英一
57 62 70
工藤　浩栄
591 606 620 620
國見　俊介　565
国行美智子　96
熊沢ちほ子　425 425 432
熊澤　義宣　41
久米あつみ
105 129 135 136 137 138 139 140 141 142 143 144 145 146 153 155 157 160 161 163 164 165 166 167 169 170 170 172 175 209 214 231 232 236 249 256 273 276 277 294 295 296 304 306 308 310 312 312 313 313 315 316 316 318 319 321 325 326 328 330 332 333 334 347 363 369 374 377 383 386 399 411 414 418 433 444 454 456 459 460 461 462 463 464 466 467 469 470 471 471 472 473 474 476 477 479 481 482 483 484 486 487 489 503 507 512 512 513 518 525 537 538 548 555 558 560 568 582 583 588 590 591 598 612 614 615 622 630 640 642 644
久米　　博
294 429 457 547 628
黒木　安信　646
黒瀬　健二
160 166 199 468 477 510 539 541 589 599 604
黒田　若雄　465
桑田　秀延　17* 82* 124*
桑原清四郎
277 307 310 317 412 420 428 432 477 491 502 506 526 545 601 625

【こ】

胡　　慧玲　619
呉　　振坤
99* 100* 101*102* 119* 125*
呉　　允台　398
小池　逸朗　325
小泉久美子 → 青山久美子
小泉　　仰　569 569 569
小泉　弘美　515
小泉　松枝　130*
小岩井徳子　326
高　　俊明　619 619 626
神戸　信行
314 322 425 428 502 521 548 645
小菅　敏夫
603 627 633 646
児玉　研一　102
児玉　重雄　478
児玉　民子
183 185 187 188 189 190 191 195 196 197 198 200 201 202 203 204 205 206 207 208 209 210 211 212 214 215 216 217 219 220 222 223 224 226 228 230 233 249
五島　英迪　73
小西　　敏　616 621
小早川俊男　449
小林　孝輔　143

小林　樹恵　555
小林　祐子　553
小林　　裕
395 399 403 412 413 437 439 446 455 463 496 514 522 526 529 542 544 556 594 601 613 616
小宮山林也　556
小室　尚子　530
小室雄一郎　408
古屋野哲二　55*
根田　祥一　586 626
近藤　　章　497

【さ】

斎藤久三郎　96　97　141
斎藤　末弘
113a114 121 145 153 187 230 236 239 241 243 244 245 246 247 248 252 257 262 263 264 266 266 268 269 271 271 273 276 279 288 290 294 298 302 307 313 315 326 327 328 334 335 340 341 349 350 368 380 402 419 426 431 435 436 436 437 439 440 441 442 443 444 446 447 448 449 450 451 452 453 454 456 457 470 477 523 556 575 575 595
齋藤　　進
6* 7*　8* 21* 30* 82* 100*
齋藤　成一
1* 11* 19* 33* 36* 42* 50* 52* 55* 70* 76* 100* 35 46 46 51 62 68 72 82　85 89 98 103 117 126 139 160 164 165 168 169 170 170 171 172 176 177 177 182 183 184 185 186 187 188 239 252 267 272 294 306 317 321 326 335 344 351 358 373 432 603 615
齋藤　　勇　82* 98* 126*
斎藤　偕子　96
斎藤　道雄　386
斎藤　優子　421 422 424
佐伯　　勲
398 412 415 419 432 455 506 509 514 522 522 526 531 536 538 538 540 541 543 551 552 556 559 559 561 564 566 570 571 574 575 576 586 587 591 596 599 600 606 609 614 619 620 623 629 631 632 636 646
佐伯　邦男
338 362 366 373 392 411 415 442 454 466 479 488 492 494 494 515 515 523 526 539 542 544 545 547 548 549 554 559 560 567 571 576 576 580 586 589 598 598 605 608 609 620 623 626 627 630 642 642 643
佐伯　　倹　138*
佐伯　法子　427
三枝　央子　102
酒井　幸男　231 278 431
坂田　静子　420
阪本　　高　445
佐川真理子　545 622 646
櫻井 淳司
255 261 268 269 324 335 372 379 380 381 382 383 384 386 387 388 389 392 394 395 397 398 399 400 401 402 403 404 406 407 409 412 413 416 417 419 420 422 423 435 464 470 521 543 627 627 647
佐古純一郎
33 34 35 36 38 40 41 41 42 42 42 43 44 44 45 45 45 46 47 48 49 50 51 51 52 53 54 55 56 57 58 59 60 60 61 62 63 64 65 66 66 67 67 68 68 69 69 70 71 71 72 72 73 74 74 74 75 75 76 76 77 77 77 289 294 304 307 313 332 335 345 355 357 363 364 365 366 367 368 369 370 371 372 373 374 375 377 378 379 380 381 382 384 385 386 387 388 389 389 390 392 394 395 397 398 405 414 417 420 421 422 424 427 433 439 445 452 461 463 470 474 490 491 492 494 498 513 543
迫川　道子　459
笹川　紀勝　505
佐々木明子　96
佐々田良勝
38 46 59 69 74 92 99 124 150 155 156 157 158 166 175 203 203 215 243 430
佐治健治郎
98 103 113a 182 199 203 224 229 230 258 308 371 429 503 617
佐藤　　功　63 73
佐藤　英介　332 429 443
佐藤　信夫
92 93 95 95 98 98 100 100 101 102 104 104 105 106 106 107 107 108 109 110 110 111 112 113a 113a 113a 113b 115 115 118 118 120 125 131 133 133

138 139 145 152 156 193
佐藤　光子　264 324
佐藤美和子　553
佐野　嘉信　108*
澤　敦子　384
澤　正彦
181 188 189 191 195 202 203 205 206 226 227 231 242 248 252 265 267 273 301 324 337 338 345 356 367 369 382 393 393 395 416 426 429 583
澤　纓→金　纓
澤崎　堅造
6* 23* 25* 25* 26* 27* 28* 29* 30*34* 35*36* 37* 38* 38*39* 40*46* 47* 48* 53*54* 59*60* 61* 62* 65*66* 69*70* 70* 75* 77*80* 83*87* 89* 90* 91*93* 94*96* 98* 99*100* 101*102* 104*105*106*107* 108* 109*109*110*111* 111*111* 112* 113* 115* 117*119* 120* 123* 124* 125*126* 127* 135* 136* 136* 137* 37 38 39 41 43 44 218 226 227 228 229 230 231 232 233 234 236 237 239 240 241 242 243 245 246 247 248 249 252 254 255 319
澤崎　良子
39 40 60 75 171 191 244 340 372 396 427 432 438 469 475
沢本　勇　225

【し】

ジャン＝ピエール・ブリュネ
307
ジョン・A・モス　97
塩谷しげ子　386
塩沼英之助
142 146 157 191 200 222 230 232 277 278 279
志垣　暹
300 314 401 479 495 547
四竈　揚　321
志樹　逸馬　330 347
重富　勝己　430
重松　市　104 113b 117
七條　真明
478 506 535 543 544 545 547 548 550 551 552 566 590 610 628
篠原　登
60* 106* 44 60 65 107
柴崎　聰
325 329 351 375 476 552 561 645
柴田　孝子　623
柴沼　明　57 103
渋沢　久
341 367 512 588 605 613
島崎キヌコ　419 55
島崎　光正
39 47 47 51 57 60 63 64 65 66 68 72 74 74 75 76 78 79 80 81 82 83 84 85 86 88 91 92 93 94 95 96 97 98 100 101 102 103 104 105 106 107 108 109 110 111 112 113a 113b 115 116 117 118 119 120 126 133 134 135 136 141 143 144 146 147 150 153 155 158 160 162 162 168 168 169 175 181 182 182 183 186 189 189 190 191 192 193 196 196 196 200 201 203 205 210 210 211 214 216 217 220 221 225 225 225 227 229 231 232 236 238 239 239 240 241 242 243 245 247 249 250 251 252 252 254 256 257 259 260 261 261 263 263 264 266 266 267 268 269 270 270 270 270 271 272 273 274 274 275 276 276 276 277 278 279 279 280 280 281 281 283 283 284 284 285 286 287 287 287 288 289 289 290 291 291 292 292 293 294 295 296 297 297 298 298 298 299 300 301 302 303 304 304 304 304 305 305 306 306 306 307 307 307 308 308 309 310 310 311 311 311 312 312 312 313 314 314 314 315 315 316 316 317 317 318 318 319 320 321 322 322 323 324 324 325 325 326 327 327 328 329 329 330 331 331 331 332 333 333 334 335 335 336 336 337 338 339 342 343 345 346 347 347 348 349 350 352 352 355 356 357 360 361 361 362 363 364 365 366 369 371 374 374 376 377 377 378 379 380 382 383 384 385 386 387 390 391 392 393 395 397 399 401 402 403 405 406 408 409 410 414 416 417 417 420 422 423 424 425 426 427 429 431 432 439 440 441 441 442 442 443 443 444 445

447 448 451 452 452
453 454 455 456 456
457 458 459 460 460
462 463 464 466 467
469 469 473 474 474
478 484 486 491 495
496 498 498 499 500
502 507 512 513 515
517 519 526 527 531
531 535 535 537 543
546 547 576 595 597
嶋田　孝子　421 422 424
嶋田　順好
408 409 409 415 435
436 453 454 465 469
470 471 473 474 477
482 490 500 506 528
543 565 582 612 635
清水　二郎
2* 3* 5* 6* 8* 10* 11*
12* 14* 15* 16* 17*
21* 23* 25* 31* 32*
34* 35* 36K* 38* 45*
49* 50* 54* 55* 56*
57* 64* 70* 70* 71*
75* 77* 82* 83* 83*
85* 87* 89* 98* 101*
106* 109* 114* 115*
116* 118* 118* 122*
128* 130* 135* 36 38
39 45 49 55 61 64 66
66 73 74 81 82 84 85
87 89 90 91 93 95 97
98 101 107 109 109
110 110 110 111 111
113a 113a 118 124
133 135 136 137 139
143 144 145 147 147
149 159 165 166 166
167 170 171 178 180
185 189 194 196 200
202 205 208 209 214
223 228 232 233 238
247 260 265 267 272
283 293 294 294 298
300 303 307 307 307
314 325 332 335 343
347 351 356 358 360
361 365 375 378 379
380 385 388 396 398
399 400 403 416 419
420 421 422 423 424
426 427 428 429 429
430 431 446 451
清水　武彦
45 52 65 75 90 112
119 175 390 451 494
513 544 549 570 577
578 589 596 600 609
619 621 628 631 633
634 635 636 637 638
640 641 642 643 644
645 646
清水由紀郎　491
志村　和夫
36 37 38 40
下川　きん　468
下竹　敬史
442 445 449 465 468
475 489 495 496 497
498 501 502 503 504
507 508 509 510 514
647
下村　喜八
192 213 237 270 291
309 344 357 375 377
390 449 458 468 471
475 507 509 516 519
524 533 545 551 552
554 555 559 559 577
586 622
下山田誠子
576 626 634 647
東海林虔二　106*
白澤　基　540 594
白澤　済　236 238
申　英子　202 203

【す】

杉山　箴江　256
杉山　裕之　320
須澤　利郎　580 594 617
634
鈴木恵果子　99
鈴木　脩
250 297 335 343 407
429
鈴木　馨　430
鈴木　一志　175
鈴木　孝二
331 596 607634 646
鈴木　三治　85
鈴木　脩平　637
鈴木　淳平
3* 6* 7* 10*11*15*19*
22* 24* 32* 51* 52*
67* 22* 24* 32* 51*
52* 67* 78* 82* 90*
102*117*51 74 107
110 111 121 144 149
158 174 190 196 201
229 238 244 264 265
266 267 268 269 270
271 272 273 275 276
286 294 324 388
鈴木　譲　149
鈴木　節三　308
鈴木　哲郎　315 398
鈴木裵善姫
514 536 537 585 606
635 636 647
鈴木　正久
43 109 189 198
鈴木美恵子　586 596 626
鈴木　靖尋　494
鈴木（松橋）幸江
256 335 445 479 541
572 596 632 642
鈴木陽太郎　50 72 81
鈴木　律子　267 430
隅谷三喜男　132 485 508

【せ】

関口　博　564 586
関口　美樹
564 574 586 586 604
関田　寛雄　629 629 644

関根　一夫　625
関根　　進　99
関根　正雄　307 330
関根　美鈴　646
関屋　綾子
135 162 163 166 194 238 254 255 256 257 258 294 307 313 314 331 333 353 363 370 376 377 383 400 401 402 410 423 429 433 459 473 491 493 540 558 560 561
関屋　光彦
55* 131 195 236 238 246 286 380 404 432
瀬口　昌久　438 448

【そ】

徐　　順台　415 420 432

【た】

平良久美子
465 465 473 544 598
高岡千代子 → 井川千代子
高木　一雄
25* 29* 36K* 432
高倉徳太郎　1*
高崎　　毅
42 43 52 57 79 88 103 106
高田　博厚　313
高堂　　要　395
高橋　哲哉　580
高橋　伸明
526 559 566 576 639
高橋　由典
378 425 431 458 519 539 560 574 582 589 595 600 606 608 618
高山　保則　76*
滝浦　　緑　431 445 594
竹内恵美子　430 594
竹内　　寛　340 340
竹内てるよ　294
竹内　敏夫
42*43*51* 53* 56* 63* 84* 85* 86* 87* 102
竹内　良雄　587
竹川　末吉　54 42
武田　清子　354 486
武田　　将
169 169 431 468
竹中　正夫　600
竹森満佐一　364
多田　よね　97
橘　　芳實
17*23*27*36K*39* 43* 62*72*84* 93*108* 52 65 197 238 362 389 406
館山　英夫　539
田中　　敦
216 234 236 238 241 273 294 309 478 516 544 590 639
田中　一三　4* 13* 24* 337
田中　邦夫　346
田中　武二　449
田中　信子　268
田中　はる　387 403 404
田中　　光
627 628 629 630 631 632 633 634 635
田中平次郎　51* 72* 71 258
田中　嘉忠　310
谷　　明生　312
谷口　茂榮　55*
谷口　　稔　392

【ち】

チャースル・アナンダ　102
池　　明観
274 361 362 479 514 556
崔　　勝久　225 228
千野満佐子 →　峰岸満佐子
千葉　桜洋　443
千葉　　真　185
趙　　京子　202
趙　　憲正　600 600
鄭　　富京　559

【つ】

塚脇　知子　468
辻　　亮吉
97 101 103 104 106 120 216 265
津田　充宥　258
土谷　長子 → 大島長子
土屋　祐二　603
筒井　　仁　12* 28* 34*
都築　　功　462
角田　三郎　372 373
角田　秀明
408 421 422 424 428 432 525 531 545 560 586 613 640
角田　芳子　428 581 630
鶴見　良行　408 408

【て】

手塚儀一郎
82* 95* 107* 34 35 36 63 64 68
手塚　典雄　209 429
手塚（井川）道　442
寺尾　一栄　646
寺尾　保仁　431
寺島　保夫
88 169 172 261 583

【と】

土合竹次郎　96 99 104
樋田　ケイ　206 207
樋田　豊治
25* 206 206
藤　　　孝
369 425 430 618
當間喜久雄
321 405 412 431 475 515 545 573 630 640
戸叶　三郎　339 430
戸口日出夫
281 325 333 340 354

364 375 396 411 422
431 451 453 457 476
496 517 522 545
戸口　令子　466
土肥　昭夫　549
富田　和久　378
富田　千鳥　409
富徳　貞子　50
豊田キヨ子　636
豊田　惇司　461 462
豊田　　寛
302 431 490 594

【な】

永岡　　薫　456
中川　秀恭　307
中川　春野　610
中北　暘三（哲央）
148 237 241 314
中沢　和子　185
中沢　治樹
323 340 455 465 475
497
中沢　宣夫
44 44 56 62 140 146
159 160 161 162 186
225 250 261 277 282
292 298 304 313 319
489
中田　耕造　162
永田　竹司　407
永田　　実　98
中平　健吉　493
中西　　博
325 425 432 536 542
567 571 611 620 635
永野 昌三
335 339 353 372 397
422 432 478 484 484
493 494 495 496 498
501 502 503 505 510
510 510 512 513 517
523 527 531 532 539
544 550 550 552 555
560 560 565 570 571
572 581 585 587 588
588 590 591 598 600
602 603 604 605 607
608 609 610 610 612
613 614 615 617 617
618 619 621 622 623
624 625 629 632 638
642
永松　英高
529 529 599 639
中村　　明　117*
中村　克孝
330 574 575 577 580
585 592 602
中村　賢治　62
中村　証二　637
中村　正孝　335
中村雄二郎　313
中村　嘉男　102
中山　直子　619
並木　浩一　515
成田いうし　475
成瀬　　治
34 42 42 43 44 48 50
54 55 56 58 67 68 69
77 79 81 81 81 83 83
85 87 88 93 128 141
151 152 153 154 164
221 234 242 245 246
247 248 249 256 260
265 270 282 284 288
289 292 307 307 313
318 329 332 334 344
355 355 358 364 365
368 377 385 387 397
403 407 413 417 427
432 433 433 442 455
457 482 496 501 505
517 518 526 594 608
637

【に】

西　ひろ子　380 388 402
西川多紀子　348 380 431
549 588
西川　武夫　415 424
西川　哲治
106 111 115 125 138
151 157 220 265 273
339 430
西田　真輔
45* 82* 34 72 96 128
275 283 286 289 290
291 296 297 299 300
301 302 303 587 597
仁科　ちう　430
西原美香子　581
西村　一之
39 61 97 129 139 150
153 154 155 158 168
169 172 180 187 197
219 250 254 266 278
281 303 307 310 322
326 340 354 362 365
380 385 400 406 419
420 421 422 423 424
431 436 467 485 488
491 498 380 385 400
406 419 420 421 422
423 424 431 436 467
485 488 491 498
西村　俊昭　316
西村　　弘　96 102 118
二宮　忠弘　555
丹羽　　彬　304 429

【ぬ】

布村　伸一　610

【の】

野間口カリン　501 520
野本　和幸
181 359 378 432

【は】

朴　　相洸　576
朴　　貞蓮　579
朴　　　実　600

朴　錫圭
192 202 393 550
朴　烔圭
529 536 564 600 619
620 626 629
橋浦　兵一　302
橋爪　長三
156 162 575 592 593
594 595 597 601 603
605 607
橋爪　範子　564
橋爪　裕司
164 390 442 467 483
橋本　敬裕　95*
橋本　栄一　423
橋本　敬祐
82* 108* 312 545
橋本　洽二
300 371 379 398 432
434 439 439 440 441
442 443 445 447 447
453 461 472 496 512
513 523 527 531 547
550 550 582 583 583
584 585 586 587 588
588 589 590 591 592
592 593 594 595 596
596 597 598 599 600
601 602 604 604 605
606 607 608 609 610
611 612 613 614 614
615 616 617 618 620
635 636 637 641 643
橋本　典子　421 422 424
橋本　光男　338 459
籏　眞紀子　600
波田野靖子 → 飯島　靖子
八田　一郎　609
服部　待　609
羽田　智夫
11*16*19* 23* 30* 35*
36* 37* 38* 39* 49*
51* 51* 53* 57* 74* 81*
93* 99*121*127*128*
132*134* 35 36 36 37
43 44 44 44 44 46 48
49 51 56 56 56 59 60
61 61 62 64 68 68 69
70 110 111 113a 116
121 122 126 134 138
144 145 232 252 264
馬場　俊彦　60 429 594
林　竹二　350 365
林　貞子　552
林　信道　99
林　久見　334
林　眞実 → 山本　眞実
林　律
207 208 408 419 420
428 429 435 478 509
557 577 586 591 598
619 620 626 639
原　毅
112 112 117 314
原田　昂
24* 36K* 56* 62* 63*
65* 67* 68* 35 334
406 430 442
原田　季夫
46*51*71* 73* 82* 91*
97*110* 37 48 70 89
100 141 152 165 167
168 190 263 267 272
原田はまの　430
原田　博充
478 482 485 492 512
525 526 527 530 532
533 545 565 589 609
616 627 638 639 640
641 642 643 644 645
646 647
原田　信　541
原田美智子　626
播磨　醇
263 334 390 391 392
406 407 409 410 412
413 414 416 417 420
422 424 426 427 428
429 429 430 437 458
488 515 516 552 575
617 641
韓　晳曦　438 478
潘　秉燮　241 252

【ひ】

疋田國磨呂
343 430 461 524 558
588
飛田　雄一　599 599 600
日高　泉　556
秀村　欣二
44* 45* 76* 37 66 85
秀村　範一　60
日比　久子　120 147
兵働　和代　62
平井　宏一　81
平賀　徳造
39 42 54 70 72 93
103 107
平塚　益徳　35
廣瀬　可一　419
広田　登　402

【ふ】

ブライアン・バード　394
深井　智朗　503
深井　碧水
236 255 259 259 262
264 275 346 379 397
404 417 429 439 446
深井良三郎　233 303 431
深瀬　忠一　427 440 587
深津　文雄　44 105 130
福井　二郎
68 71 73 74 76 78 162
166 167 168 173 174
176 181 182 183 184
185 186 187 188 190
191 195 201 202 204
207 213 223 244
福田　啓三　635
福田　正俊
18* 20* 21* 24* 38* 44
58 62 71 95 109 112
127 148 153 168 176
186 194 253 265 271
273 286 287 288 290

291 293 295 296 301 302 303 305 308 310 312 313 314 315 324 345 353 361 364 366 368 370 376 399 407 409 417 431 431 434 435 436 437 439 441 442 446
福田　佳也　431
福富　春雄
128* 129* 130* 131* 132* 244 478
福與　正治
47* 48* 77* 91* 92* 93* 95* 130
藤井　敏一　101* 430
藤沢一二三
123 143 158 159 181 185 212 243 247 277 287 290 311 322 331 357 374 378 395 412 431 443 487 535
藤田スミヱ　430
藤田　タカ　253
藤田　直彦　581
藤田四三雄　429
藤巻　孝之　539
藤本まどか　515
藤本　陽一
65* 160 193 324 325 392 394 395 397 398 432
藤原　偉作　200 200
伏島　智子　596
船戸巳知雄　454
船水　衛司　65
船本　弘毅　646
古川　栄介　113b 128 142
古澤　三郎　109*

【へ】

裵　善姫 → 鈴木裵善姫
裵　興稷
192 241 393 430 564 570 576 576 620

【ほ】

細川芙美江　636
堀　信一
3* 14* 17*18* 22* 22* 22* 26* 28* 29* 29* 33* 36* 38* 41* 50* 52* 57* 58* 60* 62* 63* 64* 66* 67* 69* 71* 72* 73* 74* 76* 77* 79* 85* 105* 106* 122* 131* 33 36 40 41 44 52 53 56 56 59 76 88 94 112 122 122 122 122 131 206 261
堀　光男
40 47 58 61 76
堀合　道三
71* 82* 94* 107* 108* 116* 117* 120* 363 432 444
堀口　潤子　520
堀澤　六郎　606
洪　根洙
499 505 513 554 556 564 568 575
洪　彰義
205 393 494 536 564 600 632
本間浅治郎
197 208 280 288 292 310 317 338 377 432 440 453 476 490 513 529 532
本間　信一　240 431 580
本間　利
195 294 352 353 354 355 356 357 358 359 360 361 362 363 364 419
本間　誠
2 * 4* 7* 12* 13* 14* 15* 15* 17* 19* 22* 26* 27* 30* 32* 34* 35* 36* 38* 40* 42* 46* 47* 49* 49* 49* 51* 52* 53* 55* 59* 61* 66* 71* 75* 79* 82* 83* 85* 88* 92* 95* 98* 98* 99* 101* 105* 110* 111* 119* 127*129* 133* 36 41 48 55 55 69 76 87 93 96 100 258

【ま】

牧野恵美子　564
牧野　信次
369 373 377 384 399 405 406 408 416 416 422 432 436 444 461 463 468 475 495 504 532 543 545 546 553 554 555 556 558 561 562 564 566 577 585 585 596 604 609 616 624 624 631
牧野　孝安　308 315 335
牧野　理恵　607
孫崎（安積）百合香　501 549
正木　次夫　30* 99*
益子　道子　273
益子　豊
42 72 183 184 232 252
益田　健次
58 64 81 82 84 98 127 130 145 152 301
増山美智子　158
松浦　剛　555
松尾喜代司　128 146 178
松岡順之介
429 464 589 595
松川　ゆか　305
松木治三郎　105*
松木　信
96 102 106 111 147 149 151 179 183 185 204 209 218 221 226 248 308 317 321 323 335 365 381 402 403 405 428 430 430 431 431

432 434 435 436 437 438 439 440 441 443 444 446 447 448 454 493 518 520 527 531 536 540 547 550 560 563 566 570 583 640

松木田　博　412

松隈　敬三

2* 9* 18* 18* 23* 37* 49*53* 69* 89* 95*38 54 60 63 64 68 7586 110 111 113b 116 120 123 124 125 126 127 128 129 130 131 133 142 143 164 176 180 182 188 195 207 219 237 238 240 257 275 285 296 311 326 345 347 353 366 367 372 374 398 399 400 401 402 403 404 406 407 409 410 411 429 431 436 440 444 444 454 615

松田明三郎

46 49 71 72 73

松田　一路　589 605

松波　義郎

174 184 188 197

松橋　幸江 → 鈴木　幸江

松原　武夫

151 320 430 466

松村　克己

5* 8* 9*10*11* 12* 13* 16* 17* 19* 21* 22* 25* 28* 28* 30* 31* 33* 34* 35 *36* 36K* 37* 38* 38* 39* 40* 40* 41* 41* 43* 44* 45* 46* 48* 49* 50* 52* 54* 55* 56* 57* 58* 59* 59* 59* 60* 60* 61* 61* 62* 62* 64* 64* 65* 65* 66* 66* 67* 67* 67* 68* 68* 69* 69* 70* 70* 71* 71* 71* 72* 72* 73* 73* 73* 73* 73* 74* 74* 74* 75* 76* 76* 77* 78* 79* 79* 79* 79* 80* 80* 80* 81* 81* 81* 82* 83* 83* 83* 84* 84*84* 85* 85* 86* 86* 86* 6* 87* 87* 88* 88* 88* 89* 89* 90* 90* 90* 90* 92* 92* 92* 93* 93* 93* 93* 93* 94* 94* 94* 94* 95* 95* 95* 95* 95* 95* 97* 97* 97* 97* 98* 98* 98* 99* 101*101* 103* 103* 104* 105* 107* 109* 110* 112* 113* 113* 113* 114* 114* 115* 115* 117* 117* 117* 117* 118* 119* 123* 124* 124* 124* 126* 129* 131* 135* 34 35 38 41 42 43 44 49 53 55 56 59 65 67 69 75 77 78 79 80 81 82 85 86 87 90 91 92 95 96 100 102 105 106 106 109 110 113a 113b114 119 124 125 128 129 130 132 133 134 135 137 141 152 165 166 182 200 204 205 213 218 223 223 224 239 240 246 246 251 258 263 263 274 287 289 293 294 305 308 317 326 336 348 416 431 447

松村　　敏　41

松本　和雄　63

丸山　雅子　428

【み】

三浦　邦雄

355 429 448 591

三沢八重子

270 405 432 455 556 633

水垣　　渉　328

水崎　　明

99 177 212 232 241 252 267 299 304 304 334 365 379 405 432

水野　威夫　503

三谷　健次

60 62 71 85 95 102 104 109 111 113b 125 164 191 202 220 221 242 303 320 325 374 412 418 422 423 432 441 465

三谷　幸子　251

三谷　隆正　50*

道　　一郎　198

満江　　巖

36K* 41* 42* 43* 33 33 34 37 38

光岡　良二　327 328

未籐　悦子　98

峰岸（千野）満佐子

249 300 311 387 412 415 415 432 443 475 494 540

宮崎　貞子

82* 108 110 111 167 237 294

宮澤　　豊　633

宮嶋　芳人　250 304 582

宮田　光雄　369 376

宮原　守男

42 54 70 207 228 354 430 546 633 635

宮本　　潔

48 95 162 177 194 330 404

三輪　竹雄　385 430

【む】

村井　長正　322 366 429

村上　和男　41

村上　勝利
36* 36K* 41* 42* 42* 43* 44* 46* 54 57* 64* 65* 66* 68* 69* 71* 72* 73* 74* 75* 76* 77* 78*
村上　　伸　476
村上　フミ
174 388 431 469
村上三佐保
335 379 387 397 413 432 471
村上　　泰　584
村上陽一郎　492
村田八千代　503
室崎　陽子
85 99 115 119 131 135 157 190 226 299 300 308 316 336 337 338 339 340 345 349 350 354 355 373
文　銘燮　514

【も】

最上　敏樹　480
望月賢一郎　481 482 511
本井　康弘　335
本宮　　広　412 421
百瀬　一清　277
百瀬　磊三　99
森　　明
1* 2* 3* 3* 4* 5* 6* 7* 8* 9* 33 34 37 120 123 128 166 204 220 225 256 269 284 294
森　有正
64* 71* 72* 74* 79* 82* 84* 85* 87* 88* 89* 90* 90* 91* 92* 94*104* 104*106*106* 108* 109* 110* 112* 113* 113*114* 119* 121* 122* 125* 139* 233 242 251 259 261 307 313 315 316 317 318 319 320 321 322 323 324 325 326 327 328 329 330 331 332 333 334 335
森　有順　225 226
森　泰男　436
森岡　　巌
495 505 532 560 586 586 594 617
森川　静子
459 465 492 493 504 507 512 513 518 520 531 537 542 544 550 550 554 554 567 570 578 584 594 597 602 602 608 614 615 634 644
森口　　岳　621
森田　　進　315 363
森野善右衛門
579 579 579
森山　浩二　534

【や】

八木　重吉　72
保田　　茂　394
安村　三郎　199
柳澤　妙子　431 438
柳本　俊子　62
柳本八重子　100
藪本　忠一
36 57 60 65 74 136 137 148 169 171 173 175 196 204 205 215 220 221 223 245 258 258 266 272 289 329 342 369 401 430 452
山川　文敏　403 431 541
山口　明子　629
山口　和義　146 152
山崎　保興
40 49 50 58 130 144 151 154 314 363 431 467 475
山田　　晶
336 337 338 340 342 344 347 349 352 354 356 359 360 362 363 364 365 366 368 369 370
山田　修次　47
山田　晴枝　244
山田　松苗
22* 65* 68* 80* 82* 100* 135* 40 55 76 154 161 183 205 217 238 252 289 294
山田八重子
360 361 362 387 432
山田　玲子
339 405 458 469 491 507 540
山本　茂男
1* 2* 2* 7* 8*10* 11* 13*14* 14* 15*16* 17* 18* 20* 21* 23* 25* 26*26* 27*27*31*32* 34* 37* 39*40*41*43* 62* 74* 81*82*84*86* 90* 92* 100*116*120* 121* 130* 131* 133* 134* 136* 33 33 34 36 37 37 37 38 39 41 41 41 42 43 43 44 44 45 46 46 47 47 49 50 52 53 53 54 55 55 55 56 57 58 59 61 62 63 64 64 66 67 67 68 69 71 72 73 74 74 75 75 76 77 77 78 80 82 83 83 84 86 87 88 89 89 91 91 92 95 97 100 101 105 108 109 110 110 114 118 123 130 132 134 135 140 142 143 143 144 147 149 153 159 161 163 164 164 165 165 167 168 174 177 178 214 222 231 238 257 260 265 266 268 271 638

山本　精一
381 393 393 398 418 432 435 463 464 468 483 489 501 506 508 534 544 546 559 564 572 584 593 596 600 601 603 610 616 620 626 631 639
山本　俊樹　609 626 633
山本（林）真実　428
山本　元子　494
山本（櫛田）孝
19* 49* 79* 104* 55 108 217 238 294
山本　義彰
155 172 394 480 491
山谷　　朗
227 228 247 250 254 271 311 371 400 429 451 479 486 487 493 495 497 499 499 502 503 505 506 507 508 509 512 513 514 515 518 519 520 521 524 526 527 529 531 532 532 533 535 536 536 539 539 544 546 549 550 551 553 556 556 559 560 601
山谷　新子
284 357 441 426
山谷　省吾
103* 105* 115* 120* 123* 127* 128* 129* 131* 133* 139* 33 39 40 49 60 75 76 78 97 98 99 102 109 110 111 115 122 131 136 147 148 149 155 156 161 167 167 172 186 199 207 226 233 237 238 262 279 298 299 300 301 302 303 305 306 308 309 310 311 312 314 315 316 317 318 319 320 322 324 325 326 327 328 330 331 332 333 335 336 337 338 339 340 342 343 344 345 346 348 349 350 351 343 344 345 346 348 349 350 351
山谷　妙子　131* 447
山谷　知子　341

【ゆ】

劉　　啓徳　636
劉　　貞得　564 620
柳　　東植　514
由井　千春
76* 110 164 167 177 203 204 218 238 256 310 311 423 429 444 444
由木　　黎　128
尹　　永哲　570
尹　　鍾倬
219 241 325 327 327 335 393 428 432 454 478 495 514 564 570 598 620 636

【よ】

横井　克己
39 74 85 165 199 238 333 345 376 388 399 418 420 422 429 439 450
横山　梅子　83*
横山　寧夫　　102
吉岡　　順　42 54
吉川　　需　36K* 102*
吉崎　恵子　483 513
吉住　一信　146 431 473
吉田　昌市　323 360
吉谷　啓作　251 251
吉村　節子　214

【り】

李　　慶忠　551

【わ】

脇坂　恵子　404
脇坂　順一
17* 23* 80* 49 129 140
鷲山　林蔵
42 54 55 67 96
和田　健彦
369 467 478 498 528 528 538 543 554 558 564 568 578 583 588 597 598 605 608 616 616 618 627 628 636 638 641
和田　　正
6* 10* 12* 15* 27* 28* 29* 31* 32* 33* 37* 38* 39* 83* 84* 96* 97* 109* 110* 111* 133* 36 38 44 45 48 56 60 66 71 78 87 93 94 111 121 126 141 142 147 155 156 166 180 188 191 192 200 202 205 213 219 219 238 242 244 262 268 274 277 279 286 287 300 304 304 314 316 317 318 319 321 322 335 341 349 358 359 364 373 376 378 381 385 387 388 393 393 395 408 415 418 422 432 432 436 447
渡邊　　琢　559
渡辺　正雄　106
渡辺真知子　596
和仁　太郎　429
和仁　康子　454

聖書箇所索引

凡　　例

・本索引は、聖書の各書各章（編）が、総目次のどの記事に対応しているかを知るためのものである。
・聖書各巻の書名は、新共同訳聖書に拠った。
・各書名直後の（　）内には当該書名の略語を示した。
・各章（編）の次の数字は、通巻号を示す。
・通巻号の末尾に「*」を付したものは、戦前・戦中版の通巻号であることを意味する。
・各章の箇所が「全体」となっている場合は、その書名全体に関連していることを示す。

【旧約聖書】

創世記（創）
全体　53 593 594 595 597 598 600 602
1 章　45 149 335 523 592
2 章　45 83 592 630
3 章　592
4 章　129
6 章　58 440 518 519 520
7 章　58 522 524
8 章　107* 58 525 527
9 章　86 528 529 530
11 章　621
12 章　555
15 章　566
16 章　608
18 章　173
22 章　79
23 章　435
25 章　584
28 章　15* 558
32 章　276　543
37 章　561
50 章　393

出エジプト記（出）
2 章　381
3 章　553　556
4 章　180
10 章　269
12 章　457
20 章　554
32 章　178　562

レビ記（レビ）

民数記（民）
35 章　596

申命記（申）
全体　173 174 175 176 177
1 章　497
2 章　497
3 章　497
4 章　418　497
5 章　498
6 章　418 449 501 601
7 章　502
8 章　502
9 章　503
10 章　503
11 章　503　561
12 章　504
13 章　504
14 章　504
15 章　504
16 章　507
17 章　507
18 章　507
19 章　508
20 章　508
21 章　508
22 章　508
23 章　508
24 章　508
25 章　508
26 章　496　508
27 章　510
28 章　510
29 章　510
30 章　217　219　510
31 章　510
32 章　510　599
33 章　510
34 章　510

ヨシュア記（ヨシュ）
全体　210 211 212 212 213 214 216
1 章　495
2 章　647

士師記（士）

ルツ記（ルツ）
1 章　506

サムエル記上（サム上）
1 章　346
2 章　346
3 章　346　516　610
4 章　346
7 章　370

サムエル記下（サム下）
21 章　596
23 章　587

列王記上（王上）
19 章　334　448

列王記下（王下）

歴代誌上（代上）
4 章　555

歴代誌下（代下）

エズラ記（エズ）
1 章　572

ネヘミヤ記（ネヘ）
全体　330
8 章　50

エステル記（エス）

ヨブ記（ヨブ）
全 体 44* 52* 52 323
1 章 66
13 章 131*
16 章 39*
38 章 125

詩編（詩）
全 体 79* 81*
1 編 65* 121 467 588
2 編 68* 44 56 469
3 編 69* 38
4 編 70*
5 編 73*
6 編 74* 470 578
7 編 75*
8 編 78* 58 264 471
9 編 79*
10 編 81*
11 編 83*
12 編 92*
13 編 93*
14 編 94*
15 編 105* 472
16 編 115*141 142 547
17 編 117*
18 編 124*
19 編 118* 318 319
20 編 473
23 編 66 245 479
24 編 376
27 編 87 93 94
29 編 474
30 編 60
31 編 319
32 編 71 337
33 編 13*
37 編 626
42 編 270
46 編 321 322 441 476
47 編 41
51 編 148 205 314 368 442
55 編 229
60 編 477
73 編 46 48 314
78 編 489
84 編 90* 87
85 編 529 626
86 編 15* 157
90 編 285
94 編 46
102 編 351
103 編 352
110 編 81
115 編 27*
118 編 47* 492
119 編 35 374 506 546
121 編 36 174
124 編 83* 84*
126 編 96* 97*
130 編 109* 110* 111* 252 469
139 編 377
143 編 316 317 599

箴言（箴）
全 体 46 49
3 章 46
19 章 292
29 章 195

コヘレトの言葉（コヘ）
[伝道の書（伝）]
全 体 71 72 73 613 614 615 617 618 620 621 622
3 章 54
9 章 197
12 章 196 196
31 章 42

雅歌（雅）
全 体 37* 38* 39*

イザヤ書（イザ）
全 体 330 455 465 475 475 532 627 628 629 630 631
1 章 455
2 章 455 564 564 589
6 章 92 303 579 632 633 634 635
7 章 632 633 634 635
8 章 231 434 439 455 632 633 634 635
9 章 439 455 476 632 633 634 635
11 章 219 236 521
12 章 455
35 章 133* 234 468
40 章 47* 126* 465 497 508
42 章 229 275 284
43 章 504
45 章 544
50 章 546
52 章 465
53 章 44 51 465 486 559
55 章 509 527
57 章 475
60 章 511
61 章 538
63 章 102* 103* 103* 104*
65 章 425

エレミヤ書（エレ）
全 体 99* 100* 101* 102* 330 458
1 章 397 616 626
5 章 199
6 章 103 569
9 章 78 596
13 章 569
15 章 37 46 201 202
18 章 405
20 章 616
23 章 569
29 章 345
31 章 102* 103* 104*
38 章 481

哀歌（哀）

エゼキエル書（エゼ）
全 体 342
9 章 468
17 章 540

18 章 540
36 章 82
37 章 325

ダニエル書（ダニ）
6 章 514

ホセア書（ホセ）
1 章 406
5 章 410
6 章 410
11 章 411
14 章 412

ヨエル書（ヨエ）

アモス書（アモ）
3 章 72*
8 章 34

オバデヤ書（オバ）

ヨナ書（ヨナ）
全 体 78

ミカ書（ミカ）
6 章 183
7 章 625

ナホム書（ナホ）

ハバクク書（ハバ）
2 章 199 257
3 章 356

ゼファニヤ書（ゼファ）

ハガイ書（ハガ）

ゼカリヤ書（ゼカ）
8 章 644
9 章 470

マラキ書（マラ）

【新約聖書】

マタイによる福音書（マタ）
1 章 296 567 647
2 章 77 194 274 386 498 537 567 627
3 章 34* 35* 255 564
4 章 35* 590
5 章 73 91 111 144 179 450 485 493 566 586 591
6 章 18* 24* 170 354 385 512 516 547 576 636
7 章 70 137 143 325 513
8 章 482 518
9 章 13* 93 267 498
10 章 239 499 564 580 602 629
11 章 374 602
12 章 275
13 章 154 171 226 631
14 章 399 495 548
15 章 169 633
16 章 14* 54* 69 75 79 153 345 406 439 501
18 章 149 365 513 563
19 章 114* 110
20 章 155 181 208 453 454 602
21 章 25* 618
23 章 57 400
24 章 345 396
25 章 349 450 598 605
26 章 643
28 章 428 467 536 564

マルコによる福音書（マコ）
1 章 80* 81* 84* 85* 86* 87* 88* 90* 92* 46 445 514
2 章 13* 96* 113* 49 59 243
3 章 155 519 584 645
4 章 335 448 558 583 630 631
5 章 150 156 325 335 461 535 546 576
6 章 97 335
8 章 115* 73 163 239 396 432 506 539 576 646
9 章 149 345 506
10 章 63 110 187 335 338
11 章 582
12 章 320 478 495 616
14 章 115*106 186 240 300 381 500 568 573
15 章 162 381 415 492 606
16 章 530 550

ルカによる福音書（ルカ）
全 体 125*
1 章 160 448 489 496 508 567
2 章 52 315 326 326 403 436 476 486 547 567 597 607
4 章 45 452 453 473
5 章 13* 100* 183 372 579
6 章 51 418
7 章 18* 267 292 416 616
8 章 156 631
9 章 445 509 596
10 章 139* 78 130 148 327 329 371 463 483 495 511 531 590
11 章 96 166
12 章 8* 38* 111* 47 118 170 232 233 280 297 347 499 506 526 564 642
14 章 346
15 章 103* 13b 513
16 章 79* 99* 112* 34 38 107
17 章 401
18 章 108* 110 410 640
19 章 164 283 355 576
21 章 390 514
22 章 5 *53*89* 79 128 142 205 324 333 360 506

23 章 160 201 433 538
24 章 14* 81 202 228 242 301 302 379 520

ヨハネによる福音書（ヨハ）
1 章 34* 104* 64 88 89 149 184 185 244 272 283 336 397 426 456 466 497 527 567 581
2 章 183 582 604
3 章 23* 120 167 185 261 412 582
4 章 99 189 563 583 584 617
5 章 42 54 157 526
6 章 19* 140 270 545 595
7 章 120 635
8 章 347 357 575 611 635
9 章 462 463 464 585 587
11 章 33* 552 588 590
12 章 23* 68* 146 159 186 405 534
13 章 37* 109* 100 121 176 190
14 章 41* 50* 93* 44 56 82 139 203 502 544 638
15 章 25* 127* 46 180 355 462 588 632
16 章 127* 167 411 459
17 章 127* 81 516
18 章 132* 112
19 章 114* 120 244 468
20 章 26* 35* 74* 106* 80 104 138 186 234 298 331 472 630 646
21 章 75* 86 188 325 343 506 562

使徒言行録（使）
1 章 33 199
2 章 33 154 224 251 266 514 568
3 章 280 299
4 章 345
7 章 488
8 章 477 542 621
9 章 620
10 章 600
11 章 237
13 章 237
15 章 178
16 章 23*
17 章 12* 218 639
19 章 554
20 章 71* 225 350 641

ローマの信徒への手紙（ロマ）
全体 61
1 章 6* 7* 8* 39* 54* 63 250 257 345 566 594
3 章 6* 7* 8* 26* 94* 57 194 250 494
4 章 233 369
5 章 259 345 364 438 478
6 章 76 127 147 244 484
7 章 136 259 260
8 章 14* 31* 53* 73* 126* 57 61 136 159 164 218 255 258 259 259 264 325 328 344 355 536 562
9 章 8* 114* 124
10 章 189 196 566 583
11 章 90 90 197 259 261 365
12 章 20* 131* 110 136 161 162 171 189 460 563
13 章 54* 80* 50 136 260 281 282 620 628
14 章 23* 361 529 646
15 章 14* 82* 260 591 592 624

コリントの信徒への手紙一（一コリ）
全体 123
1 章 8* 11* 115 382 408
2 章 380
3 章 44 56 156 277 612
4 章 156 401 430
6 章 75*
7 章 44* 414
8 章 516
9 章 166 357 492 503
10 章 11* 12* 128*
11 章 11* 12*
12 章 43 55 271
13 章 175
14 章 85
15 章 14* 26* 80 98 387 389 391

コリントの信徒への手紙二（二コリ）
1 章 109*
2 章 38* 205
3 章 18* 178 340 564
4 章 68 158 251 478 516 517 644
5 章 8*31*32* 84*92*101* 59 215 345 385 417 418 426 437 481 487 613
6 章 437
8 章 374
9 章 374
10 章 278
12 章 42 192 453 533

ガラテヤの信徒への手紙（ガラ）
1 章 84* 603
2 章 180 304 304 481 515 604 605
3 章 15* 44* 105 214 274 393 447 452 471 478 566 605 607 620
4 章 63 68 106 185 306 365 608 610
5 章 83 289 610 611 629 634
6 章 311 524 611 612

エフェソの信徒への手紙（エフェ）
全体 20* 57*
1 章 13* 58* 60* 62* 63*

1 章　119* 127 135 195 517
2 章　64* 66* 43 55 70 82 83 95 97 177 192 454 505 510 514 570 585 620
3 章　67* 69* 415
4 章　71* 72* 73* 73 135 490
5 章　74* 76* 77* 119* 207
6 章　79* 512

フィリピの信徒への手紙（フィリ）
1 章　122* 42 54 78 124 125 126 127 129 131 187 227 246 435 452 457 459 460 577 622
2 章　71* 129* 42 54 62 101 130 131 132 133 195 265 448 460 461 462 481 519 620
3 章　134 135 137 241 335 462 463
4 章　105* 35 84 138 139 140 188 463 464 466 547

コロサイの信徒への手紙（コロ）
1 章　15* 16* 17* 240 556
2 章　16* 17*
3 章　81

テサロニケの信徒への手紙一（一テサ）

テサロニケの信徒への手紙二（ニテサ）
1 章　615
5 章　73 155 203

テモテへの手紙一（一テモ）
6 章　279

テモテへの手紙二（ニテモ）
2 章　98* 205 428

テトスへの手紙（テト）

フィレモンへの手紙（フィレ）
全体　123 262

ヘブライ人への手紙（ヘブ）
全体　123* 543
1 章　449 545
2 章　545
4 章　53* 53* 79 547
5 章　57* 547
7 章　548
8 章　550
9 章　59 550
10 章　550 551
11 章　159 216 363 544 551 639
12 章　32* 38* 335 385 405 490 494 531 551 552 563
13 章　36 126 168 223 552 564

ヤコブの手紙（ヤコ）
1 章　480 481
2 章　172 482 483
3 章　484 486
4 章　487 489
5 章　492 493

ペトロの手紙一（一ペト）
1 章　52* 63* 190 433 586
2 章　110 362
3 章　63*
4 章　82*

ペトロの手紙二（二ペト）
1 章　39* 70* 621
3 章　59

ヨハネの手紙一（一ヨハ）
全体　93
1 章　27* 88* 98* 182 507 521 526
3 章　74 177
4 章　37 177 180 399 526
5 章　36*

ヨハネの手紙二（二ヨハ）
全体　165

ヨハネの手紙三（三ヨハ）

ユダの手紙（ユダ）

ヨハネの黙示録（黙）
全体　127* 128* 129*
1 章　3* 563
2 章　565
3 章　565
4 章　567
21 章　521 570
22 章　570

索引と対応表

通巻号と発行年月号対応表
著者索引
聖書箇所索引

基督教共助会九十年——資料編——

2015年4月30日　初版発行

編　者　基督教共助会九十年記念誌編集委員会

発行人　基督教共助会

発行所　基督教共助会出版部

代表者：飯島　信

連絡先　〒201 - 0012 東京都狛江市中和泉 5 - 23 - 18　石川光顕
電話 03（3488）3099
e-mail：ishikawamitsuaki@gmail.com

発売所　株式会社ヨベル
〒113-0033　東京都文京区本郷 4-1-1
電話 03（3818）4851
組版・印刷　株式会社ヨベル

配給元—日本キリスト教書販売株式会社（**日キ販**）
〒162 - 0814　東京都新宿区新小川町 9-1
振替 00130-3-60976　電話 03-3260-5670

　Printed in Japan　ISBN978-4-907486-22-8 C0016

エッセイ「基督教共助会九十年―その歩みに想う―」に寄せて

基督教共助会　九十年記念誌編集委員会編　『基督教共助会九十年―その歩みに想う―』

鈴木　孝二

（一）基督教共助会、略して「共助会」と呼ぶ。私が「共助会」の存在を知ったのは、一九七二（昭和四七）年、新潟市の敬和学園高校での同僚教師、室崎陽子先生を通してであった。先生から雑誌『共助』を見せていただき、奥田成孝（北白川教会牧師）、小塩力（井草教会牧師）、清水二郎（中渋谷教会長老）ら共助会第一世代の人たちの名前を繰り返し聞かされたことからである。

また、高校の選択授業で「日本キリスト教史」を開講し、ヘボン、バラの横浜バンドから植村正久、高倉徳太郎の「信仰と生涯」を追いかけていく中、必然的に「森明」（一八八八～一九二五）に出会った。

さらに、森有正、関屋綾子そして林竹二の著作から決定的に森明から森有礼へとつながって行った。もはや森明と「共助会」の存在を避けて通ることが出来なくなっていた。

（二）一九一九（大正八）年、森明（三十一歳）の祈りと強い働きかけで発会した基督教共助会（はじめは帝大学生基督教共助会の名前）、戦前、戦中そして戦後と激動の嵐をくぐり抜けて九十年の歴史を持つ。今年（二〇一二年）は、九十三周年の歩みを進めている。

「キリストのほかまったく自由独立」「主にある友情」を中心的柱として歴史を刻む『基督教共助会』九十年の歩みが一冊の本にまとめられた。「その歩みに想う」との副題を付けて本書が出版された。共助会の全体像を把握するにふさわしい好著である。

編集委員長川田殖を中心とした委員会の検討から的確な時期区分（本書の「あとがき」を参照）とその表題、各章とも当を得た執筆者の記述である。「世界と日本の歴史」と「共助会の歩み」が重層化され、日本の近現代史を併せて把握出来るものとなっている。特に、「日本のゆくえ」について深く憂慮する者に、本書は真の希望、光を与えてくれるものと確信する。

（三）以下、「目次」に即し各章の表題を記しつつコメントを加えていきたい。

①序章から第二章までは戦前篇で、共助会草創期の歩みを知ることが出来る。

序章「日本近代化の夜明けと森有礼」（川田殖）日本の近代化に最も苦悩した者の一人が森有礼。三「森有礼の日本史観」四「公的活動とその死」など序章にふさわしい記述で第一章の四の「森明における民族の使命と歴史観」に深くつながっている。

第一章「森明と共助会の出発」（飯島信）、第二章「十五年戦争のさ中に」（尾崎風伍）

母寛子と息子明の入信、中渋谷教会設立。体調すぐれず苦闘の中、牧師としての責任をはたしつつ「学生伝道」への道を開拓する。

その伝道活動の結実が「基督教共助会」である。一九二五（大正十四）年、森明は逝去する、年三十七歳。残された学生たちは、森の遺志を継ぎ第一回東京市内外学生連合会を開催する。内村鑑三、高倉徳太郎は全面的協力、支援をする。本書の貴重な写真と共に、その時の熱い思いが伝わって来る。

第二章では、戦時下での厳しい活動と共に「負の歴史」も紹介されている。執筆者の誠実な歴史への応答を高く評価したい。

②一九四五（昭和二十）年以降は、第三章「日本の敗戦と再出発」（牧野信次）、第四章「世界の中の日本」（山本精一）、第五章「世界の進路と日本の進路」（片柳榮一、佐伯勲）

共助会の再出発が、規約改正による一般伝道と共に詳述される。共助会の内なる充実、進展が語られる。特に、各時期に出された宣言文や決意表明は時流に抗して、今も生きている。また、会員個人や共同での活動が、各地各職域などで活発化する。なかでも、アジアの友との交わりである。韓国、中国、台湾等の友たちとのキリストにあっての謝罪と和解への道筋は感動的記述である。澤崎堅造・良子、和田正、澤正彦らの名がすぐに想起される。

この九十年史を総括するのが終章「回顧と展望」（川田殖）である。読者を圧倒して名篇である。

二十一世紀、日本の各地でどのように生きるかを指し示してくれる。

最後に、各章末の「忘れえぬ人々」の名を覚えつつ、『資料篇』の出版を切望して書評としたい。

（すずき・こうじ＝基督教独立学園高校前校長）